辽宁大学法学文丛

公共视频监控中的
个人信息保护研究

王秀哲　著

GONGGONG SHIPIN JIANKONG ZHONG DE
GEREN XINXI BAOHU YANJIU

法律出版社
LAW PRESS·CHINA
——北京——

图书在版编目（CIP）数据

公共视频监控中的个人信息保护研究 / 王秀哲著
. -- 北京 : 法律出版社, 2022
（辽宁大学法学文丛）
ISBN 978 - 7 - 5197 - 6346 - 6

Ⅰ. ①公… Ⅱ. ①王… Ⅲ. ①视频系统－监控系统－个人信息－法律保护－研究－中国 Ⅳ. ①D923.74

中国版本图书馆 CIP 数据核字（2022）第 007601 号

公共视频监控中的个人信息保护研究
GONGGONG SHIPIN JIANKONG ZHONG DE GEREN XINXI BAOHU YANJIU

王秀哲 著

责任编辑 屈 瑶
装帧设计 李 瞻

出版发行 法律出版社
编辑统筹 学术·对外出版分社
责任校对 杨锦华
责任印制 陶 松
经　　销 新华书店

开本 710 毫米×1000 毫米 1/16
印张 15.75 **字数** 191 千
版本 2022 年 2 月第 1 版
印次 2022 年 2 月第 1 次印刷
印刷 三河市龙大印装有限公司

地址：北京市丰台区莲花池西里 7 号（100073）
网址：www.lawpress.com.cn
投稿邮箱：info@lawpress.com.cn
举报盗版邮箱：jbwq@lawpress.com.cn

销售电话：010 - 83938349
客服电话：010 - 83938350
咨询电话：010 - 63939796

书号：ISBN 978 - 7 - 5197 - 6346 - 6　　**定价**：69.00 元
凡购买本社图书，如有印装错误，我社负责退换。电话：010 - 83938349

目录

导 言

2018年8月27日21时37分，昆山市震川路发生一起持刀砍人案件。刘某某醉酒驾驶一辆宝马车闯入非机动车道，险些与一辆自行车碰撞。其后，刘某某持长刀砍伤骑车男子于某某，不料长刀掉落被于某某捡起，于某某持刀还击将刘某某砍伤使其倒在草丛，刘某某经抢救无效死亡。该案引发了骑车男子行为是否属于正当防卫的争论，后因案发现场视频在网络曝光，引发网友疯狂转发，众多媒体公众号也争先转发报道。9月1日，警方认定，"于某某的行为属于正当防卫，不负刑事责任"。从案发到销案，仅仅过了5天。"如果没有那段砍人视频引起强烈的舆论，没有这么多人关注，还会是这种结果吗？"[1] 该案后，很多人开始思考这个问题。本来使用公共视频监控进行公共安全维护是公安机关的职权，但是该案中，公安机关表

---

〔1〕《昆山反杀案引公共监控视频管理之问》，载搜狐新闻网，https://www.sohu.com/a/252624251_162903?sec=wd，最后访问日期：2020年9月6日。

示对于视频的网络发布不知情。发生治安案件，公共监控视频是否应该公开发布、当事人可否申请查看视频监控、上传涉案视频应受哪些限制、上传视频需要什么程序等问题，目前还没有明确的法律规定。无处不在的视频监控已经成为人们生活中的常态，用隐私换安全和秩序似乎也成了信息化时代的常态，但是，广泛存在的公共视频监控不间断收集个人行为痕迹信息，会加大个人隐私曝光和泄漏的风险，更为重要的是，大数据技术下，个人信息的资源化利用又带来了新的安全、平等等社会问题。公共视频监控问题的实质是公权力维护公共安全与个人信息主体权利保障的平衡问题，而权力和权利的关系必须通过法治的方式解决，这也是信息时代国家治理能力现代化的当然内容。

一、问题的提出与研究意义

早在20世纪90年代英国率先在公共场所安装视频监控时，视频监控与隐私权的冲突问题就引起了社会广泛重视，并成为公共安全视频监控立法规制主要面对的问题。[1] 但是，伴随着科技的发展，公共安全维护的能力不断提升，隐私权诉求并没有阻挡公共视频监控的发展。在公共场所安装视频监控打击和预防犯罪、维护社会治安不仅是世界各国的普遍做法，而且视频监控也被广泛用于政府社会综合治理、企业组织和个人的自身安全维护等方面。而在大数据时代，个人信息的资源性特征已把公共视频监控的法治化问题转化为在有效利用视频监控图像信息时保护信息主体的权利问题。

在我国，随着人工智能和大数据技术的发展，公共视频监控已经从单纯具有社会治安维护功能转变为包括智慧城市、社会信用体

〔1〕 参见张友好：《公共场所安装监视器行为的法学思考》，载《法商研究》2007年第1期。

系建设等综合性功能。随着摄像、网络、智能分析等技术的发展，天网工程中的视频监控已经能实现对于人脸特征信息、车牌信息、车标等进行清晰的拍摄和识别。[1] 而在城市之外，延伸到县、乡、村的治安防控“雪亮工程”也正在如火如荼建设中。[2] 2015 年 5 月，九部委联合印发了《关于加强公共安全视频监控建设联网应用工作的若干意见》发改高技〔2015〕996 号（以下简称 996 号文），该意见设定了到 2020 年我国基本实现“全域覆盖、全网共享、全时可用、全程可控”的公共安全视频监控建设联网应用目标，以加强治安防控、优化交通出行、服务城市管理、创新社会治理功效发挥。[3] 但人们在充分享受视频监控带来的公共安全提升、交通出行便利以及失物查找、纠纷确权等权益保护优势的同时，个人信息相关权益也面临被侵犯和剥夺的风险。另外，大数据时代，个人信息的资源性特征决定了其整合利用的社会效益，从个人信息的产生、收集、整理、数据库建设到利用，涉及个人信息主体、企事业单位、网络平台、政府等多元主体，如何界定各个主体的权利、权力和责任，成为大数据时代个人信息利用与保护的难题。

目前我国公共视频图像信息系统的发展与监管，还主要通过政策指引，并在地方立法中进行规定，在大数据技术发展框架下，通过政策进行的国家治理顶层设计为公共视频监控中的个人信息保护与利用指明了方向，但是实践中制定的地方立法却只体现了政府监管，忽视了个人信息的利用与保护，从而加重了个人信息利用的乱象。因此，亟须在正确理解国家治理方面的各种政策的基础上，对

---

〔1〕 参见张迎亚、赵亚飞：《天网工程图像有效性综述》，载《中国公共安全》2014 年第 11 期。

〔2〕 参见罗超：《“雪亮工程”大力推进我国城镇化建设》，载《中国公共安全》2017 年第 12 期。

〔3〕 参见国家九部委：《出台〈关于加强公共安全视频监控建设联网应用工作的若干意见〉》，载《中国信息安全》2015 年第 6 期。

于已有的公共视频监控个人信息保护的地方立法情况进行梳理总结,并结合信息技术的发展,厘清技术标准与立法的关系,在国家统一立法的层面解决公共视频监控收集利用个人信息的法律规制问题。

从理论研究方面看,本书从大数据信息挖掘利用的层面展开公共安全视频监控权力有效行使与个人信息权利保护的平衡研究,拟丰富公共安全法治化和个人信息公法保护理论;对公共视频监控中个人信息保护的实体标准和程序标准的探寻,可以在公共视频监控权力规制基础上完整建构权利保护的框架。从应用价值上看,本书通过对我国公共视频监控的政策、个人信息技术标准以及地方立法规定的梳理,拟呈现公共视频监控中个人信息收集利用的基本样貌和存在的问题,从而为我国公共安全视频监控立法完善提供实证资料;通过研究政策、技术标准以及立法的关系,从分层次立法规制的角度展开公共安全视频监控中个人信息立法保护的研究,有助于推进我国良法善治下的治理能力现代化。

二、研究现状

公共安全视频监控是公权力行为,其以个人信息的收集和利用为核心,如何平衡信息利用与个人信息权利保护的关系是世界各国公共安全防控始终需要面对的问题。

世界范围内,越来越多的国家的公共安全视频监控建立在个人信息立法保护的基础上。个人信息立法保护主要有欧盟统一立法和美国专门领域立法两种模式。美国是在产业自律原则下专门针对政府和公共部门的个人信息利用进行立法规制;欧盟则是通过立法综合规制适用于公私部门的个人信息利用;其他制定有个人信息保护法的多个国家也都强调对政府利用个人信息权力的规制。在个人信息立法保护的背景下,公共安全视频监控权力的行使受制于个人信息权利的保护要求。但“9·11”事件后，美国出台了《爱国者法案》，德国2002年制定了《抗击国际恐怖主义法》。西方国家通过专门立法扩大了警察资讯收集利用的权限，表明在公共安全危机升级的局面下，立法对自由权利的保护更多让位于公共安全的维护。在此背景下，新的公共安全维护需要不断挑战已有的个人信息立法保护原则和理念，但是信息性隐私权保护的理论抗争一直存在。以美国为例，Daniel J. Solove教授的卡夫卡式“审判”隐喻研究[1]；Strahilevitz教授的社群网络理论(social network)[2]；Helen Nissenbaum教授的隐私权情境脉络完整性理论(privacy as contextual integrity)[3]；Danah Boyd和Alice E. Marwick对社交网络环境下社交隐私(social privacy)的讨论[4]等，都在试图寻找数据化存在背景下信息性隐私权法律保护的出路。总的来说，西方学者通常同意公共安全背景下政府权力扩张的必要性，但受个人权利本位观念影响，多把减少隐私保全公共利益看成非常时期的权宜之计，由此造成当下西方各国公共安全应对中个人信息利用的合法性危机。伴随着ISIS挑战升级和2015年以来欧洲暴恐袭击等类似事件的频发，如何协调个人信息立法保护与扩张警察权力的专门立法的关系，如何通过个人信息的有效利用平衡公共利益与信息性隐私权的冲突，成为权利本位论下各国公共安全视频监控立法规制面临的新课题。

---

〔1〕 Daniel J. Solove, *Privacy and Power: Computer Databases and Metaphors for Information Privacy*, the Board of Trustees of the Leland Stanford Junior University, 2001.

〔2〕 L. J. Strahilevitz, *A social networks theory of privacy*, in American Law & Economics Association Annual Meetings. Be press, 2005.

〔3〕 Helen Nissenbaum, *privacy as contextual integrity*, Washington Law Review, Vol. 79, No. 1, 2004.

〔4〕 Danah Boyd, Alice E. Marwick, *Social Steganography: Privacy in Networked Publics*, Paper presented at ICA on May 28, 2011 in Boston, MA, http://citeseerx.ist.psu.edu/viewdoc/download;jsessionid=0120A3689D32856F86A760D8791DD08B?doi=10.1.1.224.9976&rep=rep1&type=pdf.

整体上看,我国公共安全视频监控的立法规制较为薄弱。一方面,我国《个人信息保护法》于 2021 年 11 月 1 日起最新生效,急需制定个人信息保护的具体实施规则,尤其是公共安全视频监控中个人信息处理的具体规则需要立法落实;另一方面,我国目前在政策指引下,部分地方人大和地方政府对公共安全视频监控图像管理和技术规范做了立法努力,但由于以地方政府为主制定的行政规章的立法内容主要是为了方便公共视频监控管理,个人信息保护内容缺漏不全或仅为宣示性规定,从而导致公共安全视频监控系统的利用忽视个人信息保护,未能很好地落实《个人信息保护法》中的规定,引发实践中公共安全视频监控使用与个人信息权利保护的矛盾冲突。在理论研究层面,我国学者对公共安全视频监控的管理和技术应用研究比较多,但对公共安全视频监控中的个人信息保护问题关注比较少,尤其是较少关注由大数据技术发展而引发的个人信息利用新问题。有部分学者研究了公共视频监控中的公民隐私权、个人信息权利保护等;〔1〕也有学者研究了包含有个人信息保护的公共视频监控法律规制问题;〔2〕而直接研究公共安全视频监控立法规制的则较少。在公共安全视频监控联网应用的发展态势下,如何既有效推进公共安全防控、又不侵犯个人信息权利,成为我国法治建设中急需研究解决的重大问题,但是显然我国公共安全视频监控法律规制的理论研究和实践应对均不足。总结从社会治安综合防控到智

---

〔1〕 参见胡建淼、岑剑梅:《公共摄像监视与公民隐私权保护》,载《法学》2008 年第 6 期;李晓明:《论公共视频监控系统对公民隐私权的影响》,载《法学杂志》2010 年第 11 期;曹静:《公共场所的隐私权保护——以公共场所的视频监控为例》,载《常州工学院学报(社科版)》2016 年第 4 期;刘清生、陈伟:《隐私权保护下公共视频监控的法律规制——从"双重控制论"到"结果控制论"》,载《海峡法学》2015 年第 4 期。

〔2〕 参见高完成:《公共领域中摄像监控的法律规制——以合理的隐私期待为视角》,载《宜宾学院学报》2015 年第 11 期;刘建军:《我国公共场所图像监视法律治理路径分析》,载《政法论丛》2012 年第 1 期;黄海鹏:《公共视频监控系统的行政法规制》,广东商学院 2010 年硕士学位论文;葛双龙、李婧:《我国公共视频监控法治化研究》,载《浙江工商大学学报》2017 年第 1 期。

慧治理的公共视频监控推进的政策规定、梳理地方政府规章中已有的公共安全视频监控内容、研究以保护权利为核心的权力规制立法,是当下信息时代依法治国的应然内容。但遗憾的是,地方政府规章中公共安全视频监控的立法内容梳理和经验总结尚没有引起学者的足够重视,以保护个人信息为核心的公共安全视频监控立法研究也基本上是空白。本书拟结合大数据时代个人信息法律保护新的发展态势以及国家治理现代化的法治要求,从个人信息保护的视角展开公共安全视频监控立法规制研究。

三、研究思路和方法

(一)研究思路

面对信息技术、人工智能等的快速发展,本书首先对大数据时代个人信息法律保护的制度建构问题进行了思考。前信息时代以欧盟和美国为代表已经建立的两种个人信息立法保护模式正在面临挑战,对于尚没有建立完整的个人信息立法保护制度的我国而言,必须认清大数据时代个人信息立法保护新的发展趋势,通过个人信息利用的法治化突破单纯强调权利保护的简单思路,在个人信息有效利用与权利保护的平衡中确立立法保护的基本原则。其次,就公共视频监控中个人信息的收集利用而言,其本身没有权益属性,只有把个人信息和特定的主体联系起来才涉及权益保护,而由尊重和保护人格尊严为核心的人格自由和人格独立所决定,个人信息能够识别和关联到公民个体的核心权利依然是隐私权。基于个人信息的资源利用性,公共视频监控中隐私权保护有被个人信息保护取代的发展趋势,所以,必须结合大数据技术的发展,从数据人格维护和个人信息资源利用角度对个人信息隐私权保护进行重新定位。再次,结合上述理论论证,探讨通过个人信息隐私权的积极行使规制公共视频监控权力的具体标准。一方面,公共视频监控权力不能侵犯个人信息隐私权，公共安全视频监控权力行使必须符合目的正当性、权力范围明确性、权利最小侵犯性等实体标准；另一方面，个人信息主体只有通过参与、公开、知情、监督等程序权利的行使，才能实现自治意义上的隐私权保护。最后，在上述理论论证的基础上，对我国已有的公共安全视频监控的政策文件和地方性立法规范进行实证研究。通过全面查找现行有效的公共安全视频监控系统建设政策文件，技术标准以及相关法律、地方性法规、地方政府规章，探讨地方立法与我国公共安全视频监控联网建设政策目标的契合性，以及立法与技术标准的相互关系，总结地方政府的立法经验和存在的弊端。在此基础上，从大数据时代国家治理能力现代化下公共安全视频监控建设联网应用的政策指引出发，提出以隐私权保护为核心的公共安全视频监控中个人信息多元分层次立法保护模式。而在大数据视频监控联网应用的现实背景下，必须重新对地方立法进行定位，研究技术标准的立法衔接，在总结已有的地方立法经验的基础上，结合《个人信息保护法》研究制定高位阶的限权性行政法规，并通过民主参与实现特色性、地方性法规制定。

（二）研究方法

本书综合运用文献梳理、规范性文件解读、概念分析、利益衡量、价值分析、比较分析、数据统计等多种研究方法，尤其注重运用规范性文件解读、利益衡量以及统计分析等实证方法，结合国内外理论研究对我国公共安全视频监控立法规制进行系统深入的研究。重点运用以下方法展开研究：

1. 利益衡量与价值分析研究方法。大数据时代信息自由流通与个人信息权益保护、个人权利和政府权力的平衡、个人权利保护和公共安全的协调等是个人信息立法保护必须面对的基本问题，也是以个人信息收集利用为核心的公共安全视频监控必须面对的问题，公共安全视频监控权力行使与权利保护的平衡点选择必须通过现实的利益衡量和价值分析实现。本书坚持从信息性隐私权基本权利保护的价值出发，通过权利与权利、权利与权力等价值分析和公共利益与私人利益、公共利益之间的利益衡量进行公共安全视频监控立法规制的研究。

2. 比较研究的方法。比较研究包括对国外理论和我国理论研究的比较，对各省公共安全视频监控图像信息管理办法、公共安全视频监控技术规范等规范性文件内容的比较等层面。由于大数据带来的全球信息流通和共享，大数据时代各国个人信息保护视角下的公共安全视频监控立法规制具有一定的共通性，可以通过比较找出；同时，按照立法的时间顺序，对比研究我国不同地区地方性法规、地方政府规章的内容和结构、立法发展趋势，寻找地方立法和政府规章的异同。比较研究的方法需要关注共同的时代背景和不同地域的社会发展需求。

3. 规范性文件解读和统计分析方法。通过中央政府门户网站和中国人大网的法律法规数据库，并结合北大法宝、汇法网等网站，全文检索公共安全视频监控系统建构政策文件、技术标准、地方性法规、地方政府规章，在全面掌握我国目前公共安全视频监控立法规制的规范性文件具体规定的情况下，对我国已经进行的相关立法进行统计分析、分类总结，从而明确我国公共安全视频监控建构的政策目标、技术规范、地方法规和地方政府规章规定内容的性质、目标与实践的契合度等，并在此基础上对最新立法动态进行讨论，提出适应我国公共安全视频监控联网建设目标的立体化立法规制模式。

四、研究的主要内容

本书以个人信息的有效利用与个人信息权利的平衡为目标，结合国外已有的个人信息立法保护发展态势，对我国公共安全视频监控立法规制现状进行梳理和经验总结,提出适应公共安全视频监控联网应用的分层次立法规制思路并设计具体的立法规制内容。

本书共有七章内容。其中,前四章为基础理论研究,后三章为以立法规范为主的实证研究。第一章,大数据时代个人信息法律保护的制度重构。大数据时代,个人信息的利用面临数据人格塑造和现代权力控制的新挑战。前信息时代建立的以信息主体控制权为核心的保护架构面临个人信息保护范围不确定、权利异化以及个人信息保护原则无法发挥作用的缺陷。而我国由于过多关注前信息时代的理论借鉴,尚不发达的法律保护实践起来困境重重,表现为立法保护滞后、刑法保护被动和民事司法救济无力。必须适应大数据时代要求,从多元、动态的角度做好大数据时代个人信息法律保护的整体制度建构。第二章,公共安全视频监控中的个人信息隐私权保护。作为一种技术性侦查和创新性管理工具的公共视频监控,正日益受到政府青睐,民众对安全感的渴求也助推了这股浪潮,但公共视频监控带来的负面效应也正在显现,公民隐私在监控社会中无所遁形,必须通过隐私权保护来规制公共视频监控。这种规制由三个方面组成:以数据隐私保护为前提的公共视频监控的合法化、以公众参与和监督为核心的透明性以及以隐私侵权责任承担为保障的公共视频监控的问责制。第三章,公共安全视频监控中个人信息保护的实体标准。由于视频监控采集的是在公共场所活动的个人信息,公共视频监控权力不能侵犯个人信息隐私权,以此为出发点,公共安全视频监控中的个人信息保护的实体标准取决于公共安全目的正当性、设置视频监控的公共场所明确性、个人信息隐私最小侵犯性以及由技术保障的个人信息可靠性利用,其实质是公共安全观下公共视频监控权力行使与个人隐私权保护之间的平衡。第四章,公共安全视频监控中个人信息保护的程序标准。技术对于公共利益实现的即时显在性掩盖了个体权利保护的分散以及滞后性,在实体标准灵活性不足的前提下，程序可弥补公共利益与私人权利不能及时平衡的弊端。公共安全视频监控中的个人信息保护正当程序标准，应着眼于公共安全视频监控收集利用个人信息的全过程，主要包括公共安全视频监控布设参与与公开、信息收集告知与同意、信息使用知情与可控、监督与救济四个方面的程序标准。第五章，公共安全视频监控政策建构中的个人信息保护。我国的公共安全视频监控建设是在政策的指引与推动下展开的。由于政策的分散性，地方政府在具体落实时往往不能准确理解政策的精神，表现在地方治理中，借助于全覆盖的公共视频监控系统实现网格化的社会治安预防和控制功能越发强大，以服务与管理为目的的智慧化利用还没有完全突出出来。由此，以政策导引的公共视频监控建设需要从公民权利保护入手进行立法落实。在共建共治共享的国家治理能力现代化政策顶层设计下，公共视频监控不再是单纯的政府控制社会的技术工具，而应该在政府服务和社会自治中发挥更好的作用。第六章，公共安全视频监控个人信息地方立法保护实证研究。我国公共安全视频监控主要通过地方立法进行规制，目前主要有公共安全技术防范管理条例以及公共安全视频图像信息系统管理办法两类公共安全视频监控地方性立法。地方立法中确立了私生活秘密内涵的隐私权保护原则，并在公共安全视频监控安装与使用的权力行使中规定了个人信息的收集、利用以及安全保护等内容，但存在隐私权保护滞后、权力失控，权利限制正当性缺失以及地方立法特色不明显等弊端。第七章，我国公共安全视频监控个人信息立法保护的实现。目前我国公共安全视频监控立法仅存在于地方立法层面，且个人信息的收集利用不是地方立法重点关注的内容，个人信息仅作为公共安全视频监控的附属品进入了立法，这不仅不符合大数据时代个人信息的资源性特征，也无法有针对性地实现政府管理与个人信息相关权利的冲突平衡。随着《个人信息保护法》的出台,结合个人信息技术标准化、个人信息利用权力可控以及隐私权保护的要求,我国公共安全视频监控中的个人信息立法保护应把握好技术标准的立法替代、规制监控权力的行政法规制定以及以市级地方性法规取代政府规章进行特色地方立法。

第一章　大数据时代个人信息法律保护的制度重构

从世界范围内看，个人信息的法律保护伴随着计算机信息技术的发展而成熟，出现了以美国为代表的行业自律和以欧盟为代表的统一立法保护模式。但是大数据技术改变了个人信息生产、使用的样态，从而使个人信息法律保护的内容、模式等面临新的挑战。由于前信息时代[1]的个人信息法律保护理论无法有效应对大数据技术浪潮的冲击，我国个人信息法律保护制度的建构必须摆脱已有理论的惯性制约，直面大数据技术挑战，进行观念和制度建构的转型。

---

〔1〕 通常认为前信息时代开始于20世纪中期计算机的发明和使用，2012年被看成是大数据的正式启蒙之年，参见冯海超：《大数据时代正式到来》，载《互联网周刊》2012年第24期。大数据时代，信息的收集处理发生了质的变化，为了突出大数据时代特色，本书把大数据之前的信息时代简称为"前信息时代"，这一用法也可参见范为：《大数据时代个人信息保护的路径重构》，载《环球法律评论》2016年第5期。

一、大数据时代个人信息法律保护面临的新挑战

大数据时代是一个网络生活全覆盖的时代,网络用户是主动的信息和数据生产者,"每天有大量信息被用户利用自己的剩余时间生产出来,同时吸引更多的用户,通过网络效应增加网站的价值"。[1] 信息主体源源不断生产和输送的个人信息,通过大数据挖掘技术得到整合利用,也完成了数据人格塑造和现代权力控制。

(一)数据人格塑造

所谓数据人格就是个人被信息化,所有的个人事务和行动都变成了数据,由网络数据完整描述个人人格。具体而言,大数据时代,网络已经成为现代人生活的组成部分,随身佩戴的手表、饰物、手机抑或公共场所安装的摄像头都在随时记录个人行动的痕迹,每个人都是一堆数据,通过数据和他人、社会沟通,数据取代物理世界的行为成为人格的标识和标签。不仅个人静态的身份信息储存在各种数据库中,个人的行踪轨迹、行为痕迹也都留在了网络上,只要上网,无论是工作、学习还是购物、娱乐,所有的信息都成为各种数据库收集的素材,而且精准记忆、永不遗忘。学术界有关遗忘权的探讨正是对这种网络记录永久性的回应,虽然可以在法律和制度设计上提议保护遗忘权,但是,大数据技术的直接后果却是无法遗忘。[2]

大数据时代的数据人格塑造并不是简单停留在数据记录和整合上,而是通过对海量碎片化数据进行挖掘,形成对个人的偏好、性格、行为的精准分析和预测,从而完成数据人格的深度塑造。由此,商家能够针对数据人格进行精准营销,而政府则能够有效进行社会秩序维护和治理,随着技术的进步,甚至可以做到在预测个体行为

---

〔1〕 胡凌:《探寻网络法的政治经济起源》,上海财经大学出版社 2016 年版,第 35 页。

〔2〕 参见邵国松:《"被遗忘的权利":个人信息保护的新问题及对策》,载《南京社会科学》2013 年第 2 期。

的基础上消灭在萌芽状态的犯罪。总之,数据人格塑造会带来个人信息泄露、隐私曝光、不平等和歧视待遇、扭曲和异化真实人格等风险,而当数据人格成为大数据时代的生活常态时,无处不在的监控与控制也便形成。

(二)现代权力控制

以权利对抗权力的法律构造是近代以来法治建设的核心内容,对权力先天敏感的美国人早就把计算机信息化发展带来的社会权力控制比喻为"big brother","警察机关与情报机构掌握了个人信息的计算机存储系统,大大提高了国家机关的监控能力"。[1] 但是,大数据时代的权力控制并不仅限于国家公权力,还包括私营部门的数据利用,这带来了新的权力控制问题。美国学者索洛韦伊利用卡夫卡的小说《审判》作为隐喻,形象表达了现代权力控制带来的隐忧。《审判》描写了一个官僚主义、残酷冷漠、专制武断、灭绝人性的诉讼过程,这与我们今天面临的数据收集与利用问题极其相似,人们无法在事实上参与、左右别人收集与使用其信息的过程,因此感到无助而脆弱。这一隐喻意味着,他人完全无法对已经失控的个人信息使用进行任何控制,即便没有秘密被揭露、没有人在监视,隐私权也会受到侵犯。[2] 正如《审判》隐喻所昭示的那样,网络社会,我们无处可逃,这种担心和恐惧或许比直接的权力侵犯更为可怕。

后现代哲学家福柯对现代权力控制的研究颇为深刻,他认为自由主义特色的权利根本无力对抗以规训为特征的现代权力,反而会沦为后者的附庸。福柯在《规训与惩罚》中详述了以规训为特征的

---

〔1〕 Abb Mowshowitz, *Social Control and the Network Marketplace*, in David Lyon & Elia Zureik eds. Computers, Surveillance, And Privacy 79, 1996, p. 95 – 96.

〔2〕 参见[美]丹尼尔·J.索洛韦伊:《隐私权与权力:计算机数据库与信息性隐私权隐喻》,孙言译,载张民安主编:《信息性隐私权研究——信息性隐私权的产生、发展、适用范围和争议》,中山大学出版社2014年版,第118~119、159页。

现代权力,强调通过日常生活中的各种细节与习惯重塑来规训大众。此举逐渐演变出一种关注细枝末节的规训权力(disciplinary power)。其典型运作方式如监禁,通过对犯人身体的监视、训练与矫正来制造“驯顺的身体”。类似运作遍布于学校、军队、工厂、医院乃至家庭等各种社会场所,最终在古典时期末期促成了一个规训社会。[1] 如果说,福柯描述的规训社会还依赖行为的矫正和训练,大数据时代则通过网络依附实现了福柯所描述的现代权力控制。“通过账户,赛博空间和现实世界中的主体被联系起来,通过网上的活动稳定地积累数据,依据数据对其场景化行为的评价反过来进一步成为影响其未来活动的重要约束力量。”[2] 当一站式服务成功吸附用户时,用户对互联网巨头的依赖便可以形成;而国家以公权力为后盾对网络的介入,更可以实现全面的数据获取和使用。所以,现代社会中的个人不但处于国家权力的虎视眈眈之下,更处于现代权力这一“柔性极权主义”之中。[3] 面对无处不在的、不仅仅是国家权力,还包括社会组织通过掌控个人信息实现的现代权力控制,传统上明确使用者责任进而保护个人信息权利的做法已经无法适应大数据时代要求,必须进行反思与重构。

二、前信息时代建构的个人信息法律保护的理论缺陷

从计算机能够储存和处理个人信息开始,欧美国家就开始对个人信息进行法律保护,形成了可识别性个人信息界定、以控制为核心的个人信息权利保护以及围绕知情同意确立个人信息利用原则等个人信息法律保护模式。但是,在大数据技术面前,前信息时代

〔1〕 参见[法]米歇尔·福柯:《规训与惩罚》,杨远婴等译,生活·读书·新知三联书店1999年版,第235页。

〔2〕 胡凌:《超越代码:从赛博空间到物理世界的控制/生产机制》,载《华东政法大学学报》2018年第1期。

〔3〕 参见孙祥:《超越的困境:福柯的权利政治观》,载《求索》2014年第5期。

发展起来的个人信息保护理论明显不适应时代发展的要求,带有难以克服的缺陷。

(一)可识别性个人信息界定的困境

通过界定什么是个人信息,进而明确个人信息法律保护的客体内容,这是前信息时代个人信息法律保护制度建构的起点。早在1980年经济合作与发展组织(OECD)委员会《关于管理隐私保护和个人数据跨疆界流动的指导原则的建议书》就把“个人数据”[1]界定为“与确定的和可以确定的个人相关的任何信息”,1981年欧洲理事会通过的《有关个人数据自动化处理的个人保护协定》第2条定义“个人数据”为,“指与已识别或可识别的个人(数据主体)相关的任何信息”;欧盟1995年《个人数据保护指南》进一步对识别性做了直接和间接性的区分。美国的《隐私权法》中虽没有直接界定个人信息,但是就国家机关保管的个人档案给出了和个人情况相联系的识别性定义。[2] 通读各国家和地区已经制定的个人信息保护法,可识别性是定义个人信息(数据)的普遍做法。我国学者在借鉴吸收国外个人信息保护立法的基础上,也提出了可识别性个人信息定义的方法。[3] 但是大数据技术导致了可识别性操作的困境。一方面,可识别性个人信息的范围不断扩大。大数据时代,个人日常活动的所有痕迹几乎都在网络中被记录,零散的个人信息记录看似不相关,但通过数据挖掘技术,原来被认为不能识别到个人或者匿名化不被识别的信息都能够识别到个人,如网络匿名购物记录不能识别到个人,但是与浏览地址、网购地址相连就能识别到个人。另一方面,个人信息权利受侵犯不以可识别性为限。大数据时代,个人信

[1] 欧盟立法中保护的是个人数据,个人数据与个人信息在法律保护的层面具有同等的含义。具体解读参见郭瑜:《个人数据保护法研究》,北京大学出版社2012年版,第127页。

[2] 参见周汉华主编:《域外个人数据保护法汇编》,法律出版社2006年版,第12、44、308页。

[3] 参见齐爱民:《个人信息保护法研究》,载《河北法学》2008年第4期。

息的价值通过量的积累体现出来,打包处理的某一类个人信息虽然不以识别个人为目的,但是类别化处理后的类型化对待也会造成对个人信息主体权利的侵害,如根据购物、网页浏览偏好设计的定向营销广告、特色新闻等的推送,会造成对被推送者生活安宁的侵扰以及完整获取信息权等的侵犯。

可识别性界定个人信息的困境已经引起了欧美学者的重视。美国学者 Paul Ohm 认为,"识别个人身份的信息"这个概念存在致命的缺陷,必须在信息隐私法领域找出一个新的术语代替这个词。[1] 索洛韦伊对这一问题也有专门的研究,其深入论证了"可以识别个人身份的信息"这一定义在技术面前面临的困境,并给出了第二版识别性定义,认为"可以识别个人身份的信息"包含"已经被识别个人的"数据和"可以用来识别个人身份"的数据两部分,对这两部分应区分对待,关键是要将信息和他人身份被识别的风险联系起来。[2] 索洛韦伊的第二版定义引入了大数据时代个人信息利用的风险要素,实现了从事前的静态已识别到动态的可识别的突破。与此同时,可识别性个人信息界定也开始在相关立法中做出调整。2015 年 2 月,美国政府正式发布《消费者隐私权利法案(草案)》,[3] 其中将个人信息定义为"能够连结(link)到特定个人或设备的信息",相较于欧盟指令及《数据保护通用条例》中抽象的"识别性"(identifiable),《消费者隐私权利法案(草案)》进一步指出个人信息"关联性"(linkable)的特征,且将范围拓展到和可识别性毫无关联

---

〔1〕 Paul Ohm, *Broken Promises of Privacy*, 57 UCLA L. REV. 2010.

〔2〕 参见[美]保罗·M. 施瓦茨、丹尼尔·J. 索洛韦伊:《隐私权和"可以识别个人身份的信息"》,黄淑芳译,载张民安主编:《信息性隐私权研究——信息性隐私权的产生、发展、适用范围和争议》,中山大学出版社 2014 年版,第 438 ~ 502 页。

〔3〕 F. T. C., *Protecting Consumer Privacy in an Era of Rapid Change: A Proposed Framework for Businesses and Policymakers-Preliminary FTC Staff Report*, 2010, http://www.ftc.gov/os/2010/12/101201privacyreport.pdf.

的“设备”(device)的规定，体现了基于大数据时代个人信息范围扩展的考量。[1]

大数据时代可识别性个人信息界定面临的困境是由个人信息保护客体与个人信息主体关系的变化引起的。在前信息时代，个人信息来自对个人身份的静态记录，通过个人信息还原确定个人身份，所以，个人信息的可识别性至关重要；而大数据时代，个人信息是个人行为的动态记录，通过个人信息的汇聚，进一步丰富和完善数据人格图像。前信息时代，个人信息是可以与个人相分离的一种客观存在，通过去除身份就可以避免隐私受侵害的风险；而大数据时代个人信息与动态化个人行为紧密相连，无论是否具有身份识别性都能够产生隐私侵犯风险。例如，不具有身份识别性的“设备序列号”，因其对用户行为信息的关联和绑定作用，能够构建设备持有者人格图像或对其形成追踪的可能性，并不能把其绝对排除在个人信息保护的范围之外。[2]

理论和实践已经表明，大数据时代，可识别性个人信息界定对个人信息保护和信息有效利用的阻碍作用越来越明显，“国际社会在个人信息的界定上基本形成了以可识别性为核心判定标准的共识；但个人信息界定的动态性和场景性不仅带来了司法认定上的困难，也使企业在匿名化处理问题上无所适从”[3]。所以，个人信息法律保护不宜僵化的确定客体，而应适应大数据时代个人信息开发利用的现实需要，确立个人信息动态保护范围。

---

〔1〕 参见范为：《大数据时代个人信息保护的路径重构》，载《环球法律评论》2016年第5期。

〔2〕 参见范为：《大数据时代个人信息定义的再审视》，载《信息安全与通信保密》2016年第10期。

〔3〕 齐爱民、张哲：《识别与再识别：个人信息的概念界定与立法选择》，载《重庆大学学报(社会科学版)》2018年第2期。

(二)以控制为核心的个人信息权利的异化

前信息时代个人信息法律保护的核心是个人对其信息的控制,其主要从属于隐私权,其后在大数据变革中,又扩展纳入财产权保护范围。但是,大数据时代数据人格塑造和现代权力控制导致无论是隐私权还是财产权角度的个人信息控制权能均出现异化。

把个人信息自我控制作为隐私权保护的一个内容是美国的典型做法。在美国,信息性隐私权是指他人所享有的能够控制其信息流动的权利,[1]在以权利对抗权力的传统法律架构下,通过个人信息的自我控制防止政府权力滥用造成对个人隐私的侵害。与美国扩展隐私权保护范围的做法不同,欧陆国家是通过制定个人数据保护法实现对个人信息的专门保护的,个人数据保护法中明确了个人数据自决权,这是以独立权利的方式对个人信息自我控制权能的保护。因为个人数据保护法的立法目的均指向隐私权,欧陆国家的个人数据自决权是与隐私权保护密切相关的人格权。总体上看,美欧国家与隐私权相关联的个人信息控制权强调的是对个人独立人格利益的保护,无论这种利益是个人尊严还是自由。[2] 但是,大数据时代的数据化生活,让自我控制意义上的隐私期待逐渐消退,“通讯与加强监控的科学技术的普及、政府进一步加强对隐私的监控以及商业化信息收集技术的不断进步,获得他人隐私成为一种致富、成名的手段……社会公众以廉价的方式消费他人的隐私信息、窥视他人私人生活,社会公众的隐私期待被进一步削弱”[3]。当交换与出让个人信息成为数据化生活的常态时,个人控制意义上的个人信息

---

〔1〕 Ian Goldberg et al. , *Trust, Ethics, and Privacy*, 81 B. U. L. REV. 2001.

〔2〕 James Q. Whitman, *The Two Western Cultures of Privacy: Dignity Versus Liberty*, 113 (6) Yale Law Journal 2004.

〔3〕 [美]肖恩·B. 斯宾塞:《隐私期待与隐私权的消退》,孙言译,载张民安主编:《美国当代隐私权研究——美国隐私权的界定、类型、基础以及分析方法》,中山大学出版社 2013 年版,第 482~483 页。

保护主张试图转为强调与依赖财产权实现。

作为人格权的隐私权和个人资讯自决权本来注重保护的是人的自由和尊严等精神利益，基于科技的进步和大众传媒的发展，人格的很多标志，在很大范围内可以在经济上加以利用，个人信息的经济价值就是其中一种，在这种思路下，个人信息的财产权利主张浮出水面。个人信息财产权保护是从个人信息的资源性特征出发，顺应信息社会个人信息自由流通的现实，试图拯救单纯的隐私性个人信息控制无力，旨在恢复主体自主控制权的一种努力。美国学者Alan Westin认为："被视为涉及个人私人人格的决定权的个人信息，应当被定义为一种财产权。"[1]如果个人信息是能够产生实际价值的物质，那么对于其的控制和支配就超出了人格权的范围，而应当属于财产权范畴。我国学者刘德良也认为，"个人信息财产权是主体对其个人信息的商业价值进行支配的一种新型财产权，它能且只能存在于对个人信息进行商业性使用的条件下。在信息时代，个人信息具有潜在的商业价值故而都应该受到财产权的保护"[2]。但是，通过财产权实现对个人信息的保护依然面临现实困境。从大数据时代个人信息收集利用的现实看，由于大数据利用的资源累积效用，个体用户希望拥有的对自身数据的控制力（如透明性）和财产权（处分、收益），事实上价值微不足道，而且个体获得免费网络服务的同时，并不在乎对自身数据进行财产权控制，即使设定个体对个人信息的财产权，也只能是限制数据的流通而不会促进个人信息的保护。大数据时代的个人信息财产权更多体现为集体性数据池（data pool）的占有和使用，[3]是平台建构数据库劳动的结果，财产权的主

---

[1] Alan Westin, *Privacy and Freedom*. New York, Athenum. 1967, p. 324.

[2] 刘德良：《个人信息的财产权保护》，载《法学研究》2007年第3期。

[3] 参见胡凌：《超越代码：从赛博空间到物理世界的控制/生产机制》，载《华东政法大学学报》2018年第1期。

体是数据收集利用组织，这与事实上平台需要占有数据库从而实现商业盈利联系在一起。[1] 因此，大数据时代以个人财产权方式保护数据信息并促进其使用是低效率的，也因此有学者主张个人信息应该作为公共产品进行保护。[2]

总之，以个人控制为核心的个人信息权利保护，经历了依赖隐私合理期待和个人财产保护的发展历程，但面对大数据技术下个人信息全方位收集和无限次利用，个人信息早已脱离了信息主体的实际控制，个人控制这种核心权能已经无法发挥作用，个人信息的控制主体已经从个人异变为社会组织和政府机构，控制权能也已经从个人实际掌控异变为组织责任承担。大数据时代，当个人信息实际上由个人不间断的生产而又脱离个人控制时，个人信息的社会资源性特征越发明显，对于个人信息权利的保护必须在时代背景下，在促进个人信息有效利用和安全、秩序维护的过程中，重新思考个人信息的权利属性问题。

（三）个人信息处理原则适用的无力

1980 年经济与合作发展组织（OECD）制定的《个人信息保护指南》（OECD 指南）中明确规定了个人信息处理的八项原则：收集限制、信息质量、目的限定、利用限制、安全维护、公开透明、个人参与、责任明确原则。[3] OECD 指南构成了国际上现行个人信息保护法的原则基础，代表了前信息时代个人信息法律保护的核心架构。这八项原则的核心是个人信息主体知情同意（明示或默示）、个人信息使用目的限制（目的明确、最小化使用）以及个人对信息的控制（公开透明、参与、修改、删除权等），体现了以个人控制权能实现为核心

---

〔1〕 参见胡凌：《商业模式视角下的信息/数据产权》，载《上海大学学报（社会科学版）》2017 年第 6 期。

〔2〕 参见吴伟光：《大数据技术下个人数据信息私权保护论批判》，载《政治与法律》2016 年第 7 期。

〔3〕 参见周汉华主编：《域外个人数据保护法汇编》，法律出版社 2006 年版，第 12～13 页。

的保护制度建构。这些原则的出台和使用建立在实际上个人信息有限和可控的前信息时代,数据库的使用逻辑是必须尊重提供信息的个人。但大数据技术下的个人信息与个人是一种几乎完全分离的状态,不仅无处不在的隐形监控使个人无法控制个人信息,而且个人信息处理链条拉长为远离个人控制,从而使原有的个人信息处理原则根本无法适用。

首先,知情同意原则的尴尬境地。知情同意原则要求,除非例外排除规定,个人数据的获得要经过数据主体的明示或默示同意。欧盟 1995 年《数据保护指令》便规定了数据主体明确表示同意这一原则,并在此基础上规定了详细的默示同意的类型。[1] 在此原则下,网络平台和机构在收集个人信息之前需要发布隐私声明,告知用户个人信息收集利用的目的、范围,个人需同意隐私声明,对收集和利用行为进行合法授权。大数据时代,网络的全覆盖导致隐私声明成为加重机构和个人负担的设置,一方面,网络平台并不认真对待隐私声明;另一方面,用户不选择同意就不能享受网络服务,而用户一般也不会费神阅读冗长的隐私声明,只是形式主义地点击同意,用户的知情同意权被架空。更重要的是,在个人信息密集收集与多方流转的生态系统中,用户在很多情况下对其信息的收集并不知情,难以对第一方收集者行使权利,更遑论向缺乏直接联系的第三方机构行使控制权。[2] 由此,知情同意原则变成了一种摆设。

其次,个人控制原则的无效。个人控制原则是落实个人信息权利的设置,即个人对数据控制者使用的其个人信息有全程参与、知情了解并能够要求删除、纠正、补充完整的权利。前信息时代,个人信息主体与数据处理者的联系基本上是单方的、一元的,主张个人

---

〔1〕 参见周汉华主编:《域外个人数据保护法汇编》,法律出版社 2006 年版,第 46 页。

〔2〕 参见范为:《大数据时代个人信息定义的再审视》,载《信息安全与通信保密》2016 年第 10 期。

对其信息进行控制是可以操作的，个人实际上在数据处理之初就能选择数据处理的主体，但是大数据技术突破了这种一元单方联系，用户面临的不再仅仅是与服务提供商直接、单一的联系，还要同时面对与数据中间商和数据后续利用者等多重主体的关联。[1] 另外，个人信息作为个人行为的痕迹记录，每天都在大量生产，这种生产成为个人的一种社会生活常态，即便面对第一方收集机构，个人也已逐渐丧失控制权。虽然2012年欧盟数据保护指令修改，增加了对“被遗忘的权利或删除的权利”的保护，[2]但实际上，强调遗忘权或者删除权正是个人信息控制权不再起作用的表现。

最后，目的限制的空置。OECD指南明确规定“收集个人数据的目的应该在数据收集之前列明，并且随后的使用应限于实现这些目的，或者那些和前述目的并非不相容的目的，这些情况应当在其目的改变时列明”[3]。列明收集个人信息的目的并且不能超出这一目的使用个人信息，这一限制可以保证个人信息主体事先知道个人信息利用的目的和范围，并能够控制数据收集在事先约定的范围内进行。但是，大数据时代的信息挖掘恰是突破目的限制的技术，通过数据挖掘开发出信息利用的潜在价值并创造更大的社会价值。简单来说，大数据技术通过海量数据汇总与挖掘，使信息作为资源在社会经济、秩序管理等方面发挥越来越大的作用和价值，这样一来，所谓的个人信息使用目的的事前列明已经是不可能的事情，也不符合大数据技术和时代的要求，在该原则下引申出的信息最小化

---

〔1〕 See e. g., *The White House*, *Consumer Data Privacy in a Networked World: A Framework for Protecting Privacy andPromoting Innovation in the Global Digital Economy*, J. of Priv. and Confidentiality 2, 2012, p. 95 – 142. http://www. whitehouse. gov/sites/default/files/privacy-final. pdf.

〔2〕 参见邵国松：《“被遗忘的权利”：个人信息保护的新问题及对策》，载《南京社会科学》2013年第2期。

〔3〕 周汉华主编：《域外个人数据保护法汇编》，法律出版社2006年版，第13页。

使用也无法落实。

由此可见,个人信息法律保护虽然在世界范围内已有成熟的制度建构,但是如果不能及时适应大数据时代要求,已有的法律保护将阻碍信息资源的有效利用。在我国,个人信息的法律保护尚未完整建立,大数据技术变革已经扑面而来,学习已有的个人信息法律保护制度经验固然重要,但是如果不能跳出前信息时代的制度藩篱,个人信息的法律保护就会始终面临实践困境。

三、我国个人信息法律保护的实践困境

我国并没有经历前信息时代个人信息法律保护的充分发展,由于受国外已有的成熟理论的影响,基本上还是用前信息时代的个人信息法律保护思维应对实践问题,这导致了大数据时代我国并不完整的个人信息法律资源一直滞后,无法满足实践需要。

(一)立法保护的滞后

面对世界范围内个人信息专门立法保护的潮流,我国早就有学者提出制定个人信息保护法的建议,并且制定了学者建议版的个人信息保护法。[1] 但我国个人信息保护专门立法一直难产,很长时间以来,一直采用个人信息分散立法保护的模式。《个人信息保护法》出台前,实质规定个人信息保护内容的法律主要有:2009 年 2 月 28 日通过并生效的《刑法修正案(七)》、全国人民代表大会常务委员会 2012 年 12 月 28 日颁布的《关于加强网络信息保护的决定》(以下简称《决定》)、2014 年 3 月 15 日生效的《消费者权益保护法》、2015 年 11 月 1 日实施的《刑法修正案(九)》、2017 年 6 月 1 日实施的《网络

---

〔1〕 参见周汉华:《〈中华人民共和国个人信息保护法〉(专家建议稿)及立法研究报告》,法律出版社 2006 年版;齐爱民:《中华人民共和国个人信息保护法示范法草案学者建议稿》,载《河北法学》2005 年第 6 期;齐爱民:《中华人民共和国个人信息保护法学者建议稿》,载《河北法学》2019 年第 1 期。

安全法》和2020年5月28日通过的《民法典》。

总体上看,个人信息分散立法保护主要包括以下内容:第一,个人信息的界定。《决定》给出了个人电子信息的界定,采用的是识别个人身份+涉及个人隐私的定义方式;《网络安全法》则把个人信息扩展为"以电子或其他方式记录的","能够单独或者与其他信息结合识别自然人个人身份的各种信息",是直接识别与间接识别相结合的定义,并列举了"姓名、出生日期、身份证件号码、个人生物识别信息、住址、电话号码等"具体个人信息。《民法典》继续使用了《网络安全法》中的定义,只是在列举的项目中增加了"电子邮箱、健康信息、行踪信息"三个列举项。第二,明确了个人信息处理原则。《决定》中明确了合法、正当、必要的原则,明示收集、使用信息的目的、方式、范围原则,经被收集者同意原则,以及不得违法、违规、违约收集使用信息原则。这些原则也规定在了《消费者权益保护法》、《网络安全法》和《民法典》中。第三,信息主体的权利。《决定》规定了删除权,《网络安全法》在此基础上规定了删除权或者更正权,《民法典》中又增加了查阅复制权。第四,处罚措施。上述法律规定了常规的民事、行政和刑事处罚措施,除此之外,《决定》增加规定了"记入社会信用档案并予以公布"这一处罚。第五,其他规定。《决定》明确规定了网络实名制,《网络安全法》则对经过处理无法识别特定个人且不能复原的个人信息做了信息主体同意提供的例外规定,《民法典》规定了处理个人信息不承担民事责任的例外。

上述立法中的个人信息保护,包括2020年通过的《民法典》,基本上还是贯彻前信息时代个人信息法律保护的立场,包括可识别性个人信息界定、个人控制权的保护以及以知情同意为核心的原则设定等都是典型体现。即使《民法典》中明确规定了隐私权和个人信息保护,总体上对个人信息的立法保护还属于分散模式,个人信息分散立法保护的缺陷十分明显，主要体现为保护对象不明确、信息主体权利不完整、权利义务不完善和法律责任不到位等，[1]学者们一直倡导通过制定专门的个人信息保护法解决以上分散立法保护的弊端，通过专门立法实现完整的个人信息法律保护。[2] 2021年8月20日，十三届全国人大常委会第三十次会议表决通过了《中华人民共和国个人信息保护法》，自2021年11月1日起施行。作为一部全面保护个人信息的专门性立法，其体现了公法和私法混合的特色。进一步丰富和发展了《民法典》的个人信息保护规则，包括进一步扩张了个人信息的保护范围，构建了以“告知—同意”为核心的个人信息处理规则，对自动化决策的全面规范，严格保护敏感个人信息，确认个人在个人信息处理活动中的各项权利，强化个人信息处理者义务，规范国家机关的个人信息处理行为以及个人信息跨境流动，完善了侵害个人信息的法律责任，这些内容都充分彰显了这部立法的时代性、国际性和本土性。[3]

但是，值得注意的是，在大数据技术的挑战面前，“告知—同意”依然没能跳出前信息时代的旧有思维，依然围绕可识别性界定个人信息和个人控制权能进行立法，在应对大数据时代个人信息保护范围、权利内涵、保护原则的变化时还是会存在困境。其实，立法追求严整与内容明确的特点并不适应大数据技术之下个人信息利用的变动性，通过立法保护个人信息通常会滞后于大数据技术要求，这也正是欧美国家近年来不断修改已有的个人信息保护法的原因。[4]

---

〔1〕 参见王秀哲：《我国个人信息立法保护实证研究》，载《东方法学》2016年第3期。

〔2〕 参见张新宝：《从隐私到个人信息：利益再衡量的理论与制度安排》，载《中国法学》2015年第3期；周汉华：《探索激励相容的个人数据治理之道——中国个人信息保护法的立法方向》，载《法学研究》2018年第2期。

〔3〕 王利明：《〈个人信息保护法〉的亮点与创新》，载《重庆邮电大学学报（社会科学版）》2021年10月26日。

〔4〕 参见范为：《大数据时代个人信息保护的路径重构》，载《环球法律评论》2016年第5期。

大数据时代,个人信息法律保护不再是单纯的权利实现,而是要在个人信息有效利用与权利行使之间寻找平衡。我国《个人信息保护法》还只是提供了个人信息保护的框架、原则和概括性的内容,还需要制定具体的实施细则和保护规则来落实个人信息保护。《个人信息保护法》虽然出台了,分散保护个人信息的各个法律依然还发挥着重要作用,但是弊端也较为明显。

(二)刑法保护的被动

在法律不完善的前提下,针对个人信息滥用导致的严重社会危害,只能由《刑法》出面进行"灭火",这就是我国个人信息立法保护不完善,但是刑法保护先行的原因。2009 年 2 月 28 日通过的《刑法修正案(七)》增加规定了出售、非法提供公民个人信息罪和非法获取公民个人信息罪,前一罪名主要规范国家机关和金融、电信、交通、教育、医疗等公共服务机关及其工作人员。2015 年 8 月 29 日通过的《刑法修正案(九)》取消了特定主体限定,针对不特定对象规定了"侵犯公民个人信息罪"。为了应对刑法修正案中侵犯公民个人信息罪的规定过于抽象、无法准确定罪量刑以及法律适用分歧大等诸多问题,2017 年 6 月 1 日正式实施由最高人民法院和最高人民检察院联合发布的《关于办理侵犯公民个人信息刑事案件适用法律若干问题的解释》(以下简称《解释》)。从而形成了比较完整的个人信息刑法保护规定。

侵犯公民个人信息罪的刑法规定,是从维护社会秩序出发,对于侵犯个人信息导致的公民人身财产权损害进行的刑法救济,在打击利用个人信息犯罪方面作用巨大。但由于个人信息保护的前置法律匮乏,《刑法》的个人信息犯罪规定必须解决许多不属于刑法规定的内容,由此导致刑法救济的被动性。目前,侵犯公民个人信息罪的具体适用必须仰赖《解释》正是这一被动救济的体现,而《解释》在实践应用中并不能起到应有的作用。例如,由于没有权威的个人信息定义，司法解释只能从打击犯罪的功利主义出发，采取形式上的广义可识别性+活动情况对个人信息进行界定，这一界定强调对"行踪轨迹"信息的重点保护。但惩处"获取、提供、出售行踪轨迹"信息的行为，无非是从预防严重犯罪的角度对犯罪的预备或手段行为的一种制裁，由于后续的严重犯罪行为有独立的刑法制裁，过于强调手段或预备行为的刑法制裁会模糊刑法保护个人信息的应有法益，实际上体现了一种屈从于现实的权宜之计或无奈之举。再如，对"违反国家有关规定"的解释，扩大个人信息违法性范围的努力，也与实践中几乎没有规章规定个人信息保护的实际相违背，根本无法适用。

大数据背景下，以《刑法》一己之力并不能完成个人信息法律保护的任务，我国《刑法》中的"侵犯公民个人信息罪"不过是面对危害后果的应急反应，虽然刑法的社会危害防治会暂时发挥作用，但也会引发更多实践中的问题。所以，只有把个人信息的刑法保护放置到个人信息法律制度建构的整体框架下，才能对《刑法》及其《解释》的局限性进行突破。

（三）民事侵权司法救济的无力

总体上看，我国个人信息民法保护较为贫乏，民事侵权的司法救济也少有作为。

2017 年 10 月 1 日起实施的《民法总则》明确规定了"自然人的个人信息受法律保护"，这里的"个人信息"，究竟是个人信息法益、抑或个人信息权并不明确，学者也有不同的解读。虽然有学者做了个人信息权的论证，[1]但是由于《民法总则》的规定比较概括，还无法直接适用保护个人信息。另外，《民法总则》第 110 条对隐私保护

---

〔1〕 参见杨立新：《个人信息：法益抑或民事权利——对〈民法总则〉第 111 条规定的"个人信息"之解读》，载《法学论坛》2018 年第 1 期；郝思洋：《个人信息权确立的双重价值——兼评〈民法总则〉第 111 条》，载《河北法学》2017 年第 10 期。

的单独规定,也引发了隐私与个人信息保护如何协调的问题。[1] 2020年通过的《民法典》中人格权独立成编,第六章为"隐私权和个人信息保护",个人信息的规定依然延续了之前《民法总则》的做法,作为民事法益与隐私作为权利的保护相区别,也因此,学者对于个人信息权利、权益保护的争议依然继续。[2] 《民法典》的贡献主要在于明确界分了隐私权中的私密信息与个人信息,私密信息适用隐私权保护,其他个人信息按照《民法典》对个人信息处理的原则等规定来落实法律保护。

由于《民法典》生效时间不长,民事领域侵犯公民个人信息的纠纷解决实践积累主要还是依靠2020年12月31日最高人民法院发布的《关于审理利用信息网络侵害人身权益民事纠纷案件适用法律若干问题的规定》。这一规定成为法院审理侵犯个人信息民事案件的直接依据。实践中,个人信息侵权的民事判决并不多。笔者以侵犯公民个人信息为案由搜索中国裁判文书网,刑事案由最多,有10,298个搜索结果,民事案由只有241个搜索结果。[3] 具体判决中,我国司法机关采取了将个人信息附属于狭义的生活秘密不得泄露的隐私权进行保护的方式,这种隐私权认定早已经无法适应大数据时代个人信息利用的现实,"伴随着隐私权的现代性转向,司法实践中个人信息的附属保护模式却遭遇了困境。无论从权利配置还是从个人信息保护机构的运作来看,个案裁决的救济方式都无法建构完整的个人信息保护框架"[4]。

---

〔1〕 参见李永军:《论〈民法总则〉中个人隐私与信息的"二元制"保护及请求权基础》,载《浙江工商大学学报》2017年第3期。

〔2〕 参见周汉华:《个人信息保护的法律定位》,载《法商研究》2020年第3期;程啸:《论我国民法典中个人信息权益的性质》,载《政治与法律》2020年第8期。

〔3〕 参见中国裁判文书网,http://wenshu.court.gov.cn/,最后访问日期:2020年9月14日。

〔4〕 张建文、高完成:《司法实践中个人信息的保护模式及其反思——以隐私权的转型为视角》,载《重庆邮电大学学报(社会科学版)》2016年第3期。

司法实践中直接侵犯个人信息的民事纠纷案件明显少于刑事案件，一方面表明我国个人信息民法保护先天不足，另一方面也不能忽视大数据时代单个个人信息的民事侵权已被量化的数据库侵权所吞没的现实。由于大数据时代个人信息权利的异化，个人信息的资源性利用远大于其保密价值，所以，着眼于个体性权利的民事侵权救济并不能有效发挥作用，必须针对平台企业和国家机构的数据库开发利用重新设定民事责任。而从司法裁决多强调隐私权保护来看，个人信息的隐私权属性有重要价值，尤其是在数字化人格发展的今天，注重个体性地位的最好体现仍然是隐私权保护，只是隐私权的内涵必须适应时代要求重新界定。

四、大数据时代个人信息法律保护的制度重建

个人信息法律保护的制度重建是大数据时代世界各国共同面对的问题。当个人信息法律保护制度面临变革时，作为后起国家，我们应主动适应大数据时代的要求，不简单照搬或受制于国外制度，立基于解决实践困境，从大数据信息有效利用的视角出发，重新思考和定位我国个人信息法律保护制度建构。

（一）个人信息立法与个人信息保护标准的协调

我国个人信息保护专门立法之前一直“难产”在一定程度上源于无法通过简单的立法解决个人信息法律保护的现实困境，尤其是面对大数据技术的飞速发展，立法保护的学术观点越发需要关注多方利益，趋向于解决复杂的社会关系。继张新宝教授提出我国个人信息保护法应以“两头强化，三方平衡”理论为基础进行制度设计的方案后；[1]周汉华教授进一步提出了激励相容的个人信息立法方

---

〔1〕 参见张新宝：《从隐私到个人信息：利益再衡量的理论与制度安排》，载《中国法学》2015年第3期。

向,认为通过激励信息控制者主动保护个人信息安全,实现对个人信息权利的保护,立法需要改变原来的命令控制式,而寻求多元互动。[1] 多方利益平衡以及多元互动的立法导向是对大数据时代个人信息利用的复杂特征的应对,但是,立法本身的技术性要求以及严密论证、漫长民主程序等都不适应这一重任,与大数据相适应的立法期待展现了相当的难度。其实,多元互动的激励相容机制恰恰表明需要采取多元制度建构,并不只有立法一途。2021 年 11 月 1 日,《个人信息保护法》生效,第一条即开宗明义,为了保护个人信息权益,规范个人信息处理活动,促进个人信息合理利用,根据宪法,制定本法。由于个人信息权益本身的复杂性,至少存在如何与隐私权界分、如何平衡私人利益与个人信息资源利用、如何界分私法和公法保护的界限等实践问题,权益保护取向的个人信息利用规则需要进一步细化,因此《个人信息保护法》并不能解决所有的个人信息保护问题,法律规范的细化以及与技术的联手是必要的选择。

早在个人信息立法保护空缺的情况下,与技术相连的个人信息保护标准就起到了部分立法替代的作用。由工业和信息化部起草 2013 年 2 月 1 日起实施的《信息安全技术公共及商用服务信息系统个人信息保护指南》是我国关于个人信息保护的第一个国家标准。[2] 2014 年 3 月 15 日中国科学技术法学会、北京大学互联网法律中心联合发布了《互联网企业个人信息保护测评标准》,这是我国首部互联网领域由独立第三方学术机构倡议的个人信息保护测评

[1] 参见周汉华:《探索激励相容的个人数据治理之道——中国个人信息保护法的立法方向》,载《法学研究》2018 年第 2 期。

[2] 参见《信息安全技术公共及商用服务信息系统个人信息保护指南》,载 http://baike.baidu.com/link?url=iPlrAXvQ_OtDMQyNBJdNnjohK7XervxdJQ1OB7fGJVRmJIPtfYBGg6w8Zseg7Z_B3F_wsbOlNyX1bDzmPE61hq,最后访问日期:2020 年 9 月 7 日。

行业标准。[1] 2017年12月,国家标准《信息安全技术 个人信息安全规范》(GB/T 35273－2017)(以下简称《规范》)正式发布,尽管这是一部推荐性的国家标准,不具有强制力,但仍引起了学界与实务界的广泛关注。在关于《规范》的各类解读中,有声音认为规范的发布及时地填补了现今个人信息保护中诸多技术细节与实操领域的规范空白;也有声音认为,这部国家标准比欧洲与美国对于个人信息保护的要求更为严格,可能会影响行业的发展。[2] 总体上看,在网络安全法治框架下,《规范》立足信息安全的维度,厘定、阐明了个人信息安全保护领域的诸多重要问题,如"个人信息"的基本定义、个人信息安全的基本要求等;并突出了个人信息全生命周期动态调节的机制特色,为提升公民意识、企业合规和国家监管水平提供了新的业务参照和行为指引。[3]

2020年3月国家标准《信息安全技术个人信息安全规范》(GB/T 35273－2020)(以下简称《个人信息安全规范》)正式发布,实施日期为2020年10月1日。该标准代替了GB/T 35273－2017规范,主要技术变化为:一是增加了"多项业务功能的自主选择""个性化展示的使用""用户画像的使用限制""基于不同业务目的所收集个人信息的汇聚融合""个人信息安全工程""第三方接入管理""个人信息处理活动记录"等内容;二是修改了"征得授权同意的例外""个人信息主体注销账户""明确责任部门与人员""实现个人信息主体自主意愿的方法"等内容;三是针对个人生物识别信息方面的要求,进

〔1〕 参见《互联网企业个人信息保护测评标准发布》,载http://tech.sina.com.cn/other/2014-03-17/11409247350.shtml;《互联网企业个人信息保护测评标准》,载http://vip.chinalawinfo.com/newlaw2002/slc/slc.asp?gid=220993,最后访问日期:2020年9月7日。

〔2〕 参见《〈个人信息安全规范〉史上最内行解读》,载http://news.163.com/18/0206/02/D9U7CB32000187VE.html,最后访问日期:2020年9月7日。

〔3〕 参见《〈个人信息安全规范〉史上最内行解读》,载http://news.163.com/18/0206/02/D9U7CB32000187VE.html,最后访问日期:2020年9月7日。

行细化并完善。[1] 2020年个人信息保护最新技术标准的发布体现了从技术方面保护个人信息的与时俱进,包含了个人信息立法草案讨论更宽泛的保护内容,这是由标准能随时更新的灵活性决定的,也是立法的稳定性所无法实现的。总体上看,在网络安全法治框架下,《个人信息安全规范》立足信息安全的维度,厘定、阐明了个人信息安全保护领域的诸多重要问题,如"个人信息"的基本定义、个人信息安全的基本要求等;并突出了个人信息全生命周期动态调节的机制特色,为提升公民意识、企业合规和国家监管水平提供了新的业务参照和行为指引,[2]还能结合技术的进步不断更新和完善个人信息利用中的保护内容和保护手段。

技术标准因其没有直接的立法效力,其效用往往被忽视,但是,其可因企业自愿遵守而产生约束力,行政机关可参照做出行政决定、采取非正式监管措施,法院也可以援引作为裁判说理依据,而规范一旦被法律、法规、规章、强制性标准援引,便可在相应规范中产生与之同等的法律效力。[3] 大数据技术的特征,决定了对个人信息的利用是一种可以用技术标准框定的规范性操作,这在维护个人信息利用秩序和安全方面意义重大。由于标准的技术性、中立性、客观性,以及随着技术进步的变动性,用标准来确定个人信息法律保护的基本问题更为恰当。个人信息保护标准不仅更能灵活应对大数据技术不断发展的要求,解决立法的滞后性,而且标准本身的灵活性更有利于大数据时代的个人信息安全、利用以及保护的需要。在标准替代立法的局面下,并不是用标准完全取代立法,而是把能够用技术规

[1] 参见《国家标准〈个人信息安全规范〉2020版正式发布(附下载)》,载 https://www.secrss.com/articles/17713,最后访问日期:2020年11月3日。

[2] 参见《〈个人信息安全规范〉史上最内行解读》,载 http://news.163.com/18/0206/02/D9U7CB32000187VE.html,最后访问日期:2020年4月16日。

[3] 参见许可:《试论〈个人信息安全规范〉的法律效力》,载 http://mp.weixin.qq.com/s/ZxadBeYTW9Idm0neWwhk8Q,最后访问日期:2020年9月7日。

范、标准化的内容拿到标准中来，或者明确已经被标准确定的内容，以技术解决技术带来的变动性问题，在此基础上，放弃制定大而全的个人信息保护专门法律的做法，重点制定适应大数据时代要求的特别保护法。有学者认为，《个人信息安全规范》2020年的修订，还肩负投石问路的信号功能。我们不妨将其视为正在制定的《个人信息保护法》先行者，不但通过公众讨论来辨明分歧、凝聚共识，而且利用企业的积极参与，开展博弈和谈判，最终通过规则实施为后续立法积累经验，甚或是教训。在某种意义上，尽力将现有柔性的《个人信息安全规范》和刚性的《个人信息保护法》相协调，不失为平衡国家管制和行业自治，调和个人权益和企业利益的重要路径。[1]

（二）多方互动的隐私风险评估机制建构

如前所述，以个人控制为核心的个人信息权利保护已经在大数据技术面前发生异化，脱离个人掌控的个人信息利用决定了事后侵权责任无法发挥作用。个人信息的隐私权保护依然是其核心价值，只是不再是私生活秘密不被泄露以及被动的事后救济，“隐私风险评估”（Privacy Impact Assessment，PIA）成为保护隐私的新的有效工具，实践中已发展为标准化操作流程，成为国际上日益认同的理念。场景与风险导向的新思路使我们认识到，大数据时代纷繁复杂的个人信息处理场景中，前端的、静态的遵循知情同意的框架已经不足以应对严峻的隐私挑战，必须及时扭转思路，在个人信息处理所处的具体场景中进行动态的风险控制，即变僵化的合规遵循为灵活的风险管理，促进个人信息的“合理使用”，重点规制个人信息的“不合理使用”行为。[2]

---

〔1〕 参见许可：《〈个人信息安全规范〉的效力与功能》，载《中国信息安全》2019年第3期。

〔2〕 参见范为：《大数据时代个人信息保护的路径重构》，载《环球法律评论》2016年第5期。

隐私风险评估的理论基础是承认个人信息法律保护的隐私权价值,虽然个人信息的财产权保护[1]以及个人信息权利保护[2]的主张都有很好的论证,但是,在大数据带来的现代权力控制局面下,个体独立与尊严保护的人格利益更为重要,而对于这一人格利益的保护必须借助于信息性隐私权保护实现。[3] 如前文所述,我国隐私权价值取向的个人信息保护已经在司法实践中有了一定的积累,但由于我国隐私权的法律保护也不发达,隐私权的认知还停留在前信息时代,如何整合个人信息与隐私权保护的关系,还需要进一步深入研究。而隐私风险评估作为动态的机制,能够在法律不完善时借助多元社会力量实现,这在我国已经有了一定的基础。

早在2010年"3Q"大战爆发时,就引发了企业主动承担保护个人信息隐私责任的争议。[4] 在越来越激烈的互联网平台竞争中,攻击对手侵犯个人隐私确实可以起到争夺用户的目的,也引发了互联网企业主动保护个人隐私的自觉性。"3Q"大战后,腾讯公司和360公司都适时修改了自己网站的隐私声明(政策),其中,作为主动挑起腾讯不保护个人隐私争端的一方,在保护个人隐私这个问题上,360公司似乎想成为业界的榜样。2018年3月1日最新版《360用户隐私保护白皮书3.0》发布,在白皮书中,360公司对自身的产品安全提出了更高的要求,尤其指出,360公司是国内首家设置首席隐私官(Chief Privacy Officer,CPO)一职的公司,并提出"四不三必须"

---

[1] 参见刘德良:《个人信息的财产权保护》,载《法学研究》2007年第3期。

[2] 参见王利明:《论个人信息权的法律保护——以个人信息权与隐私权的界分为中心》,载《现代法学》2013年第4期。

[3] 参见王学辉、赵昕:《隐私权之公私法整合保护探索——以"大数据时代"个人信息隐私为分析视点》,载《河北法学》2015年第5期;李延舜:《个人信息财产权理论及其检讨》,载《学习与探索》2017年第10期。

[4] 参见王秀哲:《信息社会个人隐私权的公法保护研究》,中国民主法制出版社2017年版,第242页。

行为规范,且呼吁互联网同业者加以补充和完善。[1] 面对360公司扯出的隐私保护大旗,业内企业认为360公司是在以隐私保护为由进行不正当竞争,此举曾经引发了众多网络平台对360公司的联手抵制,但是事件的发展让用户看到了网络平台保护个人信息隐私责任的重要性,反过来促使各个网络平台制定和完善自家的隐私声明。2021年3月25日,360公司用户中心最新更新发布"360用户隐私政策",[2]而隐私政策的发布已经成为网络平台企业的标准做法,并受到行业自律和政府机构监管。

上述事件展示了我国个人信息保护行业自律发展的苗头,大数据技术下个人信息利用的无序呼唤行业自律,行业自律是多元互动治理的一个必要组成部分,虽然企业自发的隐私声明并没有发挥保护个人信息的实效,但通过行业自律可以引导隐私声明与隐私风险评估衔接,促成个人信息隐私保护的实现。此外,第三方平台的介入能够起到更为客观的监控效果。在大数据技术支撑下,我国的第三方监管也有了发展。2017年12月28日,南都个人信息保护研究中心发布了《2017个人信息保护年度报告》。该报告包括1550家网站和App的隐私政策测评结果、南都在系列隐私调查中发现的问题、年度热点隐私事件盘点以及2018年可能出现的新问题预测。据悉,这是国内首份由媒体发布的个人信息保护报告。南方都市报编委虞伟表示,从2016年开始,南方都市报通过多篇调查报道,逐渐深入个人信息安全领域的话题,其正在尝试以新闻报道与第三方评测监督的方式,促进业界对个人信息安全达成共

[1] 《360用户隐私白皮书》,载 http://www.360.cn/privacy/v3/bpsxy.html,最后访问日期:2020年9月7日。

[2] 《360用户隐私政策》,载 https://i.360.cn/reg/privacy,最后访问日期:2021年6月2日。

识。[1] 南都集团陆续又发布了《2018 个人信息保护年度报告》[2]《个人信息安全年度报告(2019)》[3];2020 年 3 月 2 日,由中国信息通信研究院、阿里巴巴法律研究中心、深圳市腾讯计算机系统有限公司、小米科技有限责任公司、北京三快在线科技有限公司联合撰写的《"互联网 + 行业"个人信息保护研究报告》(2020 年)也正式发布。[4] 利用大数据对个人信息利用与保护的状况的总结与评测不仅代表了社会多元监管,也是大数据环境下个人信息保护与利用的一种新的商机。

总之,大数据技术推动了我国个人信息产业的发展,企业有自律的原始动力,第三方监测体现了数字经济发展的需求。政府的监管应该关注这一方向,通过引导和介入完善多方互动的隐私风险评估机制建构。

(三)信任关系下的个人信息民法保护完善

大数据经济模式下,个人信息的收集利用构成了社会资源运作的基础,社会交易和交往秩序的维护有赖于民法,而民法对个人信息的保护正在接受大数据技术的挑战。"大数据时代个人信息的收集与处理造成了自然人与信息控制者之间明显的信息不对称,从而使得在侵害个人信息的民事纠纷中,自然人无法证明泄露其个人信息的信息控制者是谁,以至于受害人难以获得救济。"[5] 现行的个人信息保护法律规范,以"主客体二元对立"思维下的"理性人"理

---

〔1〕 参见《南都报告:1550 家平台隐私政策测评结果出炉,超八成透明度低》,载 http://news.163.com/17/1229/09/D6QJ2F8M000187VE.html,最后访问日期:2020 年 9 月 7 日。

〔2〕 《2018 个人信息保护年度报告》,载 https://m.jiemian.com/article/2806819.html,最后访问日期:2021 年 12 月 5 日。

〔3〕 《个人信息安全年度报告(2019)》载 https://baijiahao.baidu.com/s?id=1653221494178025201&wfr=spider&for=pc,最后访问日期:2021 年 2 月 1 日。

〔4〕 《报告:"互联网 + 行业"个人信息保护研究(2020 年)》,载 http://www.cbdio.com/BigData/2020-03/04/content_6154936.htm,最后访问日期:2021 年 5 月 8 日。

〔5〕 阮神裕:《民法典视角下个人信息的侵权法保护——以事实不确定性及其解决为中心》,载《法学家》2020 年第 4 期。

念为指引,通过强调个人信息主体的自主支配、自主决断和自己责任,来平衡个人信息的使用和保护。但是在大数据时代,个人信息保护的“理性人”理念面临着诸多困境,“理性人”的构建,抹去了具有“社会性”和“感性”特征的“信赖”,将现实中本来与他人和社会紧密联系的“完整”的人,塑造为与他人和社会分离且对立的“理性人”。以此为价值追求的个人信息保护法律规范,忽视信息社会中信赖的重要性,内含信息主体与信息控制者间的紧张对立关系,难以有效增进他们之间的互信。[1] 这一信赖利益的提出与美国学者 Helen Nissenbaum 教授的隐私的情境脉络完整性理论的切入点和关切点相同。“情境脉络完整性”或者“脉络完整性”这个隐私权理论,将“个人资讯保护”与“在特定情境脉络下的个人资讯流动规范”两者互相连接起来,强调资讯的流动方式必须符合特定情境脉络对于资讯流动的期待,也就是符合特定情境脉络的社会规范。[2]

大数据时代,个人信息的产生和利用无处不在,个人信息并不只是标明个人身份的简单代码,而是人们传递感情、进行社会交往和商业活动的基础资源和活动记录。所以需要在具体环境中认识个人信息的保护需求。具体情境中如何处理个人信息的利用和保护？这取决于维系社会交往的伦理基础,即信任责任关系。这种信任关系下,个人信息主体对于超出该情景的个人信息流通有权要求接受者承担不予扩散的保密义务。美国学者索洛韦伊认为,保密性这一理论是一项对各种各样的人际关系予以维持都必不可少的理论。美国隐私权法遵从的防止隐私泄露规则注重保护原告的感情

---

〔1〕 参见吴泓:《信赖理念下的个人信息使用与保护》,载《华东政法大学学报》2018 年第 1 期。

〔2〕 参见刘静怡:《社群网路时代的隐私困境:以 Facebook 为讨论对象》,载《台大法学论丛》2012 年第 3 期。

与不可侵犯的人格,而与此不同的是,英国信任责任法遵从的防止秘密泄露规则注重保护人与人之间互相信任与互相依靠的社会关系。[1] 通过信任责任法确立的信任关系,能够实现信息利用者负责任地利用个人信息。

随着《民法典》的生效,隐私权和个人信息保护在人格权编独立成章,个人信息没有作为民事权利写入民法典,主要考虑个人信息的资源利用性,但是变更、异议、删除等权能的行使是无法与权利保护相脱离的,个人信息与隐私权的交叉保护规定也显得比较粗糙,《民法典》中的该部分内容还有待于进一步细化。有学者认为,"《民法典》与《个人信息保护法》中的私法规范构成普通法与特别法的关系,在后者有明确规定的时候应优先适用,而在其没有规定的时候应适用《民法典》的规则。"[2] 有学者从个人信息的公法保护视角,认为,"坚持平行适用,立足于整体制度设计,处理好《个人信息保护法》与《民法典》的关系,使不同机制分别发挥各自作用,有利于形成公私法合力的多元治理结构。"[3] 作为特别法的《个人信息保护法》强调通过监管和合规来保护个人信息权益,但是,基于主体平等的权益保护这一民法的核心内容不应被忽略。根据《民法典》第一编总则第7条规定的诚信原则,可以通过民事信任责任法的建立保障个人信息安全和不受侵犯。在大数据时代,由于个人信息的广泛利用性,个人的知情同意已经让位给使用者承担责任,在个人信息的有效利用中,使用者与个人信息主体之间的信任关系的建立非常重

---

〔1〕 参见[美]尼尔·M.理查德、丹尼尔·J.索洛韦伊:《隐私权的另一种路径:信任责任法的复兴》,孙言译,载张民安主编:《隐私权的比较研究——法国、德国、美国及其他国家的隐私权》,中山大学出版社2013年版,第45~47、79~87页。

〔2〕 石佳友:《个人信息保护的私法维度——兼论〈民法典〉与〈个人信息保护法〉的关系》,载《比较法研究》2021年第5期。

〔3〕 周汉华:《平行还是交叉 个人信息保护与隐私权的关系》,载《中外法学》2021年第5期。

要,也即可以通过信任关系建立良好的个人信息利用秩序。在我国,民法中的诚实信用原则一直面临现实挑战,社会信用制度尚没有建立,信任责任法极其缺乏,如能在个人信息责任制度方面进行突破,不仅有利于个人信息利用秩序的建立,也无疑会为大数据时代社会信用制度的建立奠定基础。而借助于大数据技术,信息责任法的建立并不困难,在各种网络平台推出个人信用评估的当下,利用大数据技术对个人信息控制者即网络平台本身的信用进行评估更为重要,当然,这一任务需要借助于媒体、第三方平台以及政府的推介共同完成。

(四)作为最后保障手段的刑法规制

大数据背景下,以《刑法》一己之力并不能完成个人信息法律保护的任务,我国《刑法》中的“侵犯公民个人信息罪”不过是面对危害后果的应急反应,虽然刑法的社会危害防治会暂时发挥作用,但也会引发更多实践中的问题。作为社会危害防治的最后手段,《刑法》“侵犯公民个人信息罪”的法定刑色彩需要改变,直接从个人信息利用本身导致的社会危害性出发确立需要保护的法益,不过多依赖前置法律、法规,才是符合个人信息有序利用秩序建立的制度选择。

最后保障意味着民法保护是前提和基础。通过民事信任责任法确立的信任关系,能够实现信息利用者负责任地利用个人信息。我国《刑法修正案(七)》中列举的“国家机关或者金融、电信、交通、教育、医疗等单位”实质上涉及大数据时代广泛利用个人信息的政府和公共服务部门与信息主体之间保密关系的维护。大数据时代,信任责任法的确立将更有利于个人信息有序利用秩序的建立。但是遗憾的是,《刑法修正案(九)》把个人信息侵犯主体做一般性修改后,在特定领域通过建立信任关系保护个人信息的问题被忽略了。在我国,民法中的诚实信用原则一直面临现实挑战,社会信用制度尚没有建立起来,信任责任法极其缺乏,如能在个人信息责任制度方面进行突破,不仅有利于个人信息利用秩序的建立,也无疑会为大数据时代社会信用制度的建立做好铺垫作用。由此,《刑法》的作用发挥必须以民法相关制度的落实为基础。

由此,《刑法》规定所具有的局限性限制了司法解释的效用发挥。《解释》既不能突破《刑法》的局限性,也没有能力独立完成刑法任务,由于《解释》的偏差和模糊,以及法官对《解释》理解的主观性,许多解释规范本身仍需要解释,解释的解释,解释的解释之解释,会陷入一种无法穷尽的怪圈。[1] 个人信息保护是大数据时代的新兴领域,情势复杂、变化快,与其通过统一的司法解释应对变动中的社会关系调整,不如在社会关系调整中积累刑法保护的经验,这其实就是发挥法官在解决具体问题时的作用。即通过遵从具体案件判决中法官对法律的理解适用,并形成判例,既可以适应时代的变迁,又能及时弥补成文法律涵盖性、兼容性的不足,能在灵活多变的时代背景下找到保护个人信息秩序与打击侵犯个人信息犯罪的平衡。我国成文法传统下,并没有建立判例制度,在社会转型变动时期,为适应社会发展变化的需要,2010 年最高人民法院和最高人民检察院分别通过了适用于各自领域的《关于案例指导工作的规定》,正式建立了案例指导制度,发挥了部分判例的效用。但最高人民法院主导筛选指导性案例依然具有立法形成效应,并不适合刑事法律审判,所以应遵循指导性案例形成的“自发秩序”思路,即注重“从实务中发现或提炼判例”。[2] 也即,刑事诉讼领域的判例制建构更为根本和重要。具体而言,在司法改革中,通过裁判公开提高透明度,通过

---

〔1〕 参见蒋集跃、杨永华:《司法解释的缺陷及其补救——兼谈中国式判例制度的建构》,载《法学》2003 年第 10 期。

〔2〕 参见蒋集跃、杨永华:《司法解释的缺陷及其补救——兼谈中国式判例制度的建构》,载《法学》2003 年第 10 期。

法官员额制提高个案审判质量，在个案裁判的空间下，承认法官对生效判决的参照，完善地方各级法院的指导性案例形成制度，从而通过提高法官在个案中独立解释《刑法》的能力，不断完善个人信息的刑法保护。“侵犯公民个人信息罪”入刑以来，一直困于犯罪对象不清、定罪量刑无法明确以及法律适用无法操作等问题，《解释》的出台正是为解决这些困境，但是遗憾的是，由于《刑法》本身的局限，《解释》的努力很难有起色。对于《解释》局限性的突破并不是继续解释能够完成的，必须整体上突破《刑法》规定的局限性，在个人信息整体法律制度建构的思路下，紧扣大数据时代发展需求，摒弃刑法的实用主义角色，以民事信任法为基础，采取更为灵活的判例制度，方能在不断调整和适应中完成个人信息利用秩序的建构，并在谦抑原则下发挥刑法的最后保护作用。

综上所述，个人信息的法律保护是随着大数据技术的发展变动最为剧烈的领域，鉴于大数据带来的个人信息利用特征的变化，美国和欧盟都在积极通过修法进行应对，我国虽然《个人信息保护法》制定得较晚，但是，大数据技术的发展带来了迎头赶上的契机。虽然以权利为核心的前信息时代的个人信息法律保护并没有完全过时，其是必要的积累，但我们应在做好补课的同时，适应大数据时代要求，从多元、变动的视角做好个人信息法律保护的整体制度建构，只有对个人信息法理保护的制度建构有整体的认识，才能在解决具体领域的个人信息保护问题时有的放矢，不偏离正确方向。而个人信息隐私权价值的确认是法律保护的基础，尤其是公共视频监控中的个人信息收集和利用。

第二章　公共安全视频监控中的个人信息隐私权保护

公共视频系统是用技术的手段监控个人在公共场所的活动,这种监控通过收集个人活动的图像信息并存储、分析利用。2004 年公安部主编、建设部批准、建设部和国家质检总局联合发布的国家强制标准《安全防范工程技术规范》(GB 50348 - 2004)中定义"视频安防监控系统(Video Surveillance & Control System,VSCS)"为:利用视频技术探测、监视设防区域并实时显示、记录现场图像的电子系统或网络。2018 年 12 月 1 日正式实施的新版《安全防范工程技术标准》GB 50348 - 2018,[1]保留了这一定义:"本规范所指的视频安防监控系统,不同于一般的工业电视或民用闭路电视(Circular Closed-circuit Television System,CCTV)系统。它是特指用于安全防范的目的,通过对监视区域进行视频探

〔1〕 参见《〈安全防范工程技术标准〉(GB50348 - 2018)》,载 https://max.book118.com/html/2019/0107/6135110040002000.shtm。

测、视频监视、控制、图像显示、记录和回放的视频信息系统或网络。”作为一种技术性侦查和创新性管理工具的公共视频监控，正日益受到政府青睐，民众对安全感的渴求也助推了这股浪潮。随着公共视频监控系统更多功能的挖掘以及和人脸识别、位置追踪等技术的关联，公共视频监控的规模和程度大幅增长。在大数据技术的支持下，公共视频监控不仅记录被监控者的活动轨迹以及关联分析刻画个人数据形象，从而发现犯罪活动、犯罪企图以及其他公共安全危险要素，还可以在交通秩序调整、城市公共治理与服务领域发挥越来越大的作用。个人信息尤其是图像信息是公共视频监控得以发挥效用的基础资源，个人信息的资源性特征，决定了其本身没有权益属性，只有把个人信息和特定的主体联系起来才涉及权益保护，而对通过识别和关联形成的个人信息的保护，无论是否是独立的权利，都需要通过权能属性来具体落实，我国《民法典》对个人信息的保护是通过复制、变更、质疑、删除等权能来实现就体现了这一特点。在公共视频监控领域，对个人信息的保护也是通过上述权能实现的，但是，从公共视频监控的公权力性质来看，公共视频监控对个人信息的利用，其实质是对个人私人活动的监控和介入，也因此直接与个人隐私权相连。之所以和隐私权直接相连，是由尊重和保护个人人格尊严为核心的人格自由和人格独立所决定的，其价值在于防止在公共视频监控无处不在的现代社会个人物化为一堆数字。事实上，大数据信息时代的监控社会中，公民的私人领域正在被进一步压缩。

公共视频监控涉及的公民隐私权问题是在收集和利用个人信息的过程中呈现出来的。基于个人信息的资源利用性，公共视频监控中隐私权保护有被个人信息利用取代的风险。“要想视频监控技术被最有效的利用，就必须保持人们对政府的信心——相信他们是安全的，相信他们所缴纳的税款被用于增强公众安全的措施，并且他们的公民权利不会在这之中被妥协掉。”[1]所以,必须通过信息隐私权的论证来实现对公共视频监控的规制。

一、公共安全视频监控中个人信息保护的隐私权实质

监控本身就是和隐私联系在一起的,因为监控暴露的是个人不愿被发现的私生活秘密,侵扰的是个人不愿被打扰的私生活安宁。随着公共视频监控设备的广泛使用,公共视频监控正从公共领域全面介入私人生活。

(一)全方位公共视频监控时代的到来

世界范围内大规模建设公共视频监控始于英国,导火索是发生在 1992 年的詹姆士·巴尔杰被杀案件[2],这使最初仅用于交通管理使用的公共安全视频监控系统开始在刑事案件侦破中发挥重要作用,继而更广泛用于预防犯罪。国外有学者总结了公共视频监控系统的五个功能:“第一,作为一种对潜在犯罪人进行心理学威慑的手段,CCTV 能够预防犯罪;第二,CCTV 有助于发现犯罪和破坏社会秩序的行为,并立即采取行动以减少犯罪带来的损害;第三,CCTV 可以更加有效地配置警力和收集证据,由此提高逮捕和起诉成功的比例;第四,CCTV 能够提高公众安全感、降低公众对犯罪的恐惧;第五,CCTV 也被视为一种常见的场所管理手段,能够帮助警方或安全机构有效管理特定场所。”[3]由此可见,仅仅使用环形闭路系统的公共视频监控就已经成为警察执法的有力支撑。

---

〔1〕 Aileen B. Xenakis, *Washington and CCTV: It's* 2010, *Not* 1984, 42 Case W. Res. J. Int'l L. 573, 2010.

〔2〕 该案两位凶手是英国现代历史上年纪最小的杀人犯,同是 10 岁的罗伯特和乔恩用残忍手段杀害了 2 岁的詹姆士·巴尔杰。在案件侦破过程中,摄像头记录下了被害人被嫌疑人带出监控区域的镜头。

〔3〕 马静华等:《公共视频监控:运行机制、刑事司法与警民态度》,法律出版社 2017 年版,第 14~15 页。

2001 年“9·11”事件爆发后，世界范围内恐怖主义组织活动不断升级，监控摄像头的安装必要性更为凸显。据一份报告显示，早在 2000 年，英国全境就已有超过 420 万个监控探头，平均每 14 个人就有一个，并且每人每天可能被超过 300 个探头捕捉到行踪。美国在公共视频监控方面的投入也毫不吝啬，华盛顿特区在 2008 年已设置了超过 5200 个监控探头。根据美国公民自由联盟（ACLU）在 2011 年 1 月发布的视频监控报告，芝加哥市已拥有或有权限接入近 10,000 个监控探头。[1] 在科技推动下，视频监控的精度越来越高，直至具备人脸识别功能，生产成本大幅减少已能够大面积推广使用。继而在视频监控技术和大数据的帮助下，公共安全视频监控终于不再只是警察执法专用，而是走向了智慧社会的广泛应用。在计算机、网络和自动化技术共同作用下，大规模监控终成为现实，它不是“跟踪某一辆汽车”，而是“跟踪所有汽车”，使用城市密布的摄像头、车牌扫描仪、人脸识别软件，警察可以跟踪整个城市的所有人，不管他是不是犯罪嫌疑人。有史以来第一次，政府和企业能够对所有人展开大规模监控。通过互联网的使用、电话通信、金融交易，以及我们的运动……甚至所有的事情都能实现这个目的。[2] 而当摄像头安装完成，无论是否需要监控，暴露在摄像头下的所有人的活动都被记录并保存，转瞬即逝的社会生活图景被定格与复制在了数据库和网络中。

我国的公共视频监控系统建设起步虽晚，但发展迅速。2010 年北京公共视频监控摄像头数量就已达 40 余万个，[3] 上海市在世博

---

〔1〕 Adam Schwartz, *Chicago's Video Surveillance Cameras: A Pervastive and Poorly Regulated Threat to Our Privacy*, 11 Nw. J. Tech. & Intell 2013.

〔2〕 参见［美］布鲁斯·施奈尔：《数据与监控——信息安全的隐形之战》，李先奇等译，金城出版社 2018 年版，第 32 页。

〔3〕 参见易明灯：《北京公共摄像头达 40 万个，覆盖主要道路商场银行》，载《北京日报》2010 年 4 月 22 日，第 2 版。

会开幕前安装的公共场所摄像头也已达20余万个,重庆市安装30余万个。[1] 互联网数据中心(IDC)预测,到2022年中国视频监控摄像头部署量将达到27.6亿台。[2] 公共视频监控系统已成为中国社会不可忽视的一个重要系统。最初因强调“打击犯罪、侦破案件”的核心功能,象征“法网恢恢疏而不漏”的“天网”得以建立;随后,公共视频监控系统扩展包括了更为广泛的社会监控功能。近年来,随着智慧城市建设的逐步推进,公共视频监控网络获得了长足发展,不仅在提高治安水平、预防和打击犯罪方面成果卓著,也有效改善了交通管理、应急指挥、防灾预警、市政设施抢修等工作效率。2015年5月6日,国家发展改革委联合中央综治办、科技部、工信部、公安部等九个部委联合下发了《关于加强公共安全视频监控建设联网应用工作的若干意见》(发改高技〔2015〕996号),将公共安全视频监控系统联网应用确立为新形势下维护国家安全和社会稳定、预防和打击暴力恐怖犯罪的重要手段,并提出,到2020年,基本实现“全域覆盖、全网共享、全时可用、全程可控”。我国公共视频监控对社会生活的全方位覆盖已经实现。

(二)公共视频监控对私人生活的全面介入

由于公共安全视频监控系统的跟踪、定位、摄录功能所实现的图像监控越来越精准、使用范围越来越广泛,并伴随着生物信息识别技术、人脸识别技术、车辆识别技术、追踪定位技术等的发展,实现了与商用、私人使用的视频监控的整合,公共视频监控正在全面侵入个人生活。美国众议院议员 Richard Armey 在要求对联邦监控花费作出一份报告时曾指出:“对公民自由权造成严重威胁的技术

---

〔1〕 参见程维:《重庆将在辖区内安装50万个摄像头》,载《第一财经日报》2010年11月23日,第2版。

〔2〕 参见《公共视频监控网络安全——视频监控市场新热点》,载 https://www.sohu.com/a/292354400_718123,最后访问日期:2020年9月16日。

总是一小步一小步地向前发展的，人脸识别技术有可能在未来某一天会给军事带来极大的好处。如果我们用这一技术来对抗无辜的公民的话，我们就走错了方向。"[1]然而事实却是，技术的进步被很快用在了公共视频监控中。

公共视频监控在警察维护公共安全、政府社会管理创新方面的优势是非常明显的，不仅能快速侦破案件、有效预防犯罪，也极大地节约了公权力执法的人力物力成本，"它是自动施展的，毫不喧哗，形成一种能产生连锁效果的机制"[2]。但是，个人生活也完全暴露在了摄像头面前，这种暴露已经从公共生活走向了可见的私人领域。虽然公共视频监控都安装在公共场所，捕捉的是公共领域的个人活动，但当摄像头忠实记录下个人在公共空间的所有活动，就会形成关于个人社会活动轨迹的完整记录，公共生活中的个人活动会汇集形成私人画像，由此其私人偏好和行动选择也便暴露无遗，这直接挑战了公共空间中个体始终都有的不被关注的隐私期待。而随着公共视频监控的密度不断扩大，记录下的公民活动越来越完整，可以毫不夸张地说，伴随着"全域覆盖、全网共享、全时可用、全程可控"的公共视频监控体系的建设，公民位于摄像头之下的活动都有了复制版本，这必然带来公共视频监控对私人活动的全面可控。透过冷冰冰的技术参数和硬件设施，公民的隐私直接暴露于大庭广众之下。

由此可见，无处不在的摄像头编制的"天罗地网"，让公民隐私无所遁形。被摄像头过度关注的人们开始反思公共视频监控现象。纵观各国，隐私权框架是限制公共视频监控扩张的一个关键性因

---

〔1〕［美］安德鲁·E. 塔利兹：《〈美国联邦宪法第四修正案〉在21世纪的发展——以隐私、科技和情感为视角》，王垚译，载张民安主编：《场所隐私权研究——场所隐私权理论的产生、发展、确立和具体适用》，中山大学出版社2016年版，第47页。

〔2〕［法］米歇尔·福柯：《规训与惩罚》，刘北成、杨远婴译，生活·读书·新知三联书店2003年版，第231页。

素。在加拿大,最高法院(1999 年)宣称"允许政府管理的视频监控系统不受限制将会严重地降低我们合理期待的在一个自由社会中应当获得的隐私权保护程度"。[1] 该判决认为,连续的、不分青红皂白式的监控(包括不是基于合理根据进行的监控)违反了《加拿大宪章》以及联合国的《世界人权宣言》及《公民权利与政治权利国际公约》。法国学者也指出,"在 21 世纪结束之前,人类将在精神上和财政上变得完全受数字系统所支配,它将逐渐明确人类在实现更长寿命、更高人身物质安全和失去自由之间的交换条款。失去隐私而赤裸裸的人类正陷于感受不到直接痛苦的枷锁之中"[2]。

总的来说,公共视频监控作为一种技术性侦查和创新管理手段,在国内外被寄予了很高的期望,由此导致其负面影响被淹没在一片赞美的海洋之中。政府的推动、民众对安全感的渴求让公共视频监控得到了总体上的支持,但它制造的权力恐慌也确实在蔓延,公民的隐私权不应成为公共视频监控的牺牲品。

二、公共安全视频监控中信息隐私权的证立

与公共安全维护能直接实现对公民人身权、财产权的保护不同,隐私权面临的危险往往不是即刻发生且有明显的危害后果的,对隐私权期待的保护虽然是人格尊严实现的必需,但是与公共视频监控提升公民的安全感相比,隐私权保护往往被认为是可有可无而极容易被忽略的。而在数字化生存的当下,面对全覆盖的公共视频监控,如果不重视信息隐私权的保护,人就会面临被物化与异化的危险,因此,需要从法理上对公共视频监控中的信息隐私权进行

---

〔1〕 马静华等:《公共视频监控:运行机制、刑事司法与警民态度》,法律出版社 2017 年版,第 75 页。

〔2〕 [法]马尔克·杜甘、克里斯托夫·拉贝:《赤裸裸的人——大数据,隐私与窥视》,杜燕译,上海科学技术出版社 2017 年版,第 5 页。

证成。

(一)走出“私隐”的信息隐私权

隐私权法律保护出现之时,人类尚没有进入信息社会,但不能否认的是,隐私权保护主张的提出是与社会交往暴露个人隐私直接相连的,也即隐私权法律保护的主张是与人类沟通交流的发展密切相连的。信息技术带来了人类社会交流沟通的快速发展,由此也带来了隐私权保护的迅速推进。

1890 年美国学者沃伦和布兰代斯在《哈佛法律评论》上发表了《隐私权》一文,首次提出了隐私权的概念。那是新闻媒体为争夺市场恣意探究名人隐私、小道消息同时谣言泛滥以博眼球的时代,两位作者也是因自己家人隐私被曝光愤而发出呼声,从精神痛苦的角度把隐私作为一种应该受到法律保护的利益明确提了出来,认为隐私权是一种独处权利(Right to be let alone)[1]。即如果能够“隐”,隐私保护自可以不用借助于隐私权的主张。隐私从“隐”中走出来,实在是因为不得已的缘故。也即,初始阶段隐私权保护的侧重点是隐,指私人生活、私人事务不被不当公开的权利,用“私隐”表述似乎更为准确。但是,这种以“隐”为核心的隐私权保护主张很快在现代信息技术和政府权力扩张的背景下受到挑战。

信息技术的出现和发展,不仅使人们的私人生活更有可能展现在公众面前,而且极大地增强了政府处理私人信息的能力,个人隐私的保护重新成为世界各国面临的重要问题。首先,个人信息成为隐私权保护的最主要客体内容,各国在原有的隐私权法律保护基础上,纷纷出台以保护个人信息为核心的专门法律。其次,隐私权的

〔1〕 Robert C. Post, *Rereading Warren and Brandeis*: *Privacy*, *Property*, *and Appropriation*, in *Privacy*, ed. by Eric Barendt, Published by Darmouth Publishing Company, 2001, p. 126.

内涵从“隐”为重心转为“私”为关键。在网络信息社会,人们生活在不得不交出隐私和几乎没有隐私的境遇中,人们意识到必须重新思考隐私权利的保护主张。“当代法律上的隐私远远超出了对个人空间的基本需求,它超越了保持某人私生活秘密的权利。实际上,在某种重要意义上,为获得这种形式的隐私进行的斗争已经失败了。现代技术注定了这种形式的隐私必将消失。只要愿意,政府就可以在任何地方一字不漏地听到一个针头掉地所发出的声音”,“因此,隐私与其说是保持秘密的权利,不如说是按照一个人喜欢的方式进行生活的权利——即从事‘私人的’行为而不受干涉”[1]。由此可见,信息时代隐私权的核心内容不再是消极的“隐”,而转到了以“私”为核心的积极的“隐”,“隐”成为“私”的表现手段,隐私权不仅包括个人独处意义上消极的“隐”的主张,还包括自我控制意义上的积极的“私”的诉求。

结合隐私权权利主张的变化可以发现,隐私权是一个产生于人的个体性与社会性冲突中的权利,其在个体性与公共性的冲突矛盾中凸显价值。信息社会之前的隐私权主张中,“隐”是“私”的保护伞,在“隐”中实现“私”。进入网络信息社会,隐私权在几乎无法“隐”的情况下,首先主张尊重和保护“私”,即个人有权自主决定“私”,掌控“私”,决定是否回归“隐”。在个人没有明确表示的情况下,所有对于个人隐私利用的机关和单位,必须尊重“私”,继而实现“隐”,这是信息社会隐私权法律保护最重要的变化,彰显了个人在无法脱离社会公共生活时维护个体独立地位的必要性。即从个体独立性角度出发,个人自主决定个人隐私;从社会集体生活的角度出发,交出隐私时能够控制隐私并要求隐私不受侵犯。从个人自公

---

〔1〕[美]弗里德曼:《选择的共和国——法律、权威与文化》,高鸿钧等译,清华大学出版社2005年版,第212~216页。

共事务中退隐至私人领地发展到个体在参与社会生活中自主决定私人事务，私人性面对公共生活可进可退，这是一种人性认识上的进步，也是社会发展的必然结果。

公共视频监控自然是在公共场所设置的摄像头监控，所谓“公共场所”，是指“公众可以任意逗留、集会、游览或利用的场所”[1]，它蕴含开放、共享、自由的特性，故而，公共场所与原初意义上的隐私存在天然的背离。Prosser 教授谈道：“一旦他人冒险进入公共场所，则他人实际上就是自愿承担被社会公众进行公开审视的风险”[2]，而自愿原则又是侵权法中的重要免责条款，在英美法系国家中，“一个人不得就其同意之事项起诉，是为基本原则”[3]。由此，公共场所无隐私曾经是许多法律人的共识。

但是，公共视频监控记录的影像在信息化固定和处理后已经变成了无法“隐”的“私”。因为如果公民在公共场合出现，以下两种情况必须予以区分：“其一，他在公共场合被其他人看到；其二，他被不知名的观察者仔细观察或者被拍摄并保存在录像带之中。这两者之间存在重大的区别，因为拍摄所得的录像带形成了永久的记录。虽然拍摄照片的行为会侵害公民的隐私权，但是比照片更具有侵犯性的是录像，因为录像会捕捉公民更多的特性。”[4]就科技进步对私人领域的侵蚀而言，坚持“公共场所无隐私”会使公民的私人领域范围进一步压缩。固然，当人们进入公共场所时，其容貌、行为都公之于不特定多数人眼中，对公民隐私保护的要求与私人场所有所不

---

〔1〕 宋占生主编：《中国公安百科全书》，吉林人民出版社 1989 年版，第 340 页。

〔2〕 [美]本杰明·E. 布拉特曼：《隐私权的诞生——读 Brandeis 和 Warren 的〈隐私权〉》，胡明星译，载张民安主编：《隐私权的比较研究——法国、德国、美国及其他国家的隐私权》，中山大学出版社 2013 年版，第 298 页。

〔3〕 耿云卿：《侵权行为之研究》，台北，台湾商务印书馆 1985 年版，第 20 页。

〔4〕 [美]昆廷·巴罗斯：《公民的隐私权与视频监控》，谢晓君译，载张民安主编：《场所隐私权研究——场所隐私权理论的产生、发展、确立和具体适用》，中山大学出版社 2016 年版，第 395 页。

同,这一点公民自己也有所认识。但并不能据此判定,“人们自愿出现在‘公共场所’就表示放弃个人隐私,或可推定不在乎‘具侵犯性的眼睛’的注视”[1]。此外,也许是最重要的,公民在公共场所里做的事情不一定就不是隐私。

所以,尽管公共视频监控运行于公共场所,但并不能妨碍公共视频监控中的隐私权证立,通过公共视频摄录的个人信息是信息隐私权的直接客体。

(二)隐私利益对安全价值的挑战

公共安全是公共视频监控体系建设的目标,现代风险社会,公共安全问题越来越严峻,除了犯罪外,暴力恐怖袭击、毒品交易、洗钱、绑架、儿童色情犯罪等案件频发无不呼唤建立公共安全维护体系。面对公共安全危机,很多人愿意接受在政府面前隐私越来越少的事实,因为对那些害怕危险的人而言,隐私是可有可无的奢侈品。“隐私最大的挑战是恐惧和便利。虽然这些看似无关,但它们相互联系,相互加强。它们导致我们一次又一次放弃隐私。”[2]政府更是热衷于借助监控视频技术,展示公共安全维护的执法能力。于是,我们生活在了监控的黄金时代。

但问题在于,权力具有天然扩张性,不能认为渴求安全就应自动放弃隐私。“如果没有经过合理的辩论,技术的轨道所带来的监视程度将以我们刚刚能够想到的方式改变社会。现在,我们需要考虑这些问题并决定我们要生活在什么样的社会,而不是不假思索地让这些变化发生。”[3]2013 年 6 月“斯诺登事件”后,美国皮尤研究

---

〔1〕 李震山:《从公共场所或公众得出入之场所普设监视录影器论个人资料之保护》,载《东吴法律学报》2004 年第 2 期。

〔2〕 [美]马克·罗滕伯格等:《无处安放的互联网隐私》,苗淼译,中国人民大学出版社 2017 年版,第 165 页。

〔3〕 [美]马克·罗滕伯格等:《无处安放的互联网隐私》,苗淼译,中国人民大学出版社 2017 年版,第 167 页。

中心和《华盛顿邮报》进行了为期4天的调查,56%接受调查的美国人回应说,他们相信跟踪美国人手机通话记录的美国国家安全局计划,对于政府调查恐怖主义来说,是一种可以接受的方式。需要注意的是,有41%的人认为这是不可接受的。[1] 另一项由美国有线电视新闻网、《时代周刊》(Time)和新闻调查机构ORC在波士顿马拉松爆炸案之后发起的民意调查显示,美国人担心政府建立日益侵扰的摄像监控政策可能手伸得太长且反应过度。在该项调查中,有61%的美国人表示他们更担忧政府会以打击恐怖主义的名义制定新的安全政策,这将限制他们的公民自由。当被问及是否愿意以打击恐怖主义的名义牺牲公民自由时,49%的受访者表示不愿意这样做。[2] 可见,越来越多的民众开始关注公共视频监控中的隐私问题。当我们被告知更多的隐私必然以降低安全和增加成本为代价时,我们必须坚持,隐私是我们优先考虑的。

进一步而言,隐私与安全并非截然对立。伦理学家詹姆士·摩尔认为,尽管隐私不是一种核心价值,但是,它是核心价值——安全的体现。没有隐私,就很难处于安全状态和感到安全,尤其是在信息密集型文化中,一定程度的隐私对于安全和人类繁荣是必不可少的。"人拥有受到保护的基本权利,从计算机文化的视角来看,其中包括隐私保护。"[3]在对待公共视频监控的安全功能时,我们往往把它指向预防、打击犯罪,但不应忘记,作为一项基本人

---

〔1〕 Washington Pose-Pew Research, *Majority Views NSA Phone Tracking As Acceptable Anti-terror Tactic*, Washington Post, June 10, 2013.

〔2〕 参见[美]特蕾莎·M.佩顿、西奥多·克莱普尔:《大数据时代的隐私》,郑淑红译,上海科学技术出版社2017年版,第125页。

〔3〕 James Moor, *Towards A Theory of Privacy in the Information Age*, Computers And Society, September, 1997, p. 29.

权,隐私权也是防范国家权力肆意侵犯公民权利的重要内容。[1]安全乃我所需,隐私亦我所需,经过缜密的制度设计,两者得兼才是规范公共视频监控的应然走向。

（三）隐私权是防止权力滥用的重要法律防线

隐私权作为一项基本人权,是防范监控社会出现权力滥用的重要法律防线,它所蕴含的自由、自治、尊严以及私人领域不受侵犯的理念,是规制公共视频监控的核心要素。Edward Bloustein 谈道:"只有在至少能保证自己的自由权和尊严不受别人侵犯的情况下,公民才可能会放弃自己的隐居空间以及自我控制的权利……如果有人可以恣意侵扰别人的生活,那么,该人等于统治了别人的生活。实际上,有关隐私侵扰行为的法律是人们反对这种侵权(指恣意侵扰别人生活的人)的有力武器。"[2]在公共视频监控背景下,人们不仅活在柴米油盐酱醋茶的现实生活中,也活在形形色色的数据库之中。我们每次被摄像头记录,都会被存进数据库中,数据库的数量和规模越大,表明我们被监视的程度越深。正如麦尔荀伯格所说:"滴水不漏的数位记忆,则是一种更严苛的圆形监狱。由于我们的言行都给记录在随时可存取的数位记忆中,要面对的不再仅是当代的批判,甚至还得面对未来的批判。……我们可能就变得如同惊弓之鸟,对于发表言论过度谨慎;换句话说,'未来'对我们现在的言行造成了寒蝉效应。在数位记忆推波助澜下,圆形监狱不仅存在每个角落,甚至还穿越了时空。"[3]总之,公共视频监控运行的失范会引

---

〔1〕 无论是美国《第四修正案》层面上的隐私权,还是欧洲人权层面上的隐私权,都指向防范国家公权对公民私权的侵犯,国内宪法隐私权的研究主旨也在于此。参见李延舜:《论宪法隐私权的类型及功能》,载《烟台大学学报(哲学社会科学版)》2017 年第 6 期。

〔2〕 [美]桃乐丝·J. 格兰西:《公民在公共道路上的隐私权》,凌玲译,载张民安主编:《公共场所隐私权研究——公共场所隐私权理论的产生、发展、确立、争议和具体适用》,中山大学出版社 2016 年版,第 489 页。

〔3〕 [英]麦尔荀伯格:《大数据·隐私篇:数位时代,"删去"是必要的美德》,林俊宏译,台北,远见天下文化出版股份有限公司 2015 年版,第 23 页。

发个人隐私危机，对这一问题的重视再怎么夸大也不为过，因为社会中全景敞式监狱的雏形正在显现。

三、公共安全视频监控中信息隐私权权益类型

既然隐私权在规制公共视频监控的诸多要素中如此重要，那么，其背后的隐私利益究竟有哪些呢？Douglas 大法官曾以“个人主义”为根基，将隐私权益描述为三个方面：“一是对发展和表现个人才智、兴趣、品位和个性的自主控制权；二是在关于结婚、离婚、生育、节育、抚养和教育儿童等个人生活决定上的选择自由权；三是关于身体健康和内心的自由，脱离身体强制和约束的自由，行走、漫步、闲逛的自由。”〔1〕尼森鲍姆认为隐私权背后的价值包括：“①公民自治权、自由权、公民个性等公民价值；②保护公民之间的亲密关系、公民健康、公民创造力、个人成长等公民应当享有的能力；③社会的民主与自由等社会价值。”〔2〕仔细研究发现，Douglas 大法官和尼森鲍姆所概括的隐私权益已远远超出人格利益，甚至扩展到自由、自治、民主等。那么，置于公共视频监控背景下的隐私权，其所包含的隐私利益有哪些呢？

（一）平等的人格尊严保护

“人格尊严”又称“人性尊严”，也称“人的尊严”〔3〕，简单来说就是对人的尊重。人格尊严概念的核心意思可以描述为以人本身为目的，而不能成为他人或财货的目的。换言之，个人存在的价值系

---

〔1〕［美］桃乐丝·J. 格兰西：《公民在公共道路上的隐私权》，凌玲译，载张民安主编：《公共场所隐私权研究——公共场所隐私权理论的产生、发展、确立、争议和具体适用》，中山大学出版社 2016 年版，第 505 页。

〔2〕［美］海伦·尼森鲍姆：《信息时代的公共场所隐私权》，凌玲译，载张民安主编：《公共场所隐私权研究——公共场所隐私权理论的产生、发展、确立、争议和具体适用》，中山大学出版社 2016 年版，第 85～86 页。

〔3〕我国大陆学者多采用“人格尊严”，而我国台湾地区学者喜欢使用“人性尊严”，本书中两种用法意思相同。

因他生而为人,只要他是一个具有生命的个体,他就具备了人性尊严的权利主体资格,不因其身份、年龄、性别、党派、信仰、种族、能力等而有所不同,亦不因其对于社会之贡献程度不同而异其评价。它体现的是对个体人的至高无上的内在价值的尊重,是把每一个人当作人来对待的价值取向。所以,人格尊严是生而为人就应该具有的绝对的、自然的、不可剥夺的价值。

在美国,最先提出隐私权保护主张的沃伦和布兰戴斯是从精神痛苦的角度展开隐私权保护必要性的论证的。"从根本上来说,对隐私权的承认意味着即使不涉及财产权和合同关系,即使没有造成身体或物质上的损害,仅只是造成了精神上的痛苦也应当承认是一种伤害。"[1]沃伦与布兰戴斯的隐私权保护观点与大陆法系民法典关于荣誉和尊严的侵权保护关系密切,这其中内含了人格尊严价值的展开。[2] 隐私权从一开始就作为精神性权利纳入到了人格尊严保护的价值体系中,在公共视频监控中的信息隐私权保护依然以人格尊严为最高价值依归。

公共视频监控与大数据技术结合,实现了"事后追责"到"事前预防"的转变。这种转变带来的直接后果有三个:一是"疑罪从无"原则变得不再纯粹,只要有了"疑罪"就要承担被监控的后果;二是人们的行为变得"有迹可循",用舍恩伯格的话说就是,"对我们而言,危险不再是隐私的泄露,而是被预知的可能性——这些能预测我们可能生病、拖欠还款和犯罪的算法会让我们无法购买保险、无法贷款、甚至在实施犯罪前就被预先逮捕"[3];三是民众被分类,即使普遍的监控,监控的程度也因分类和挑拣各有不同。这种持续

---

〔1〕 Robert C. Post, *Rereading Warren and Brandeis: Privacy, Property, and Appropriation*, in *Privacy*, ed. by Eric Barendt, Published by Darmouth Publishing Company, 2001, p. 126.

〔2〕 参见王秀哲:《隐私权的宪法保护》,社科文献出版社 2007 年版,第 69~73 页。

〔3〕 [英]维克托·迈尔-舍恩伯格、肯尼思·库克耶:《大数据时代:生活、工作与思维的大变革》,盛杨燕、周涛译,浙江人民出版社 2013 年版,第 22 页。

的、常态化的分类监控,会加剧社会早已存在的身份鸿沟,通过明确标记“守法公民”与“离经叛道者”,将民众予以客体化,人的高贵、尊严以及作为“万物之灵”的存在在公共视频监控面前不再有意义,而彻底沦落为“是否有可能犯罪”的潜在被判断者。“这种对个人犯罪危险性进行评分和预测,将对隐私权构成极大的侵害。”[1]也因此,2007年“纽约公民自由联盟事件”[2]后,迫于压力,纽约市主动颁布了《公共安全隐私指南》,指南宣称“没有人会仅仅因为实际或看上去的种族、肤色、信仰、年龄、国籍、外国人、公民权状态以及性别、性取向、残疾、婚姻、同居、服役状况,和政治归属或信仰而被视频监控系统单独挑选出来作为监控目标”[3]。

除涉及隐私利益外,这种分类监控还关乎政府与公民之间的信任关系,政府对民众的态度是“先信”还是“先疑”,[4]视公民为“良民”还是“刁民”,直接反映在对视频监控的态度上。唯有正确认识视频监控功能,在善加利用之外合理规制,才是打开公共视频监控图景的正确方式。

(二)远离规范化的自由与自治

按照近代以来重视个体价值的自由主义的观点,在国家和个人的关系上,国家权力行使应该为个人留出不受干涉的自由的领地,即个人自治的领地。隐私权的核心内涵是“私”,“私”的自主决定不

---

[1] Kevin Miller, *Total Surveillance, Big Data, and Predictive Crime Technology: Privacy's Perfect Storm*, 19 J. Tech. L. & Poly 105, 106, 2014.

[2] New York Civil Liberties Union v. Dep't of Homeland Sec. 771 F. supp. 2d. 289, 290 (S. D. N. Y. 2011) 案情是:2007年,纽约公民自由联盟基于信息自由法案请求纽约市警察局和国家安全局公开城市视频监控系统的建设和运行状况,以期为置身监控之中的公众勾勒该系统的基本图景。而纽约市警察局对该诉求的回应仅仅是公开一份文件,并宣称其余的文件“要么是必须公开原则的例外,要么已经无法找到”。后来,纽约公民自由联盟起诉至联邦法院。

[3] New York City, N. Y., N. Y. C. Police Dept Pub. Sec. Privacy Guidelines (Apr. 2, 2009).

[4] 参见周安平:《“先信”还是“先疑”——“如何证明我妈是我妈”的制度选择》,载《现代法学》2015年第6期。

受侵扰和剥夺是当代隐私权法律保护的主要内容，所以，隐私权是自由权意义上的人格权，尤其在对抗政府公权力行使的公法保护领域，隐私权的价值基础体现为个人自治。它涉及政府能够在多大程度上为公民的生活方式制定标准。谁在看着我们，用什么方式看着我们，看了多久以及为什么要看着我们，这些都是很重要的问题。"当技术赋予政府永远保持警惕和怀疑的眼睛时，公民自主性的界限已经被政府部分破坏了，取而代之的是利维坦式的景象。"〔1〕尽管不能否认公共视频监控一定程度上有利于街头安全，但付出隐私的代价，尤其是"清白之身"的普罗大众之私人生活受到侵扰，是否丢了西瓜捡了芝麻？"过度的监控缩减了个人自由的范围，将个人自由的关键部分——自治、匿名和独立都——删减了。"〔2〕

詹姆士·瑞曼认为，如果没有隐私，那么我们的自由就会以两种方式遭到明显的削弱：第一，缺乏隐私常常会导致个人的行为容易受制于他人，从而出现外在自由丧失的风险；第二，未经允许和认可而收集个人敏感信息可能成为身居权威地位者手中的强大武器，从而干涉公民的自主——不受外界干涉做出选择和决定自己生活的基本能力。〔3〕因此，对待视频监控这一执法权，我们需报以最大的警惕。如果在摄像头的注视下，公民不敢行使自己享有的自由，那么公共视频监控就极容易使匿名参与公共生活的权利形同虚设。

---

〔1〕 Lee Tien, *Who's Afraid of Anonymous Speech: McIntyre and the Internet*, 75 Ore. L. Rev. 117, 120 (1996).

〔2〕 [美]丽塔·F. 阿罗诺夫:《公共场合内的隐私:街头监控的合宪性》,骆俊菲译,载张民安主编:《侵扰他人安宁的隐私侵权——家庭成员间、工作场所、公共场所、新闻媒体及监所狱警的侵扰侵权》,中山大学出版社 2012 年版,第 376 页。

〔3〕 James Reiman, *Driving to the Panopticon: A Philosophical Exploration of the Risks to Privacy Posed By the Highway Technology of the Future*, 11 Sant Clara Computer and High Technology Lan Journal 27, 1996.

(三)个性的塑造

个人自治首先是一种有最大限度地自我选择可能的凸显个体道德的价值。奥克肖特认为,个体道德是近代社会中时兴的道德之一,它"首先指的是在最大程度上有自主选择的可能,选择内容包括行为、职业、信仰、意见、义务和责任。此外,还必须赞同自主(self-determined)行为,并把这种行为视为人类正当行为,还应该致力于追求适宜于这种自主行为生长的环境。这种赞同——并不仅仅是为了自己的利益,也是为了其他人的利益——应该成为推动个体性观念形成的新的道德标准。这一新的道德标准将指导人们如何生活,而剥夺人们行使这样的个性权利不但会被视为一种极大的不幸,而且,充分行使个性也是一种最起码的道德底线"〔1〕。也就是说,个体道德指的是个体应当是其自身的主人,个体有权按照他自己的选择生活。总的来说,近代政府作为一种市民社会的联合体,应当建立三个理性原则:"作为一个人,联合体中的每一个成员都是自由的;作为一个国民,则都是平等的;作为一个公民,每位成员都有自己的个性。"〔2〕如果说国家权力行使应该为个人自由留出最低限度的空间,这个最低限度的空间就应该是个人在不伤害别人和社会利益时对私人事务可以自决的隐私权。所以,应该承认多元的私人生活方式,采取宽容的态度,塑造个性充分发展的空间。

从本质上讲,个性的形成产生于隐私领域。人类学家施卫德(Schweder)和布尔尼(Bourne)提出:"西方个性起源于其(尊重)隐私的风俗——隐私暗含着对独立自主的热爱或需要,而独立性,基

〔1〕［英］迈克尔·奥克肖特:《哈佛演讲录——近代欧洲的道德与政治》,顾玫译,上海文艺出版社2003年版,第21页。

〔2〕［英］迈克尔·奥克肖特:《哈佛演讲录——近代欧洲的道德与政治》,顾玫译,上海文艺出版社2003年版,第62页。

于维护个性的完整,则需要隐私。"[1]个性源于对"个体"的尊重,是"个人主义"方法论的逻辑推演。从历史上看,即使在"整体主义"至上的年代里,个体的价值也没有完全被泯灭。但长期的、持续的公共视频监控不利于公民个性的塑造,谁都知道,"当知道自己正在被观看或倾听时,我们的行为会有所不同,而行为的变化则是一种自由的丧失,即以私人和舒适的方式行动的自由,以及减少社会化关注、使我们的个性分支得以生长的自由。隐私的丧失缩小了我们在生活中最重要的领域所能做的选择范围"[2]。就此而言,"观察者将影响被观察者"[3]。从而使公民个性丧失。

公民个性的丧失会带来两个方面的后果:一是人的"模式化",每个人都像是一个"模子"刻出来的,在政府的视频监控下小心翼翼地活着,缺乏自主性和个性。"公民不再在大街上做出'主流以外'的行为,不再质疑可疑的官方解释,不再表现得与众不同——尽管是无害的与众不同,这些行为都会消失。"[4]二是社会的公共性消失。因为公共视频监控产生一种自我审查和抑制功能,从而成为政府"规训"民众的有力武器。最终的结果是,"公共场所只能容忍少数行为,公共场所变得不再公共"。[5]

---

〔1〕 Schweder & Bourne, *Does the Concept of the Person Vary Cross-culturally*? In R. A. Schweder & R. A. Levine (Eds.), Culture Theory: Essays on Mind, Self and Emotion, Cambridge: Cambridge University Press, 1984, p. 194.

〔2〕 [美]特蕾莎·M. 佩顿、西奥多·克莱普尔:《大数据时代的隐私》,郑淑红译,上海科学技术出版社 2017 年版,第 7 页。

〔3〕 [美]劳伦斯·莱斯格:《代码 2.0:网络空间中的法律》,李旭、沈伟伟译,清华大学出版社 2009 年版,第 239 页。

〔4〕 [美]克里斯托弗·斯洛博金:《公共场所隐私权:公共场所的监控与公民所享有的匿名权》,陈圆欣译,载张民安主编:《公共场所隐私权研究——公共场所隐私权理论的产生、发展、确立、争议和具体适用》,中山大学出版社 2016 年版,第 282 页。

〔5〕 [美]克里斯托弗·斯洛博金:《公共场所隐私权:公共场所的监控与公民所享有的匿名权》,陈圆欣译,载张民安主编:《公共场所隐私权研究——公共场所隐私权理论的产生、发展、确立、争议和具体适用》,中山大学出版社 2016 年版,第 281 页。

(四)公共场所中的私人生活控制权

个人私生活是指无涉他人和公共利益的个人生活,个人生活以个人为核心,主要含义是"个人存在和自主性",包括自我认同性、人身和人格完整性、个人生活的私密性、个人生活的自主决定等内容。[1] 个人私生活隐私主要特征是秘密性与自主决定性,个人对自我生活有选择和支配权,所以,要给个人以充分的支配和决定的自由,禁止过多的干预和妨碍。

人的社会性决定了个人私生活并不能与社会生活截然分开,尤其是在当代信息社会。个人私生活保护主要指向私人活动。私人活动包括我们通常所说的私人生活和私人参与社会的生活,是一种动态的展开。私人生活包括私人的日常生活、婚姻恋爱、夫妻生活、家庭生活、两性关系、社会交往等,是以私人为核心的活动。一般而言,私人生活由于其纯粹的私人性,不容他人和公权力随意侵扰和刺探。但私人活动的隐私期待具有相对性,往往取决于个人愿意公开的程度。例如,个人参与社会活动本身表达了一种向公众展示自我的愿望,所以这种活动中的隐私利益要小得多,必须遵循公开是尊重个人的真实意愿的原则。

"公共场所中是否存在私密生活(私人事务)"的认识转变经历了漫长的过程,一开始,"公共场所"与"私人场所"被明确两分,并被"一刀切"地认定私密生活只存在于私人场所之中。这种简单粗暴的划分固然在认定公共场所隐私权的过程中便捷有效,但却已经不适应日新月异的社会发展现状。例如,一个人走进银行,并不意味着他周围的人都有权了解他的银行存款余额以及取走了多少钱。换言之,"即便他人身处某一公共场所,他人的某些事务仍然可能是

---

〔1〕 参见[奥]曼弗雷德·诺瓦克:《民权公约评注:联合国〈公民权利和政治权利国际公约〉》,毕小青、孙世彦等译,生活·读书·新知三联书店2003年版,第293~297页。

其私人事务"[1]。公共视频监控下的行为固然发生于公共场所,但必须依据个案谨慎判断该行为的性质或属性。

总之,在判断公民是否享有隐私期待时,并不存在公共场所和私人场所的尖锐对立,身处公共视频监控之中并不意味着毫无隐私。随着视频监控的规模越来越大,公民"选择"走入监控往往并不是自愿的,而是一种无可奈何的选择。我们需要做的,是面对这股"大势",坚守公民私人生活自我控制的底线。

四、信息隐私权对公共安全视频监控权力的规制

"技术侦察使得警察可以获得有关犯罪的关键信息而没有被发现的危险,更重要的是,该技术使警察可以'知道全部、看见全部、控制全部'。"[2]被监听者由此成为透明人,权利的主体由此异化为权力的客体,私人生活实质上已经被剥夺。2009 年在马德里召开的数据保护和隐私权委员会国际会议起草并通过了《马德里隐私声明》,声明提醒全球各国注意,秘密和不受问责的监控正大幅上升,声明警告说,隐私法和隐私机构都未能充分考虑新的监控行为。"如果政府执法人员的这种监控行为愈演愈烈,最终要以牺牲公民的隐私安全为代价,那么就只是用监控带来的隐私威胁代替了犯罪所带来的人身威胁,公民的人身安全所受到的威胁并未消除,只是从人身方面转移到了隐私方面。"[3]故而,通过个人信息隐私权实现对公共

---

〔1〕 [美]威廉·普罗瑟、W.佩奇·基顿:《论隐私权》,廖嘉娴译,载张民安主编:《美国当代隐私权研究——美国隐私权的界定、类型、基础以及分析方法》,中山大学出版社 2013 年版,第 190 页。

〔2〕 Elizabeth Gillingham Daily, *Beyond" Persons, Houses, and Effects"*: *Rewrite the Fourth Amendment for National Security Surveillance*, 10 Lewis & Clark L. Rev. 641, Fall 2006, p. 644。转引自熊秋红:《秘密侦查之法治化》,载《中外法学》2007 年第 2 期。

〔3〕 [美]马克斯·吉尔基斯:《电子视觉监控与公共场所的合理隐私期待》,杨雅卉译,载张民安主编:《公共场所隐私权研究——公共场所隐私权理论的产生、发展、确立、争议和具体适用》,中山大学出版社 2016 年版,第 352 页。

视频监控权力的规制，不仅是隐私权保护的需要，也是公共视频监控获得民众信任、能被更有效利用的需要。为了实现这一目标，必须努力做好以下三个方面。

（一）设定公共视频监控权力行使的隐私权边界

公共视频监控的权力正当性在于其公共利益性，为了公共利益，私人必须作出必要的牺牲。但是如果公权力的行使造成私权利的过度侵害或者公权力维护的公共利益小于私人利益时，公权力必须受到法律限制。在主要以相对人知情为前提的传统公共安全维护时期，对警察权进行法律规制的理由是强制，即法律明确警察不得为的行为。但是，随着公共视频监控等技术手段的广泛使用，强制的规制理由已不适应现代社会的需要，权利侵害的规制理由得以确立。

公共视频监控对公民隐私的侵害主要体现在两个方面：一是大规模的（隐私）数据收集；二是非法存储及利用。由此，公共视频监控中的信息隐私权的边界设定也需从收集、使用和存储三个方面展开。首先，就个人信息的收集而言，如果政府可以利用公共视频监控长时间的记录一个人，那长此以往，每个人在视频监控面前都将是赤裸裸的，因此，必须设定监控数据收集的必要性边界。其次，就个人信息的使用而言，“安静的、不眨眼的摄像机镜头是具有长期性和侵略性的，这种方式是没有任何一种对办公室的暂时检查所可以比拟的”[1]。由此，公共视频监控的使用不能超越“目的限制”的界限，针对个人的监视行为如果超越既定目的，就应该被禁止。最后，涉及个人信息的存储，由于个人信息收集、使用上的风险，其必须遵守必要的存储时限，即政府不能永久保存公民的视频记录。三方面结合起来，实质是对公共视频监控权力与个人信息隐私权的平衡，

〔1〕 United States v. Taketa, 923 F 2d 665, 667 (1991).

表现在法律层面就是公共视频监控权力行使必须符合比例原则，也即，为达致公共安全和个人隐私之间的平衡，需要权衡视频监控使用方法的侵害程度和政府实施这种调查之必要性下的隐私期待程度。对相互冲突的利益的平衡，是公共视频监控中公民隐私权边界设定的重要标准，当视频监控带有极强的侵入性时，就必须禁止政府实施该行为。

在过去的二十几年中，公共视频监控已从简单的矗立于公共场所中的独立镜头发展成为运用数字及移动技术的复杂集成操作系统，监控镜头已不再被动地仅仅用于记录和存储，而是主动地用于识别犯罪嫌疑人身份和记录人们活动的细节，这一变化值得我们警惕。任何有害于公民基本权利的权力行使，都必须由法律作出专门规定，而公共视频监控给民众带来的最大危害便是隐私权风险。也因此，公共视频监控的合法利用必须以尊重并保护公民的信息隐私为前提。

（二）从秘密走向公开

现代信息社会人们生活方式的改变和政府权力的扩张，带来了隐私权从“隐”到“私”的权利主张变化，任何控制、侵入、剥夺个人私生活的行为都是对于隐私权的侵犯。以“私”为核心的信息隐私权强调对于个人信息收集利用的公开性，也即通过公开透明程序实现主体对个人信息的控制权。以公共利益为目标的公共视频监控作为公共场所个人活动的忠实记录者，具有当事人不易察觉和易渗透到当事人的行为过程中等特点，当和大数据技术相结合，就能塑造个体的数据画像，进而施加限制或打击等权力制约。自由地、不受第三者干涉地与他人进行交流和沟通是现代法治国家公民表现自身的社会存在、增进相互了解和信任、传递自身的思想和观点的重要方式和手段，也是隐私权保护的直接客体内容。所以，公共视频监控需要透明，并通过公众的知情、同意权实现。

公共视频监控权力行使中的公众的知情、同意权，是公民必须享有的对自己的哪些数据被收集、用于何种用途、数据掌握在谁手中等知情、同意的权利。这项权利既是数据保护法的核心，也是公众参与到讨论与治理之中的重要内容。同意的前提是知情，“如果公众没有机会充分了解和讨论涉及他们每天生活的议题，从而无法表达他们对潜在权利被侵犯的担忧和限制政府滥权的呼吁，公众的潜在诉求就无法获得议员的关注，从而无法在议题中得到反映。这样的空白地带容易滋生不受管控的权力，使得迅速发展的新技术有机会侵犯公民的权利”[1]。公共视频监控正是如此，它没有经过公众讨论就如雨后春笋般覆盖了大街小巷，而这种公众讨论的缺位使监控记录一开始就处于公民无法触摸的境地。当然，这种缺位部分源于公众不了解视频监控系统的完整脉络以及并不知晓其对隐私权带来的潜在侵害，部分源于公共视频监控的隐秘性，视频监控如何运行、视频记录除维护公共安全外还有没有其他用途，公众一概不知。

以知情、同意为核心的个人数据诉求能够保证公共视频监控的透明度，安装区域、监控运行情况以及负责单位等都在透明之列。透明与保密相对，固然“保密”更具威慑力，但从法理上讲，民主社会应慎重决定保密的大致范畴，因为公民为国家安全作出的牺牲必须对他们透明。此外，公众能够在透明之下实现对监控权力的直接监督。

（三）隐私侵权责任的设定

对公民基本权利的保护和对公共视频监控运行的监督与问责一脉相承，联合国大会在 2013 年通过的一项决议中呼吁：“各国建

〔1〕 马静华等：《公共视频监控：运行机制、刑事司法与警民态度》，法律出版社 2017 年版，第 344 页。

立或维持其国内现有的独立、有效的监督机制,这一机制应能够确保视情况而定的透明度,以及政府进行通信监控、私人数据拦截和收集的问责。"[1]问责是规制公共视频监控的最后一道法律防线,如果没有问责,规制公共视频监控只能依靠想象。出于反恐、安全为主要目的而设立的视频监控系统,最终可能被用于其他目的,甚至是非法目的。杰夫·罗森(Jeff Rosen)举出了英国滥用监视系统的例证:视频摄像头常被用来偷窥女性或爆料丑闻。在美国,大多数的监视行为打着"防范恐怖主义"的旗号,而实际上,这些监视行为常被用于监视国内的环保组织和反战组织。[2]

现代社会对公民隐私权的尊重要求对公共视频监控划定边界,并对过度使用和滥用监控提供补充防范及救济措施,这也是为什么要坚持精确监控、有追溯措施监控的原因所在。公共视频监控的所属和负责单位一旦涉嫌侵犯公民的个人隐私,就必须承担隐私侵权责任。这种责任可分为内部责任和外部责任,所谓内部责任,它指向特定的监控责任人员,指责任主体超出了法律授权、过度或滥用视频监控从而应承担的降级、处分、免职等责任;所谓外部责任,它指向视频监控的所有者和管理者,是指责任主体实施非法监控并给公民隐私权带来侵害的情形下,所应承担的停止侵害、赔礼道歉、国家赔偿等责任。

在公共视频监控飞速发展的今天,规制政府监控的最佳方法就是监管监控者。以监督与问责为过程和保障,能最大限度地规制这一技术应用,如此,"警察实施监控的权力并没有被完全地禁止,他们只是被剥夺了毫无约束地实施视频监控行为的权力,因为,如果

〔1〕[美]马克·罗滕伯格等:《无处安放的互联网隐私》,苗淼译,中国人民大学出版社2017年版,第70~71页。

〔2〕参见[美]劳伦斯·莱斯格:《代码2.0:网络空间中的法律》,李旭、沈伟伟译,清华大学出版社2009年版,第229页。

警察毫无约束地实施视频监控行为，那么社会公众将受到连续不断的街道视频监控的管制”[1]。总之，公共视频监控所产生的“微妙强迫作用”会损害公民所珍视的权利（尤其是隐私权），我们必须慎重对待它。

综上，公共视频监控不只是一个载体，它还反映出政府与公众之间的复杂关系。牺牲隐私换来安全，以自由为代价换来管控秩序，得失之间难有定论。爱因斯坦曾忧虑“技术发展会变成杀手手中的斧头”，当公共视频监控这一利器失去制约，必然成为高悬于公众头顶的“达摩克利斯之剑”。我们不想一出门就受“老大哥”的关注，我们也不想一举一动都落入“有心人”的算计，我们更不想成为公共场所中的“异类”。唯有尊重并保护公共视频监控中的公民隐私权，才能保持心中那块自由的净土带给我们的安宁。基于此，公共视频监控中个人信息收集和利用都必须以隐私权保护为价值目标，这一价值目标的实现有赖于公共视频监控权力规制和个人信息保护的制度建构，制度建构的内容将通过立法形式获得保护。以隐私权保护为价值目标，公共视频监控中个人信息的立法保护必须符合实体正义和程序正义的标准。

---

〔1〕［美］昆廷·巴罗斯：《公民的隐私权与视频监控》，谢晓君译，载张民安主编：《场所隐私权研究——场所隐私权理论的产生、发展、确立和具体适用》，中山大学出版社 2016 年版，第 397 页。

第三章　公共安全视频监控中个人信息保护的实体标准

以不侵犯个人信息隐私权为边界,公共安全视频监控中的个人信息保护实体标准取决于公共安全目的正当性、设置视频监控的公共场所明确性、个人信息隐私最小侵犯性以及由技术保障的个人信息可靠性利用,其实质是总体国家安全观下公共视频监控权力行使与个人隐私权保护之间的平衡。

一、公共安全目的正当性

公共安全视频监控这一说法已经包含了视频监控的目的,即公共安全。那么,何为公共安全,视频监控所对应的公共安全的具体内容是什么?如果不能具体明确,那么公共安全视频监控设备的安装、图像的采集等就没有确定正当性范围的判断标准,必然会影响公共安全视频监控的具体操作。随着政府公共安全维护职能的不断扩展以及视频监控技术的联网应用,视频监控所能够助力的公共安全领域越来越宽泛,如何在宽泛的公共安全目的背景下保证公共安全目的的正当性,是当下身处风险社会所必须特别关注的问题。

(一)总体国家安全观下视频监控的公共安全目的扩展性

风险社会,政府需要面对的各类风险不断增多,视频监控这一辅助实现公共安全目的的手段所对应的公共安全目的正当性的范围也不断扩展。视频监控最初应用的公共安全目的主要是社会治安维护、犯罪预防。最早安装视频监视器的英国,以 Newcastle 市为例,该市自 1992 年开始引入闭路监视系统(CCTV),1994 年的违法犯罪率与 1991 年相比,街头暴力下降了 11%,入室盗窃下降了 44%,刑事犯罪率下降了 44%。美国自 1993 年开始引进监视器,纽约市 5 年的时间犯罪率就下降了 30% ~50%,因此,单从维护社会治安的角度而言,监视器确实具有监管、预防、震慑违法犯罪和收集证据等多方面的功用。[1] 在政府能够提供的公共安全产品和服务中,社会治安、犯罪预防是最基础的层面,属于最古老的政府警察权力职责范围。但随着风险社会的到来,不安全因素遍布政治、经济、社会、文化等多个领域,不安全因素的无处不在以及随时降临加剧了人们的恐惧,从而使安全的需求日益突出,并逐渐成为一种基本的个人需求和公众理想,以至于提供广泛的安全服务和产品成为政府新的责任,由此产生了现代的安全政府理念。例如,就城市安全而言,公共安全已经从早期的城市治安安全扩展至政治、经济、社会、环境等众多安全领域,呈现出大安全观视野下的新型公共安全态势,具体内容包括防灾减灾、安全生产、公共卫生、交通、食品、其他社会安全在内的宽泛的安全体系。[2] 在政府公共安全维护职能

[1] 参见张友好:《公共场所安装监视器行为的法学思考》,载《法商研究》2007 年第 1 期。

[2] 参见姜翠:《城市安全发展的预警与拓新——评〈江苏省城市公共安全蓝皮书(2017)〉》,载《行政科学论坛》2018 年第 5 期。

不断扩展的背景下，视频监控技术的发展给政府的公共安全维护以技术助力。公共视频监控的发展历经模拟、数字、网络、人工智能的发展，如今，更便利、更经济和更精准的图像信息录制设备可以帮助政府轻松实现对社会公共领域的监督和控制，再辅之以大数据技术，政府维护公共安全的能力不断提升，对导致公共安全的各种隐患和危险执法部门能够及早发现、及时应对，也能在危险损害发生后，及时准确定位破坏因素和人员，执行维护公共安全的惩戒职权。也即，由于视频监控技术的不断发展，政府能够广泛利用视频监控进行总体国家安全观下的宽泛的公共安全维护。

随着公共安全威胁的与日俱增，我国国家安全体系也进一步"下沉"，公共安全成为国家安全体系的重要内容。2012 年，中共十八大提出要加强公共安全体系建设。2013 年，中共十八届三中全会围绕健全公共安全体系，提出食品药品安全、安全生产、防灾减灾救灾、社会治安防控等方面体制机制改革任务。2017 年，中共十九大强调："树立安全发展理念，弘扬生命至上、安全第一的思想，健全公共安全体系"，"使人民获得感、幸福感、安全感更加充实、更有保障、更可持续。"[1]实践中，在总体国家安全观视野下，公共安全的领域范围不断扩大，例如，在《江苏省城市公共安全蓝皮书(2017)》中，列出的公共安全范围已经包括治安安全、食品安全、交通安全、医疗卫生安全、生态安全、公共生活设施安全、社会保障安全、信息安全八大部分系统[2]，而随着视频监控技术的联网应用，上述公共安全领域都可以使用视频监控技术收集信息，实现全天候、全过程以及全覆盖的视频监控。

---

〔1〕《关于加强公共安全视频监控建设联网应用工作的若干意见》(发改高技〔2015〕996号)。

〔2〕参见姜翠：《城市安全发展的预警与拓新——评〈江苏省城市公共安全蓝皮书(2017)〉》，载《行政科学论坛》2018 年第 5 期。

目前我国已经建设了全世界最大的视频监控联网系统，近年来，视频监控设备在全国范围内迅速普及。如在2017年，视频监控网——“中国天网”建成，视频镜头超过2000万个，并利用人工智能和大数据进行警务预测，水平位居世界前列。[1] 公共安全视频监控建设联网应用不仅是新形势下维护国家安全和社会稳定，预防和打击犯罪的重要手段，视频监控还在社会管理、服务民生等方面发挥了积极作用。我国从2004年开展“平安城市”建设，2015年开展“雪亮工程”建设，视频监控系统在公共区域以及各行业、领域得到广泛应用。[2] 从公安部的“3111工程”“天网工程”，再到“智慧城市”“雪亮工程”，视频监控在社会公共安全中发挥着越来越重要的作用。借助于网络平台建设，各地布置了网格化视频监控，实现了全民参与平安建设。最小的网格为各村民、居民小组，每个网格负责网格辖区内的公安、消防、交警、安监、城管、交通、环保、流管、人社、工商、卫计、住建、农业、国土、民政等方面的问题，利用手机终端进行实时上报和共享，建立网格档案，实行网格内全员、全地域、全事务的“电子化”管理。而电子化管理的基础就是立体化社会防控视频监控设备的安装和使用，如在基层农村，做到“村村通视频”，实现全镇各村(居)主要出入口、重点部位、公共场所100%安装视频监控。[3] 无疑，在总体国家安全观视野下公共视频监控的广泛应用，势必伴随个人信息隐私侵权以及个人信息滥用这种反现代性风险。

---

〔1〕 参见聆闾：《从三份报告看中国视频监控行业市场现状》，载安防展览网，https://baijiahao.baidu.com/s?id=1643013469582082836&wfr=spider&for=pc，最后访问日期：2020年9月10日。

〔2〕 参见栗红梅、施巨岭：《解读GB 35114—2017公共安全视频监控联网信息安全技术要求》，载《标准生活》2018年第7期。

〔3〕 参见农沁茜、雷梓霖案例整理：《“天网”“地格”构筑公共安全“护城墙”》，载《社会与公益》2017年第5期。

(二)风险社会公共安全价值维护的悖论

公共安全由“公共”和“安全”组成,“公共”是“安全”的限定词,公共安全的主词是“安全”,也就是指多数人的、公众的安全,而安全是和风险对应的概念。现代风险管理理论认为“风险”是指由于自然事件或人类活动而造成不利影响的可能性。因此,公共安全包括自然灾害事故和人类事故。[1] 但自20世纪90年代德国社会学家贝克提出“风险社会”理论,风险已经成为现代社会的根本特征。贝克认为,“风险引发的损害是系统性的,通常不可逆转,大多也不可见”。“风险可被定义为以系统的方式应对由现代化自身引发的危险和不安。”“就风险的性质来看,它使这个星球上所有的生命形态都处在危险之中。”风险在社会、经济、政治和文化背景中,可谓无处不在。[2] 进入21世纪,人类健康、社会安全、生态环境、经济发展、政治安全等均被纳入风险防控的领域。

安全是风险的对立面,指对不利影响即损害和威胁的排除。安全的概念指向某类不同的主体,就会有不同的需求和目的,而所谓公共安全“是指社会公众享有安全和谐的生活和工作环境以及良好的社会秩序,公众的生命财产、身心健康、民主权利和自我发展有安全的保障,最大限度地避免各种灾难的伤害”[3]。这一概念既包含消除危险的损害,也包含维护良好社会秩序的终极目的,是使用比较广泛的概念。由于公共安全涉及公共秩序维护和公众利益保护,因此,维护公共安全就成为政府必须提供的公共产品和服务。具体包含政府针对公共安全维护出台的政策、法律法规以及制度、体系建构。公共安全风险失控就会演化为公共安全事件,主要包括自然

---

〔1〕 参见李辉、秦绪坤、靳晓宏、张婧:《公共安全管理常用术语概念标准化研究》,载《中国标准化》2017年第5期。

〔2〕 参见[德]乌尔里希·贝克:《风险社会:新的现代性之路》,张文杰、何博闻译,译林出版社2018年版,第7~10页。

〔3〕 吴爱明:《公共安全:公共管理不可忽视的社会问题》,载《行政论坛》2004年第6期。

灾害、事故灾难、公共卫生事件、社会安全事件及网络信息安全等多种类型。[1] 由此可见,公共安全涉及生活的各个方面,具有影响范围广、破坏性强、不确定性等特征。[2]

面对现代风险社会无处不在的公共安全隐患,政府如何提供公共安全产品和服务?这取决于对安全价值的理解和认识。美国学者鲍德温(David Baldwin)认为存在三种级别的安全价值:一是作为优先价值的安全。即安全价值是其他诸如自由、福利等价值的前提,没有安全价值的保障,其他价值很难实现。二是作为核心价值的安全。即认为安全是与其他一些价值一起可以组成共同珍视的核心价值。三是作为边际价值的安全。安全价值适用于边际效益递减原理,安全价值是否应该提高,取决于安全是否充裕,当安全匮乏时,边际效益提高,安全的需求就提高,而当安全充足时,安全的需求因边际效益下降而减少。[3]

就公共安全的维护而言,公众对于安全价值的认同会有不同,而政府也需要在选择不同的安全价值之后确定能够提供的公共安全服务。上述安全价值中,无疑优先价值对公共安全的保障程度最高,这是一种近乎绝对的安全价值追求。就政府提供公共服务的能力以及对公共资源的支配来看,绝对的公共安全价值的实现曾经是不可能也不现实的,但是,视频监控以及大数据技术的发展却正在促成这一价值的实现。通过在人群活动的公共场所安装无死角的高清视频监控系统,记录所有公共空间的私人或公共活动痕迹,再借助于大数据分析技术,就可以做到无缝隙监控下的公共安全预警和防范。但是显然,作为优先价值的公共安全维护是以牺牲个人的

---

〔1〕 参见张宇栋、吕淑然:《基于信息关联的公共安全风险预控情报分析研究》,载《情报杂志》2018 年第 9 期。

〔2〕 参见李彤:《论城市公共安全的风险管理》,载《中国安全科学学报》2008 年第 3 期。

〔3〕 David Baldwin, *The Concept of Security*, Review of International Studies, 1997, 23, p. 5 - 26.

隐私和自由为代价的，况且，视频监控数据收集和处理本身也面临泄漏和滥用的风险，正如贝克所言，“风险概念与自反性现代化概念密切相关”[1]。借助于现代信息和大数据技术追求的绝对安全价值，势必会带来不可避免的新风险，这是技术本身的副产品，核能源、转基因、大数据概莫能外。

总之，在风险社会，政府应对公共安全的水平是在科技的助力下不断提升的，视频监控技术的广泛应用就是一个典型例子。原本在社会秩序防范领域应用的视频监控已经扩展到安全生产监管、环境监测、社会稳定维护、智慧城市建设等广泛的公共安全领域，这是视频监控技术不断成熟、低成本化以及借力大数据的结果。但科技是一把双刃剑，既能够促成公共安全优先价值的实现，也会带来无法回避的新风险。因此，公共视频监控面对的公共安全并不能都一概追求优先价值，其正当性目的应根据公共安全的不同级别实施，进而明确不同层级的公共安全的具体内容并进行分层次的正当性论证。

（三）分层次公共安全目的正当性原则设定

视频监控技术的应用本身仅能够做客观记录，即通过监控摄录实现对于监控区域和时间段内场景、人员活动的记录和再现，但是随着大数据技术的发展，通过对海量的监控视频记录的分析，视频监控的应用能力得到了突破性提高。视频监控技术究竟如何使用和发挥效用取决于不同级别的公共安全目的。首先，作为优先价值的安全，是指保护人身财产权利的公共安全。针对这一优先级的安全价值，各国法律进行了明确的违法犯罪的规定，而防范和制止犯罪就成为具有优先级价值的公共安全维护目标。具体而言这是一

---

[1] [德]乌尔里希·贝克：《风险社会：新的现代性之路》，张文杰、何博闻译，译林出版社2018年版，第7页。

种与打击和制止犯罪联系在一起的对造成危害社会秩序行为的预防和制止的公共安全维护，本书称为预防型公共安全目的，典型的如社会治安防控。其次，作为核心价值的安全，是指为改善人身、财产所处环境，助力人身、财产价值可以增值的安全价值。这一安全价值是通过部分调整、整体规划等意在消除混乱秩序而实现的公共安全目的，本书称为调整型公共安全目的，比如，交通安全管控，在减少交通安全事故的同时也使生命健康权更有保障，还提升了出行效率。最后，作为维护公共安全的安全价值。在贝克现代社会反现代性风险理论下，提供公共安全产品的政府行为本身也会带来不安全的风险，也即，技术本身也有边际效益，技术的过度使用会适得其反。这就要求政府利用适当可靠的视频监控技术来维护公共安全，这一类型可称为保障型公共安全。三类公共安全价值重要性依次递减，不同类型的公共安全目的对应不同的个人信息收集利用需求，也提供了不同的个人信息利用的公共目的正当性。

就预防型公共安全目的而言，破坏社会治安的违法犯罪行为通常是通过个体或个体联合的方式体现出来的，破坏的后果也直接与公民个体的人身财产或单位组织的财产等权益相关，因此视频监控收集的信息主要是实施或可能实施破坏行为的个体行为信息，也即以针对特定个人信息的收集和利用为主。预防型公共安全维护正是公共视频监控最初安装的目的，也在各国社会治安维护、打击预防犯罪方面取得了显著成效。由于预防型公共安全视频监控实现的是优先级公共安全目的，允许其广泛收集和利用个人信息。

调整型公共安全目的属于改善型公共安全目标，广泛存在于借助于大数据技术的智慧环境建设(智慧城市、智慧乡村)。目前智慧城市公共安全治理系统构建主要内容包括：一是自然灾害治理子系统构建。具体又可以分为洪水灾害、暴雪灾害、风灾风险、地震灾害、火灾风险等治理智能化子系统。该类子系统的建立强调对自然界风险监测与预警、对自然不可抗力治理技术的应用。二是卫生与食品安全治理子系统构建。具体又可以分为人群疫情、动物疫情和食品安全治理等智能化子系统。该类子系统强调对各类疫情、食品安全事件的监测、隔离与防控。三是生产安全治理子系统构建。具体又可以分为工业、建筑、交通、销售娱乐等安全治理智能化子系统。该类子系统强调行业生产运营专业化监测、防控与抢险。四是群体性突发事件治理子系统构建。具体又可以分为人民内部矛盾性质事件、反动势力煽动性质事件、国际冲突性质治理与其他性质群体事件治理等智能化子系统。该类子系统的建立强调针对群体性突发事件的舆情监控与分析、事件性质本质识别、维护社会安定、打击不法分子等技术手段。[1] 调整型公共安全目标直接应对风险社会的挑战,在防御型公共安全目标之后发挥着越来越重要的作用。调整型公共安全目的维护需要收集的信息多指向自然环境、不特定人群、特定行业运行以及某类社会矛盾,对个人信息的利用需求并不迫切也非必要,因此,这类公共安全目的下以收集抽象化、概括性的集合性个人信息为主,一般不允许收集和利用特定的个人信息。

保障型公共安全目的对应的是政府公共服务和执法本身的安全性问题,是为了防范政府提供公共安全服务和产品本身出现的不安全风险。视频图像信息大规模的联网共享应用,带来便利的同时也使其信息安全和网络安全面临严峻考验。摄像头的入侵、劫持、非法控制、恶意访问、数据泄露等安全问题已不止停留在纸面,实践中视频监控领域安全事件报道不断增多,视频监控系统的安全状况令人担忧。设备替换、外部随意接入,摄像头被遥控控制,视频数据失真,证据不可信,盗窃和泄露个人信息等问题频出。公共视频监

[1] 参见常春光、张赛玉、高振东:《智慧城市公共安全治理体系研究》,载《辽宁经济》2018 年第 12 期。

控本身的安全体系，一般应该包括预警系统、预防系统、应急反应体系、评价标准、法制与宣传教育等内容，基于这些共同的基础，应构建一个资源整合和共享的平台以及协调统一的共同应对各类危害社会公共安全事件发生的综合性架构。[1] 保障型公共安全目的对应的是个人信息收集、利用的职权行使和系统控制，涉及直接针对个人信息的保密、安全使用等内容，通常涉及对个人信息安全利用的匿名化、保密性等再处理，其正当性利用属于前两类的衍生，虽然涉及对特定个人信息的直接处理，但限于内部处理，通常没有对外效力。保障型公共安全目的对个人信息的利用因取决于个人信息初次收集使用的密度和广度，会有个人信息使用的边际效用显现，需要通过边际效用反馈给优先价值公共安全目的的设定，并推动其做出必要的调整。

由此可见，在总体国家安全观念下，视频监控实现的公共安全目的类型不同，其收集个人信息的正当性标准也不相同，不同的公共安全目的决定了个人信息利用的不同原则。例如，交通安全监控视频设置通常不能与个人信息利用直接相连，其公共安全目的是整体的交通秩序维护，因交通违章做出处罚，信息收集的重点也是违章行为，不能随意收集利用其他无关个人信息并应该屏蔽掉与交通处罚无关的信息。不同的公共安全目的之间不能直接打通个人信息不被利用，须遵守法定程序。例如，当发生交通肇事犯罪或其他犯罪行为，需要借助交通监控视频查找证据和线索时，从交通安全监控这一调整型公共安全目的中提取用于预防性公共安全目的的个人信息就必须经过专门的审批和使用程序，而不能直接做公共安全目的的类型转化。不同的公共安全目的类型也不能不

[1] 参见祝建华、风笑天:《积极型社会公共安全体系的构建:经验借鉴与治理创新》，载《中国青年社会科学》2019 年第 1 期。

加区分或随意转换,如果限于内部使用的保障型公共安全目的的个人信息收集利用外泄就会造成侵犯个人信息乃至隐私权的后果。

总体上看,公共视频监控首先实现的是预防性公共安全目的,随着大数据联网应用的发展,调整型公共安全目的应用越来越广泛,保障型公共安全目的自然需要跟上。但在个人信息整合利用的背景下,公共安全视频监控收集的个人信息的扩展应用应有严格的限制,并受匿名化、使用期限、使用领域、个人隐私权保护等制约。

二、公共视频监控场所范围明确

除了公共安全目的正当性外,何为公共场所也是规制公共安全视频监控权力行使的实体标准之一。公共视频监控设备自然应该安装在公共场所,但何为公共场所却是一个并不明确的概念,尤其是随着视频监控技术的发展,视频监控安装便利、隐蔽性强等特点都导致了其安装范围不断扩大,使公共场所的判断更为困难。但是如果不明确公共视频监控设备安装的场所,就不能确保个人信息不被随意收集和滥用。因此,对公共视频监控安装场所的明确需要在公共安全与隐私权的平衡中确定基本原则。

(一)公共场所隐私权保护明确性原则

根据前文公共场所隐私权的证立研究可知,公民即使身处完全开放的公共场所,也依然有在公共场所隐匿的需求。“隐私权其中一个重要方面就是公民能够时不时地保持匿名状态……相对于熟人而言,公民更愿意跟陌生人分享私人事务,因为公民知道该陌生人不会再出现在其生活当中,虽然该陌生人也会做出反应,但是该陌生人并不会对公民的生活造成任何影响,也不会对公民的行为进行任何限制。"[1]就此而言，在"陌生人社会"中有限的公开披露隐私并不会必然导致他人主观隐私期待的灭亡，当公民对个人隐私的披露程度较浅时，他仍然可以期待他的隐私不受更加深入和全面的侵犯。所以，公用的公共场所活动并不能排除个人隐私保护的需求与期待。从实践层面看，美、德等法治国家已在司法和立法中认可了公共场所隐私权的合法性，而隐私权保护重心从"场所"到"人"的转变，以及由此产生的"合理隐私预期"是公共场所隐私权保护的法律依据。[2] 具体而言，公共场所隐私权保护明确性原则包括如下内容。

其一，坚持"语境的完整性"理论对公共场所无隐私进行修正。一般情况下，公民都能够判断什么样的信息适合在什么时候公开、对什么人公开以及可能会在什么样的情形中被记录下来。在不同的语境中，公民可以判断并选择将哪些信息对他人公布，这种通过语境来确定其隐私权是否被侵犯的方法，比通过判断公民所处的场所是公共场所抑或隐私场所更加具有说服力。"语境的完整性"理论恰好符合信息社会公民信息隐私权保护的现实需求，数据收集、数据挖掘能力的强化也无时无刻不在提醒我们，已经没有不重要的个人信息。James Rachels 认为，公民的隐私权不仅包括公民决定是否与别人分享信息的权利，还包括公民决定在何时与何人分享信息的权利。因为人们享有在不同的程度上向不同的人分享信息的权利，所以人们可以自己定义与不同的人之间的亲密程度。即便是在公共场所中，个人也会慎重选择分享信息的对象以及暴露自身个人信息的程度。无论是在哪种人际关系中，人们都会考量自己与对方的熟悉程度，并据此来把握自己的言行举止以及决定自己要在多大

[1] 转引自[新西兰]伊丽莎白·佩顿·辛普森:《隐私权与合理的偏执:公共场所隐私权的保护》，敬罗晖译，载张民安主编:《公共场所隐私权研究》，中山大学出版社 2016 年版，第 219 页。

[2] 参见刘泽刚:《公共场所隐私权的悖论》，载《现代法学》2008 年第 3 期。

程度上与对方分享自己的信息。[1] 因此,只要从人的自治出发来理解隐私权,就不会因为人们进入公共场所就自动剥离了自主能力,从而把自主可控的个人信息变成"人人有份"的信息。因此,公共场所隐私权的确定需要完整考察个人信息主体的自我隐匿与否的意愿。

其二,促成公共场所隐私权发挥多元(如自由、自治、尊严等)价值的实现。在大街小巷行走、散步或思考本是令人愉快的事,这些事情能够让人过上独立的、不墨守成规的、高质量的生活,但公共视频监控带来一种"社会从众性",因为"当一个人感觉被一双眼睛盯着的时候,他的一切行为都会受到压抑,社会学家把这种整个社会对个人的严格控制称作'社会凝视'。如果视频监控的数量继续增加,那么公民将对于其日常行为的实施感到胆战心惊……公民将被迫成为永久的偏执狂患者,他们会不断思考谁在观看和谁在跟踪他们"。[2] 如果不承认公共场所隐私权,那越来越多的摄像头将会使"全景监狱"率先在公共场所实现,而这种"全景监狱"会改变公民自身的行为,使公共生活不复存在。更进一步,公共场所监控设施的存在会为"排除异己"埋下伏笔。在国家和社会公众的监督之下,透明的个人将被迫与社会标准保持一致,从而任何选择的自由都将丧失殆尽[3]公共场所无隐私就隐含着这种危险,当一个人的"非主流"行为时刻有受到检视和审查的可能时,他就会谨慎地选择"从众"行为。而承认公共场所隐私权就意味着尊重公共场所促成自由和个性发展的包容性,与此对应,公共场所视频监控的安装和利用必须是谨慎和谦抑的,尽可能留出公共场所中的私人空间。

---

〔1〕 James Rachels, *Why Privacy is Important*, Philosophy & Public Affairs, 1975(4). p. 328.

〔2〕 [美]昆廷·巴罗斯:《公民的隐私权与视频监控》,谢晓君译,载张民安主编:《场所隐私权研究》,中山大学出版社2016年版,第393页。

〔3〕 马特:《隐私权研究——以体系构建为中心》,中国人民大学出版社2014年版,第4页。

其三,区分公共场所中的公共事务与私人事务。公共场所中的所有事务并不必然都是公共事务。法国学者 Godin 教授早就指出:"私人生活并不仅仅包括公民在其自己住所内所实施的所有行为,它还包括公民在其自身住所之外的场所所实施的行为:公民在别的住所内所实施的行为,公民在诸如剧院、音乐厅和陈列馆等公共场所所实施的行为以及公民通过公共方式所实施的行为。如果他们的这些行为并不是以具有公共特征的方式或者以被众人所关心的方式付诸实施的话……公民在这些场所所实施的行为之所以属于私人生活的范围,是因为他们在这些场所所实行的行为具有私人特征,我们可以适当地说,他人在这些场所实施的行为是他人个人生活的延续。"[1]承认公共场所中也存在个人隐私,是对独立自主的个体价值主张的一以贯之,独立自主的个体构成有创新活力的社会,独立自主性在个人私生活和公共生活中都是需要维护的至关重要的价值。

社会的现代化使人类生活的公共化日益明显,但"私人生活领域的重要性非但没有随着社会公共化趋势的强化而减弱,反而越来越受到现代人的珍视,这正是为什么在现代传媒力量空前强大、生活世界的透明度不断增大的情况下,个人隐私反而受到人们的普遍关注、个人愈发珍惜其隐私生活的基本缘由之所在"。[2] 因此,在面对科技的侵入性以及什么程度的科技监控能够为公众所接受的问题上,未来的隐私权法必须要划出一个界线,法律必须持立足于长远发展的姿态,而公共视频监控必须以隐私权保护为界限划出视频监控安装的具体范围。

---

〔1〕 张民安:《公共场所隐私权理论研究》。转引自张民安主编:《公共场所隐私权研究》,中山大学出版社 2016 年版,第 5 ~6 页。

〔2〕 万俊人:《道德的谱系与类型》,载王中江主编:《新哲学》(第 1 辑),大象出版社 2003 年版,第 34 页。

(二)公共视频监控安装场所明确性原则

就个人信息隐私权保护而言,视频监控安装的公共场所必须根据合理的隐私期待确定明确的范围,并进行明确的列举和排除,即符合明确性原则。明确性原则也有利于对安装视频监控的公共场所进行质疑与监督。具体而言,明确性原则包括下述三个方面的内容。

1. 安装场所的列举与例外排除

公共场所对应于私人活动场所,私人活动场所指仅限于特定的人进入,其他人未经许可不得进入的场所,如个人住宅、办公室、卧室等。公共场所又可分为完全公共场所和半公共场所,前者即所有人都可以不受禁止、自由出入的场所,如公园、广场、公路、机场等,半公共场所包括经营性的公共场所(如俱乐部、服装店、饭店、游戏厅等)、单位内部的公共场所、居民小区的公共部分等。[1] 公共场所是一个类似于公共利益的概念,对其作出精确界定是困难的,但公共场所概念的重点在于"公用"。[2] 基于"公用"性,一般结合地点要素来分析公民在公共场所是否享有合理隐私期待,需着重考虑以下三种情况:首先,虽然某地点位于公共场所,但却承载私人生活、私人事务不受侵扰的功能。公共场所中这样的地点很多,如公共厕所隔间、商场试衣间、茶室包间,甚至汽车、行李、包裹等,都能承担临时私人场所的功能。其次,公共场所不仅是一个"出入该场所均不受到实质性限制"的区域,还应当是"暴露在公众视野中"以及"对公众开放"的区域。[3] 但该区域也分人来车往还是人烟稀少,在人迹罕至的地点,公民理应享有一定程度的合理隐私期待。最后,即

---

〔1〕 参见胡建淼、岑剑梅:《公共摄像监视与公民隐私权保护》,载《法学》2008 年第 6 期。

〔2〕 参见朱慧芬等:《公共场所监控图像采集利用与隐私权保护研究报告》,载《政府法制研究》2009 年第 8 期。

〔3〕 参见[美]马科斯 · 吉尔吉斯:《电子视觉监控与公共场所的合理隐私期待》,杨雅卉译,载张民安主编:《公共场所隐私权研究》,中山大学出版社 2016 年版,第 337 页。

使身处人流密集的人群中，个人也有不被特殊注意与拍摄的隐私期待。

根据上述考量，在安装公共视频监控设备时就可以明确列出不得安装的场所，即遵循不得安装视频监控的场所例外规定。这一不得安装例外规定应该通过明确列举的方式实现。通常而言，根据公共场所中私密空间的样态，应在立法中明确禁止安装摄像头的空间包括：(1)暴露人体隐秘部位的区域。通常这些部位都会是封闭的空间，本身带有一定的隐秘性，包括浴室、卫生间、更衣室、哺乳室、试衣间、化妆间、休息室等。(2)已与公共空间区隔的私密活动区域。这种区隔既包括完全封闭的，也包括部分封闭的，通过墙壁、门窗、屏风、遮挡帘布等的区隔，表明其是一个固定的或临时的私密空间，具体包括集体和个人宿舍、宾馆中的客房、饭店中的包间、娱乐场所包房、封闭的会议室、公共诊所、公共病房等。(3)暴露财产秘密的区域，包括金融、保险、证券机构内可能泄露客户个人信息的操作区域。(4)个人意愿自由表达区域，包括选举箱、投票点等附近可以观察到个人意愿表达情况的区域。(5)其他涉及个人隐私的场所和区域。

在排除了不能安装视频监控的场所外，对于可以设置公共视频监控的场所也需要明确列举。根据人流量和人流聚集情况，通常涉及下述可以安装视频监控的公共场所：交通干道、陆海空交通枢纽地；市政地下通道、步行街、住宅小区等公共通道和出入口；公园、景区、旅游景点等公共活动区域；学校、幼儿园、医院等人员密集地；大型文化体育场所、大型广场、重点文物保护单位、博物馆、档案馆、会展中心等人流密集地；大型商业网点、餐饮场所、影剧院、娱乐场所、旅馆等服务营业场所的公共通道和出入口；对外开放的国家机关办事区域、对外开放的金融机构办事区域等。而根据场所本身的公共安全维护必要性，下述地点也可以安装公共视频监控设备：国防科研生产试验场所或国家重点建设工程、科研机构等单位；电信、邮政、金融单位和国家重点建设工程单位的要害部位；国家机关和电台、电视台、报社等新闻单位的要害部位；研制、生产、销售、储存危险物品单位的要害部位；大型能源动力设施、水利设施和城市水、电、燃气、热力供应设施的要害部位；大型物资储备单位和专用停车场所等。这类区域对于国计民生、国家利益、公共安全尤为重要，虽然一般不对公众开放，但出于公共安全需要，应在这些场所安装摄像头进行监控。[1]

2. 公共场所视频监控设备分类设置

监控系统前端按照外形的不同一般分为枪型摄像机和球形摄像机，枪型摄像机又根据是否可以活动分为固定和可控两种。固定枪型摄像机一般用于监控固定的目标，由摄像机、手动变焦镜头以及防护罩组成。通常在首次安装时调整好摄像机的指向以及镜头的焦距之后即不再对前端设备进行调整。可控枪型摄像机一般由摄像机、镜头、防护罩、云台、解码器组成。用户可以通过键盘对云台进行上下、左右驱动，以及对摄像机镜头的光圈、焦距、聚焦等进行控制。[2]

公共场所的视频监控设备安装不能不考虑安装目的而仅根据场所布设。公共场所中设置的视频监控必须进行分类设置，用于预防性的视频监控必须与其他类型的视频监控分开设置。结合前述公共安全目的的类型化讨论，用于社会治安维护的公共安全目的对于个人信息收集的权限最大，调整型和保障型公共目的对于个人信息利用的权限递减，也即，在预防型公共安全目的下，允许收集到具

---

〔1〕 参见傅强、刘宇航：《公共场所隐私权法律保护研究——以公共场所摄像头的管理为视角》，载《北京科技大学学报（社会科学版）》2011 年第 4 期。

〔2〕 参见朱慧芬等：《公共场所监控图像采集利用与隐私权保护研究报告》，载《政府法制研究》2009 年第 8 期。

体个人信息,并跟踪个人行踪,即允许进行精准监控,而其他两类通常只能收集集体意义上的个人信息,对于特定个人信息必须进行模糊化或匿名化处理,也即只能进行概括性监控。鉴于监控技术已经达到了窥看个人正在读取或发送的手机短信、监听对话、利用遥感成像对人进行深层窥视的精准程度,即使是为了治安维护的精准监控,也要尽量避免将私人场所纳入监控范围。利用球形摄像头透过院墙、窗户而监控到私人的卧室、办公室、卫生间、浴室等就超越了公共视频监控的范围,容易造成对隐私权的直接侵犯。另外,分开设置是为了对于收集的个人信息进行分类对待,虽然统一的视频监控技术能够有同样的收集信息的效果,但是因为收集的程度以及处理的要求不同而必须区别对待。在联网应用下,不排除不同目的的视频监控收集的信息共享,但是需要有不同目的利用转换的法律保障。

3. 公共场所视频监控安装场所的明示

政府部门在公共场所安装监视器,不可避免地会对一般人通常的生活习惯或行为造成一定程度上的心理制约,并由内而外地构成行为上的限制,除非当事人默示同意或认可被监视,即忍受其对自己之隐私或资讯自决权的可能侵害,否则其行为自由就会受到影响。行为自由属于一般人格权范畴,个人行为除伤及他人权利、违反法律秩序或社会道德外,应有完全作为或不作为的自由。在公共场所安装监视器的行为,造成了公众不愿意到此场所的心理制约或行动限制,就会侵害当事人之行为自由。固然,利用隐蔽的针孔类型的监控技术,可以对公共场所进行无缝隙的全面监控,但是,从公共场所隐私权保护的价值目标出发,公共场所视频监控必须是透明的、明示的,而不能采取隐蔽安装的方式。

明显标识出公共视频监控的安装和使用,首先是对公众知情权的保障,向公众传递公权力维护公共安全的作用,即该区域实施图像监控是出于维护公共秩序、保障公共安全的需要，而不是针对某一个体；其次，明示是对公众进入公共场所行为的提醒，提醒其注意其言行举止，有维护社会公德的作用；再次，明示也是对违法犯罪行为的警示；最后，明确标识视频监控还是公权力尊重公民权利的体现，是执法者表达监控设备的工作呈现客观、全面、被动记录状态，不会主动对个人行为进行跟踪拍摄的态度，承诺监控设备实施的是不超过公众视线观察力的图像声音记录，不妨碍公众的正常行为，不会对公众健康造成损害等。总之，公布图像监控设备设置的具体位置是以尊重服务对象的方式提供服务，将从根本上杜绝"隐蔽执法"，避免当事人接受处罚时"口服心不服"。[1] 当然，明显标识会给违法犯罪以便利，让犯罪分子躲开视频监控作案，但是，视频监控的目的更多的是警示作用，是为了提醒公民主动按照法律规范行事，而不是为了惩罚这一单一目的。况且在视频监控可以联网控制以及手机监控随时可实施的技术背景下，躲开视频监控并不容易，即使有，相比之公共安全中公众普遍享有的隐私利益而言，也是微乎其微的。

公共视频监控安装场所明确性原则的落实需要通过民主参与实现。首先，民主决定安装范围。因为公共场所视频安装的密度会对公众的公共生活造成压力，不利于公众积极主动参与公共生活，因此，安装密度以及安装场所选择应该实行民主参与的原则，通过听证会、公民参与等方式决定安装范围。其次，由于视频监控设备安装需要支付公共财政资金，公民参与也是财政监督的当然内容。最后，视频监控安装场所公示后，应允许公众提出反对和异议，并能通过立法的形式明确下来。

---

〔1〕 参见朱慧芬等：《公共场所监控图像采集利用与隐私权保护研究报告》，载《政府法制研究》2009 年第 8 期。

三、个人信息利用适当性

公共场所图像监视是包括“场所—主体—监视—图像”四个要素的体系,即公共机构于公共场所对特定或不特定对象进行的图像监视。[1] 监视是一种社会控制手段。传统的人盯人观察方式的监视,在摄像机、录像机和电脑的帮助下,完成了向全新监视的升级,即,利用技术设备的新监视不仅可以远程操作,而且观察更细致准确,能采集到常人的视觉和听觉也无法获得的信息,还能够把观察对象的行为保存为音像文件并能够实时传送。这些手段已经超越了常人在公共场所的预见能力,是对个人活动的精准定位以及深度涉入。美国学者马克·波斯特(Mark Poster)在福柯全景监狱理论的基础上,认定通过视频监控和网络,现代社会已经是一个超级全景监狱。超级全景监狱瓦解并重构了个体的身份,权力借助“观看”的方式,对公民的监视超越了时空的限制,显示出“无所不能”“无时不在”的特点,构建着公民的社会性。[2] 从个人信息隐私权保护的角度出发,公共视频监控对个人信息的采集和利用必须遵循比例原则,并从合目的性、最少收集和最小侵害方面落实。

(一)场所和区域拍摄原则

公共场所视频监控的公共安全目的是通过对特定区域的整体监控实现的,由于需要发现破坏社会秩序等行为的嫌疑人以及对于已经发生的危害行为进行证据查找和确认,因此,视频监控摄录的信息最终会和某一个具体的嫌疑人的具体行为相连。但是,基于隐私权保护的限制,处于公共空间的视频监控拍摄不能直接针对具体

---

〔1〕 参见刘建军:《论公共场所图像监视与公民权利保护——一个框架性说明》,载《政法论丛》2011 年第 1 期。

〔2〕 参见顾理平、王飔濛:《社会治理与公民隐私权的冲突——从超级全景监狱理论看公共视频监控》,载《现代传播(中国传媒大学学报)》2017 年第 6 期。

的个人进行。也即,在公共场所设置监控设备只是对必须监视的"某个地方"进行控制。正如前文所述,个人身处公共场所也有隐私需求,不希望被从人群中特别挑出,也有保留隐匿性以及不受打扰的权利,对公共场所具体人的细致观察无疑是一种侵权行为。因此,公共视频监控的对象应该是场所而不是具体的人。

虽然现代视频监控技术完全具备了精准定位个人,并且具有远超过自然人感官观察的能力,但是,公共视频监控必须保持谦抑,应只在类似于自然人监视的状态下进行监控,主要发挥电子警察的作用。有学者把公共视频监控比喻为公共视线的集合,即,图像监控设备的观察、拍摄能力并没有超出正常人视力的感知范围,并没有透视、放大、追踪人们在公共场所的活动或者将镜头伸入到车辆内部等私密的领地。公共视线必须保持自然观察和记录,即图像监控设备没有刻意记录某一个人、某一群体的活动。所拍摄记录的视频资料等同于公众的观察能力所及,是被动地对客观存在的全景式的自然记录。[1]

场所和区域拍摄原则是由公共视频监控的公共性决定的。在公共场所的公共安全是不特定多数人行为的结果,不能在危险尚未发生时就做特定的行为预测和防范,这种先入为主的预测和判断类似于刑法上的无罪推定。因此,虽然公共视频监控采集的是个人图像信息的集合,在视频监控信息利用中也不可避免地要对个人图像信息进行处理。但是,视频监控的信息采集工作方式必须遵循区域或场所监控原则。即,公共场所监控设备观察记录的是公众视野所及的空间,而不是具体的人。进入监视空间的自然人,只能作为该空间的"充填物"受到记录,图像监控设备只进行客观记录。当然,

---

〔1〕 参见朱慧芬等:《公共场所监控图像采集利用与隐私权保护研究报告》,载《政府法制研究》2009 年第 8 期。

借助于大数据分析技术，可以判读出多发危险的公共场所和时间段，但依然只能针对场所而不能针对具体的个人活动进行视频监控设置。依此，才能保证公共视频监控在收集信息的初期就做到不干涉个人行踪轨迹这样的信息隐私权内容。当然，刑事犯罪追诉中需要对特定当事人进行跟踪搜集证据和线索，这时需要定位到特定个人，这已经进入了刑事诉讼侦查的范围，需要法律明确授权和遵循严格的程序限制。

为了落实场所和区域拍摄原则，视频监控设备必须选择固定的位置、指向固定的方位和有明确的监控范围。图像监控设备通常不能具有变焦拍摄、多角度回转拍摄功能，尤其是设备不能通过技术支持从公共场所指向私人空间或对特定的具体个人进行跟踪拍摄。

（二）个人图像信息收集必要性原则

安装在公共场所的视频监控设备能够全天候不间断收集固定区域内的人员活动轨迹信息，技术的发展也使监控设备的存储能力大幅提高，记录与存储完成同步。公共视频监控收集的数据可谓海量，但是在大数据技术下，海量数据正可以被开发利用于智慧治理等多方面。但是，从保护个人信息隐私权出发，必须遵循收集的必要性原则。也即，以公共安全目的实现为必要性限度进行图像信息采集。

首先，公共视频监控设备安装的数量要有必要的限度。在上文提到的可以安装公共视频监控的场所，到底安装多少监控设备，也即安装的密度，就涉及必要性论证。在人群密集、公共安全隐患大的公共场所安装的视频监控设备数量不同于休闲安静的公共场所安装的数量，具体可根据公共场所的用途，结合公共安全的危险性进行分级设定。要杜绝把所有的公共场所都暴露在视频监控之下的全监控思维，不能把公共场所变成完全没有私密存在的公共空间。

其次,公共视频监控的图像显现要有必要的限度。技术的发展是无止境的,现在的高清摄像头甚至能够看清行人脸上的痦子,对于私家轿车的车辆识别码也能清楚辨别,高度清晰的摄像头自然能对个人进行高度识别,但这并不符合以场所为拍摄对象的公共视频监控的目的。因公共视频监控一般呈现的图像以场景展现,所以并不需要清晰度过高的摄像头。当然,图像清晰度的使用也取决于公共安全的不同目的,秩序防护型公共安全维护在嫌疑人定位以及犯罪证据采信上,通过特定程序可以授权使用高清辨别显现;而公共服务型公共安全维护则一般使用场景全景清晰的显示技术,涉及对个人的高清显示,必须要做虚化或遮挡处理。即使是预防型公共安全目的维护,图像显现也须针对违法行为,不能暴露与违法处理无关的个人行动和轨迹信息。比如,对于交通违章的处罚,违章行为记录要清晰,但是违章人的面容以及车内空间的行为必须虚化或遮挡处理,对于画面中出现的与违章无关的负面信息,如车内人的亲昵动作、有违道德的行为等,也要从隐私权保护出发,进行技术处理之后公开,以防识别出具体的个人。

最后,对行踪信息的记录要有必要的限度。有学者对公共部门掌握的个人信息的敏感度进行了调查分析,其中,公民相关位置信息敏感度较高,平均值高于其他身份证件信息、交通工具所有权信息以及公民使用公共交通出行的信息。[1] 位置对应的个人行踪轨迹信息正是视频监控收集到的主要个人信息,由于行踪轨迹信息直接与个人的人身、财产安全相关,2017 年最高人民法院、最高人民检察院在《解释》中已经把行踪轨迹信息列为重点保护的个人信息,2020 年通过的《民法典》第 1034 条对个人信息的界定也加入了行踪

〔1〕 参见刘雅琦:《基于敏感度分级的个人信息开发利用保障体系研究》,武汉大学出版社 2015 年版,第 100~101 页。

信息。公共安全视频监控摄录公民的行踪信息只能基于必要性原则,即以不过度收集个人行踪轨迹信息为限度。

（三）个人图像信息使用最小化原则

针对场所和区域拍摄的图像信息一般是对出入公共场所的个人的独立、分散的行动的记录,但是一旦把不同地域的监控图像连接起来,把同一地域的监控图像连续播放,就会形成对于个人行踪轨迹的完整把握,全面了解个人的行动目的、个人行为特征、性格偏好等,继而形成对个人的完整的画像刻画,这种画像如为商家用来做广告推销,则有可能造成对公民的侵扰;而如果为不法分子所利用,则会对公民人身财产等权益造成威胁。因此,图像监控设备不能对该公共场所活动的人采用窥探、追踪、透视、秘密摄影等方式进行监视、监听。

对于视频监控收集到的个人信息的使用应遵循最小化原则,即,公共安全视频监控只能在场景以及个人信息集合中使用图像信息,除非个人行为足以引起公共安全隐患,才能对个人信息进行挑选、定位以及专门性使用。值得警惕的是,公共视频监控收集到的信息图像,在大数据技术帮助下,能充分发挥信息利用的集合性效益,通过数据挖掘,从集群效应以及公共秩序整体规划的角度发挥公共视频监控图像信息的扩展性作用。但是,这种扩展性应用必须贯彻公共服务效益,精准定位到个人信息利用一般应予禁止。

总之,个人图像信息使用最小化原则要求,凡是能够识别到特定个人的面部图像、行踪轨迹、位置信息等都应该设为敏感个人信息,设定特别的保护内容和程序,通常只有公安机关基于治安处罚、犯罪侦查等预防型公共安全目的才能使用。

四、视频监控图像信息可靠性原则

通过视频监控设备摄录并经电脑联网数据化转化利用的视频

监控图像信息是建立在技术支持基础上的应用,技术能够实现对于监控场景中实时行为的即时记录和上传,技术也能够对于记录的图像信息进行编辑和处理,但是也存在利用技术泄露和滥用个人信息的问题,这就要求视频监控图像信息的利用必须遵循可靠性原则。

不安全的图像信息利用,不仅会对个人信息隐私造成侵害,也会影响公共安全目的的实现,公共视频图像的可靠性直接决定了图像信息利用的安全性。技术的问题需要依靠技术来解决。我国视频监控图像信息的安全可靠性已经通过技术标准得以确认。2017年11月1日正式发布,2018年11月1日开始实施的《公共安全视频监控联网信息安全技术要求》(GB 35114-2017),是我国第一个关于视频监控联网信息安全方面的技术标准,对于保障视频监控联网信息的安全具有重要作用。《公共安全视频监控联网信息安全技术要求》(GB 35114-2017)针对公共安全视频监控系统的安全风险,围绕设备和用户身份真实、控制交换信息可靠、视频图像信息安全(包括视频的完整性和保密性),提出了具体的技术解决措施,有效保护国家重要视音频信息安全,保障了公共安全视频监控基础设施的安全,维护了国家安全和社会公共安全。[1]

结合视频监控图像信息的特征,对其可靠性的判断需要根据电子视听资料的特征进行,视频监控图像传送到网络上,经过数字化转化和处理、再传输,其可靠性也需要借助于其能够运行的技术来保障。具体而言,公共视频监控图像的可靠性保障需要从如下几个方面入手:

第一,视频监控的录制系统技术可靠。一般来说,数字化/网络视频监控系统都是由四个最基本的部分构成,即前端设备、传输设

[1] 参见栗红梅、施巨岭:《解读GB 35114-2017公共安全视频监控联网信息安全技术要求》,载《标准生活》2018年第7期。

备、显示/记录设备、控制设备。前端设备包括摄像机、镜头、防护罩、云台和解码器等，构成整个系统的“眼睛”，作用是将监控目标的光信号变为电子信号。传输设备是系统的信号通路，传输的信号包括图像信号、控制中心通过控制台对摄像机等前端设备进行控制的信号等。显示/记录设备主要作用是显示视频监控的图像或声音，并将图像、声音保存在特定的电脑、硬盘录像机中，以备作为证据使用时进行提取。控制设备主要包括主机、主控制台、矩阵切换器及键盘等设备，用于实现视频切换和通讯控制带云台的摄像机动作等功能。[1] 在监控视频的生成过程中，设备的不合格或故障会导致视频失去可靠性。摄像机、云台设备的光学元件、声音录制元件损坏，云台无法精确控制，会影响图像的可靠性、完整性；如果传输系统出现问题，监控视频的质量也会受到影响，如传输中受到无线电、电磁等干扰，会造成图像失真；而存储载体的物理空间大小、质量好坏同样会影响监控视频的可靠性、完整性。由上可见，视频生成过程的可靠性主要是依赖于系统的可靠性。《公共安全视频监控联网信息安全技术要求》(GB 35114－2017)已经规定了设备的技术要求，视频监控设备的安装必须根据标准要求来落实。

第二，监控视频真实可信。监控视频生成后，在使用的过程中会经过必要的编辑，视频监控的数字化也易于进行压缩、格式转换和剪辑等编辑。在编辑过程中，监控视频因修编等技术处理可能会不完整、不真实或被篡改，从而导致视频监控的图像和活动信息失真，如果使用这样的图像信息进行行政违法处理或犯罪侦查，就会造成执法错误或被误导。被修改编辑的视频也可能是别有用心的人用来实施打击报复等计谋的手段。因此，在监控视频的存储、编

〔1〕 参见罗世伟、左涛、邹开耀：《视频监控系统原理及维护》，电子工业出版社2012年版，第2页。

辑过程中,应保持视频图像的原始状态,保证其是准确的、完整的、事实真相的原始记录,保持监控视频的完整性,并保存好标识完整性的时间、地点等记录。当然,出于视频存储和使用的便利,对视频图像进行编辑并不意味着就不符合真实性要求,进行编辑的视频需要对编辑过程进行必要的说明,包括编辑的方法、效果、是否影响可靠性等内容。

第三,监控视频图像信息的证据化使用。从社会秩序、预防犯罪的公共安全目的维护来看,公共场所视频监控在刑事诉讼方面具有提供侦查线索、锁定嫌疑人、还原案发现场、保存诉讼证据等功能。在刑事司法实践中,公共场所监控视频在很多案件中都作为诉讼证据使用。〔1〕 作为证据使用的监控视频图像信息通常是指向特定的行为人和特定的行为的,也直接关涉对于个人图像信息表明的行踪轨迹信息的证据性使用,那么,保证监控视频图像信息可靠性就更为重要。在具体实践中,除了上述设备技术可靠和视频本身可靠真实的证明外,还需要根据证人证言、专家鉴定等辅助方式对监控视频的可靠性进行证明。

关于监控视频作为证据的证明能力保证,国外学者在理论和实践方面都积累了足可借鉴的经验,有研究指出,录像证据在生成及保存的过程中,可能会受到多种因素影响而发生失真、歪曲、伪造。因此,对录像证据的鉴真必须对所有容易被注意到的、不容易被注意到的、因录像系统本身造成的、由人为原因而造成的可能虚假之处进行审查,主要包括设备成像、录制环境、视频压缩保存、视频编辑等方面。〔2〕

---

〔1〕 参见纵博:《公共场所监控视频的刑事证据能力问题》,载《环球法律评论》2016 年第 6 期。

〔2〕 参见纵博:《公共场所监控视频的刑事证据能力问题》,载《环球法律评论》2016 年第 6 期。

由此可见,视频监控设备以及技术操作实现了对于动态的监控场所内人员行为的记录和存储,也能进行编辑利用,但是,只有真实可靠的监控图像信息才能保障个人信息利用的可信度,也才能保障公共安全目的实现。

总之,由于公共场所视频监控图像收集直接与公共场所隐私权保护密切相关,必须从公共安全目的维护、视频监控设备安装场所明确、个人信息收集利用适度以及保障可靠性等方面全方位确立公共视频监控中的个人信息保护实体标准。

第四章　公共安全视频监控中个人信息保护的程序标准

程序标准与实体标准一样,都是为了控制公共安全视频监控权力的行使而设。权力制约是宪治的核心问题,而通过程序实现对权力的控制也成为现代社会控制政府权力的重要内容。改革开放以后,我国行政法治的发展已经从实体控权进入了自觉运用程序控权的阶段,并认识到了行政权力行使的程序要求不仅是控权的需要,程序也具有实现正义的独立价值。从程序上进行控权设计,表现为一种积极的、能动的制度建设,既有利于行政相对人的民主参与,也能在透明公开的权力行使中遏制权力滥用和腐败。但是,目前在我国,与行政法治过程中对实体权力的明确界定与规制不同,行政相对人的程序权利相对弱化,所以,必须从行政相对人拥有程序权利的法理基础出发,整合设计具体的行政程序制度。而在公共安全视频监控领域,因为主要是通过警察权力实现公共安全和公共秩序的维护,警察权力直接指涉公民的人身权和财产权,程序控权尤为重要。目前在公共安全视频监控领域,由于信息技术对权力的助力,控权规制更显滞后,实践中公共视频监控中个人信息的保护更多注重实体标准的讨论,程序权利尚未引起重视。程序权利的缺失和不完整将无法实现程序对于权力的制约以及信息社会通过程序权利实现的协商民主。因此需要在法治层面结合个人信息收集利用的特点以程序权利的构造为核心进行必要的整合和完善。

一、个人信息程序保护的理论基础

"一切有权力的人都容易滥用权力,这是万古不易的一条经验。""有权力的人们使用权力一直到遇到界限的地方才休止。"[1]孟德斯鸠的至理名言揭示了权力控制的必要性,现代法治国家都对权力进行必要的控制,其中程序控权从实体控权中独立出来,发挥着越来越重要的作用。

(一)程序控权的域外理论

程序控权起源于英国的正当程序,其核心是自然公正原则,包括权力公正行使和当事人受到不利决定时有权进行陈述。通过程序控制权力成为现代英国国家宪治的内容,而程序在控权中的作用以及价值也成为西方法理学一直探讨的内容。到底何为正当程序?正当程序包括哪些要素?观点比较有代表性的包括20世纪初美国的新自然主义法学派的代表人物富勒(Lon L. Fuller)和20世纪70年代的罗尔斯(John Bordley Rawls)。

作为新自然法学派的代表人物,富勒是在和分析法学派代表人物哈特长达10年的论战中,逐渐阐明其在法与道德不可分离基础上的程序自然法观点的。富勒认为法律和道德之间存在必然的联系,

〔1〕［法］孟德斯鸠:《论法的精神》(上册),张雁深译,商务印书馆1982年版,第154页。

这种联系表现为法律的内在道德,且法律的内在道德可以具体化为八个方面的内容:法律的一般性;法律必须公布;法律不能溯及既往;法律要清晰、明确;法律规则之间不能存在矛盾;法律要具有可操作性;法律的稳定性;官方行动与法律之间的一致性。[1] 上述内容也被称为"程序自然法"。富勒是从法律秩序的道德基础和法律自身的道德性出发强调法律与道德的不可分性的,只有将"法律应该是什么"的道德内涵包括在法律这一概念中,法律才具有值得人们尊重的品质,"忠于法律"的义务才有意义;只有将"使法律成为其应该是什么"的职责包括在"忠于法律"的义务中,"忠于法律"的目标才有可能得到真正的实现。[2] 富勒的程序自然法理论是对法律的内在道德的实证化解读,表明法律作为规则本身也必须遵守内在的道德要求和标准,虽然富勒没有直接给出程序法的规则体系,但是,规则本身的程序性也当然带有程序独立的价值这一认识意义重大,罗尔斯正是在这一认识基础上,对程序正义本身做了具体论证。

罗尔斯认为,"一个社会体系的正义,本质上依赖于如何分配基本的权利义务,依赖于在社会的不同阶层中存在着的经济机会和社会条件"。[3] 其正义理论构建的是一种纯粹程序正义,并且透过"完全程序正义"与"不完全程序正义"的比较,解读了纯粹程序正义的内涵。罗尔斯的理论给我们的启示是,实体和结果的正当性的实现离不开程序正当性,程序和实体具有同等重要性,也因此程序具有自己独立的价值。

程序独立价值在实践中是通过各国宪法明确程序原则实现基

---

〔1〕 参见[美]富勒:《法律的道德性》,郑戈译,商务印书馆 2005 年版,第 55～107 页。

〔2〕 参见孙笑侠、麻鸣:《法律与道德:分离后的结合——重温哈特与富勒的论战对我国法治的启示》,载《浙江大学学报(人文社会科学版)》2007 年第 1 期。

〔3〕 [美]约翰·罗尔斯:《正义论》,何怀宏等译,中国社会科学出版社 2012 年版,第 7 页。

本权利保护或把程序作为权利写入宪法实现的。例如，美国宪法第5和第14修正案规定了正当程序条款，通过判例确立了程序性正当程序和实质性正当程序两种正当程序原则，程序性正当程序是指"要求一切权力的行使在剥夺私人的生命、自由或财产时，必须听取当事人的意见，当事人具有要求听证的权利"。实质性正当程序则是指"要求国会所制定的法律，必须符合公平与正义。如果国会所制定的法律剥夺了个人的生命、自由或财产，不符合公平与正义的标准时，法院将宣告这个法律无效"[1]。实质性正当程序是对政府权力行使是否符合公平正义的实质审查，也即，政府限制和剥夺公民宪法上的基本权利时，不仅要接受正当程序的审查，还要符合实质的公平正义标准。而依据德国基本权利理论，"程序保障"功能是基本权利"客观法"功能重要的一环，对国家权力机关具有拘束力。国家负有组织适当的机构与程序来落实基本权利保障的义务。从其效力看，程序保障功能作为一种客观价值秩序，并非赋予公民请求国家提供一定程序的权利，而是课予国家制定程序的"客观"义务。[2] 当前的德国宪法理论认为基本权利同时具有双重属性，即基本权利既是一种主观权利，也是一种客观法。基本权利的程序保障只是强调程序保障对基本权利的重要性，而程序本身就可以作为权利追求的目标。基本权利的程序保障中，程序并非该权利本身所保障的目标，国家毋宁只负有制定程序的客观义务，而程序权则赋予公民一种程序的给付请求权。[3] 由此可见，无论是通过正当程序原则保护公民基本权利还是强调程序本身就是基本权利，都是认同程序自身的独立价值，并在承认程序独立价值的基础上设计程序保障

---

〔1〕 王名杨：《美国行政法》（上），中国法制出版社1995年版，第383页。

〔2〕 参见高新平：《基本权利之程序保障功能及其体系初构》，载《东南大学学报（哲学社会科学版）》2014年第3期。

〔3〕 参见王锴：《论宪法上的程序权》，载《比较法研究》2009年第3期。

的基本内容。

(二)我国程序法治的理论

我国是在改革开放后20世纪90年代强调行政法治建设的过程中,逐渐开展对于程序法治的研究和实践的。“在对各种可能的选择谨慎地加以权衡之后精雕细刻出的程序,是保证一个文明社会认为值得保护的所有不同权利最大限度地实现的唯一方法。”[1]学者们对正当程序的构成要件进行了研究,汪进元教授认为,程序是指主体参与决策活动的过程、顺序、方式和方法等方面的总和。其构成包括程序的存在形式,程序参与者的地位和作用、程序的展开过程和方式方法以及程序运行的结果等。现代程序是民主程序的法治化,程序自治是现代程序的核心和灵魂。因此,正当程序运行的基本要件应为程序的合法性、主体的平等性、过程的公开性、决策的自治性和结果的合理性。[2] 王锴教授认为,程序权应该包括公开、参与、平等、效率和最低程序保障。[3] 章志远教授认为,“在行政法上引入行政相对人‘程序权利’的概念,具有重大的理论意义和现实意义,它不仅是现代行政程序法发展的趋势之一,而且对于行政法的观念转型和制度革新都将产生深远的影响”[4]。关保英教授则对行政性相对人基本程序权利进行了专门研究,认为,行政相对人基本程序权是指行政相对人所享有的与行政法治中的程序有关的权利,这个权利既不是一般意义上的权利,也不是一般意义上的程序权利,它是能够主宰行政相对人在行政执法过程中的最为核心和系统的程序权利。行政相对人基本程序权利有着非常重要的法治价值,可以“倒逼”行政正义实现,使行政法治与时俱进,使行政执法人

---

〔1〕 季卫东:《程序比较论》,载《比较法研究》1993年第1期。

〔2〕 参见汪进元:《论宪法的正当程序原则》,载《法学研究》2001年第2期。

〔3〕 参见王锴:《论宪法上的程序权》,载《比较法研究》2009年第3期。

〔4〕 章志远:《行政法学总论》,北京大学出版社2014年版,第145页。

性化，使行政相对人权利过程化。然而，在我国，基本程序权利概念和体系尚未形成，缺少内容构造以及程序制度支撑。如何在行政法治建设中建构行政相对人基本程序权需要诸多具体的路径，但是核心应该是对行政相对人程序权利进行梳理、完善行政法上的程序制度、制定统一的行政程序法、合理处理程序规则与实体规则的关系。[1]

从上述分析可见，正当程序是宪法基本权利保障的内容，程序不仅自身具有独立价值也是宪法基本权利实现的保障，宪法规定的正当程序原则直接指向政府行政权的行使，在行政法治中具体化为对行政相对人程序权利的承认和通过程序权利实现相对人的宪法基本权利。但是相比通过行政实体法的控权，我国程序控权还不完善，程序权利也没有引起重视和进行充分设计。在信息科技的助力下，政府公共安全以及公共秩序维护的目标实现有了更多便利的手段，视频监控的广泛应用就是一个典型的例子，由此造成对公民个人信息权利以及其他权利的侵犯风险极大提高。应该看到，技术对于公共利益实现的即时显在性掩盖了个体权利保护的分散以及滞后性，在实体标准灵活性不足的前提下，程序可弥补公共利益与私人利益不能及时平衡的弊端。

根据视频监控收集个人信息的实体正当性标准的要求，只有警察能够出于公共安全和秩序维护的公共利益需要才能安装并使用公共视频监控设备，而根据程序正义的要求，这一安装使用的实质正当性还需要通过个人信息被收集者的民主参与程序实现。在对公共视频监控收集的个人信息范围界定、证据使用、数据挖掘利用、储存以及信息共享等实体权力行使方面也存在如何同时配套规定程序内容的问题。对于个人信息收集利用的程序规定，不仅是公共

---

〔1〕 参见关保英：《行政相对人基本程序权研究》，载《现代法学》2018 年第 1 期。

视频监控中行政相对人的权利要求也是保护视频监控涉及的公民隐私权以及相关权益的要求,还是直接控制实体权力的要求。因此必须认真设定公共视频监控的个人信息保护程序标准。公共视频监控领域的个人信息程序保护需要按照上述原理展开。公共安全视频监控中的个人信息保护正当程序标准,应着眼于公共安全视频监控收集利用个人信息的全过程,至少应该包括程序正当的基本要求,这一要求已经在2004年国务院制定的《全面推进依法行政实施纲要》中进行了明确:“行政机关实施行政管理,除涉及国家秘密和依法受到保护的商业秘密、个人隐私的外,应当公开,注意听取公民、法人和其他组织的意见;要严格遵守法定程序,依法保障行政管理相对人、利害关系人的知情权、参与权和救济权。行政机关工作人员履行职责,与行政管理相对人存在利害关系时,应当回避”〔1〕。

具体而言,公共视频监控中个人信息保护主要包括公共安全视频监控布设参与与公开、信息收集告知与同意、信息使用知情与可控、监督与救济四个方面的程序标准。

二、公共视频监控安装利用的民主参与程序

公共视频监控中的民主参与程序既是公民监督在公共安全维护中实现的保障,也是服务型政府权力行使的应然内容。

(一)公民参与权的宪法基础

在我国社会主义民主政体中,《宪法》专门规定了公民参与权,即第41条:“中华人民共和国公民对于任何国家机关和国家工作人员,有提出批评和建议的权利;对于任何国家机关和国家工作人员的违法失职行为,有向有关国家机关提出申诉、控告或者检举的权利,但是不得捏造或者歪曲事实进行诬告陷害。对于公民的申诉、

〔1〕 本书编写组:《行政法配套规定》,中国法制出版社2005年版,第3页。

控告或者检举,有关国家机关必须查清事实,负责处理。任何人不得压制和打击报复。由于国家机关和国家工作人员侵犯公民权利而受到损失的人,有依照法律规定取得赔偿的权利”。林来梵教授认为我国宪法上的公民监督权的内容非常丰富,可以具体解读为包括:(1)批评权;(2)建议权;(3)检举权;(4)公民基于个人的政治意志或公共利益而对国家机关或其工作人员提出非批评性或非建议性的、纯属个人疑问或主张意义上的申诉权;(5)公民针对国家机关或其工作人员的各种违法或失职行为而提起诉讼意义上的控告权;(6)获得权利救济权,包括:①公民针对国家机关或其工作人员对其个人法益所作的处置进行投诉意义上的申诉权。②公民针对国家机关或其工作人员对公民个人合法权益的不法侵害提出诉愿意义上的控告权。③国家赔偿请求权。[1] 由此林教授把监督权分成了与监督者权益直接相关的狭义监督权和不直接相关的广义监督权两大类。王锴教授进一步指出,相对于批评、建议、检举权,申诉权、控告权、获得国家赔偿权都以侵犯公民自己的合法权益为前提,因而属于程序权的类型。其中,控告权、获得国家赔偿权属于司法上的程序权,申诉权属于行政上的程序权。[2] 笔者则认为,两类监督权利的行使都必须遵循一定的程序。

在依法治国就是依宪治国的新时代背景下,宪法中的基本权利需要通过行政法予以落实,这种落实既表现为实体权利向实体权利的转化,也表现为实体权利向程序权利的转化,还表现为宪法救济权利的行政程序权利转化。就《宪法》第41条的广义监督权性质而言,与其配套的最好的程序是民主参与,当然民主参与并不否定为维护自身权益的诉讼和申诉程序权,但是民主参与这一体现广义监

---

〔1〕 参见韩大元、林来梵、郑贤君:《宪法学专题研究》,中国人民大学出版社2004年版,第408页。

〔2〕 参见王锴:《论宪法上的程序权》,载《比较法研究》2009年第3期。

督并更能保障公益性权利行使的程序权利必须得到重视。由于公共视频监控权力的行使以保护公共安全这一公共利益为目标，往往需要个体权利做出牺牲和让步，要求个体进行必要的容忍和配合，但是公共利益目的必须接受公民监督，通过公民的民主参与，对个人信息收集利用的公共利益目的进行控制，继而防止公共视频监控权力滥用而侵犯公民基本权利。

（二）通过参与程序实现公共视频监控公共利益的正当性

经过四十多年的改革开放，我国的国家治理能力不断提高，党的十八届三中全会系统提出了“推进国家治理体系和治理能力现代化”的改革总目标、路线图和时间表，在顶层设计上实现了国家管理向治理的飞跃。管理与治理相比，管理更强调命令与服从，管理者动用权力使被管理者接受的色彩浓厚，而治理则更强调公共问题的解决需建立在国家权力和公众权利合力的基础上，治理更强调公民与社会组织也可以作为主体参与社会公共问题的解决，与行政机关形成平等的协商合作关系。这种多元合作关系的培育和维系，既需要理念变革，也需要制度变革和方式变革。从治理理论和实践看，衡量一个社会是否实现治理现代化的关键是其理性化程度，即以市场为载体的经济理性、以政府为载体的规制理性以及民众为载体的沟通理性。有效公共治理与“善治”的要素众多，但其核心在于如何实现公共信息的分享、流通，从而促成交流与达成共识，在此基础上鼓励有效的利益表达和协商合作。因此，信息公开和公众参与，构成有效公共治理、有质量的公共生活的“两翼”。[1]

由于视频监控的安装使用非常便利，并能够在隐秘状态下收集个人信息，如果不经过民主参与，就无法体现公共利益维护的正当

---

〔1〕 参见王锡锌：《以信息公开作为治理改革的最佳支点》，载《中国法律评论》2015 年第 2 期。

性。这正是管制型政府向服务型政府转变的需要。政府从管理者身份转变为服务者,公民作为被服务对象,取得了服务型政府管理中的程序主体地位,即通过行使程序参与权,实际参加进政府的服务中来,不仅表达意见而且发扬民主。行政相对人程序参与权是指公共服务相对人为了维护自身的合法权益而参与到公共服务过程中,就涉及的事实和法律问题公开发表自己的主张,从而影响公共服务提供者作出有利于自己的公共服务决定的程序权利。行政相对人在公共服务中的程序参与是公民程序性权利的逻辑起点,是确保公共服务实体公正的重要保证。行政相对人公共服务程序参与权具有保障人权、促进沟通、维护公平、化解纠纷、教育引导等重要价值和功能。[1] 因为公共视频监控收集的个人信息与公民权益直接相关,甚至就是个人隐私内容,个人信息主体的程序参与不仅是民主参与,还是对于自身信息收集、利用的参与,体现了隐私权的自我决定价值。而通过民主参与,公众能够更好地理解和把握公共利益需要,并配合政府做好视频监控个人信息的收集和利用工作。

由于我国公共视频监控的公共利益维护并不明确,还没有完全与具体的政府职责挂钩,导致政府公共视频监控过于泛滥,不利于公共利益正当性的确立以及公民权利保护,急需通过加强人大职能以及健全民众参与程序加以完善。

(三)公共视频监控中的公众参与程序设计

自古以来,收集信息就是政府行政权行使的基础,通过人口统计、档案登记、赋税管理等实现对社会整体运营的管理,而借助于计算机和信息技术,我们如今已经进入了“信息人”时代,各级各类政府机关掌控着数以千计的各类信息系统,每天都会有巨量的公民个

---

〔1〕 参见程琥:《关于服务相对人公共服务程序参与权研究》,载《行政法学研究》2011 年第 1 期。

人信息牵涉其中。这些个人信息不仅成为公权力机构处理个人事务和利益的基础和重要依据,而且个人信息的收集、处理和使用本身就常常构成了公权力运行的全部。[1] 随着视频图像识别技术的不断发展,从“金盾工程”到“雪亮工程”,公共安全视频监控已经成为公共安全警务工作的标配,并且在智慧城市建设中发挥着越来越大的作用。公共安全视频监控不仅为公共安全维护收集个人信息,还为政府的交通、市政、安全生产监管、环保等各种行政执法行为提供数据。借助于信息技术的帮助,不仅公共场所再无隐私,侵入私人领地的个人信息收集也变得非常容易,因此,在无处不在的公共视频监控之下,每个人都变成了透明人。“信息人”时代的透明化生活尤其需要保障公民的民主参与权,这种参与权是全方位的参与,既包括对于视频监控立法控制的参与、设置安装阶段的参与讨论,也包括对于视频监控收集信息、利用信息的参与。

就公共视频监控的安装设置而言,基于哪些具体的公共利益、公共场所如何划分、在哪些公共场所安装视频监控设备以及安装的密度、安装的监控类型、不予安装的区域、负责的单位等都需要征求民众的意见,组织民意代表讨论,在充分尊重民意的基础上确定。尤其是安装区域直接涉及的利害关系人群的意见必须听取。这一参与过程要充分发挥人大代表的作用,也要通过举行听证会、利用网络平台等方式征求和听取社会各界的意见。民意讨论的过程可以使公共视频监控安装涉及的公共利益具体而明确,保证对公共利益达成共识,同时实现对于政府权力恣意行使的控制。

就公共视频监控收集和利用个人信息而言,民主参与主要包括收集目的、使用原则以及信息库开发利用的范围等方面,即对个人

---

〔1〕 参见孙平:《“信息人”时代:网络安全下的个人信息权宪法保护》,北京大学出版社2018年版,第6页。

信息具体使用的原则、范围以及隐私保护排除规定等的民主参与与讨论。总之,民主参与程序主要针对的是公共视频监控的公共利益如何确定的参与,一般不涉及个人信息主体单独对于个人信息收集与利用的意见征集。上述过程性参与形成的民众共识和意见,应通过立法确定下来,也即,在公共视频监控的立法规制中整合民众参与,把民主参与的结果落实在法律规定中,以保障民主成果落到实处。

引入公民参与机制需要一些配套的辅助性措施,比如,为参与者提供相关信息、解释专业术语等,从而使利益相关人能够顺利参与决策并表达意见。如果做出最终行政行为之前需要若干准备阶段,而每一个准备阶段又都需要做出权衡决定,那么可能在准备阶段就需要公民的参与。由于利益相关人往往最了解自身利益和相关情况,因此如果每一位利益相关人都能够在行政行为做出之前通过正当渠道将自身利益和观点表达出来,那么行政主体就会获得全面的、高质量的信息,这是最终做出合理行政行为的前提。[1]

三、公共安全视频监控中个人信息收集利用公开程序

公开被认为是制约权力行使最有效的方式。行政公开程序是指行政主体的行政公开行为所必须遵循或履行的时间与空间上的步骤和形式。正当的行政公开程序不仅能对行政权力的运行起到有效的制约作用,保证行政公开行为的规范、有序进行,更重要的是,它是自然人、法人或其他组织享有或实现行政知情权、参政议政权和监督行政权的重要保障。[2] 信息社会,政府巨型数据库的信息收集和使用,很难做到告知每个信息主体,且在大数据技术下,信息

---

〔1〕 参见陈征:《民主原则与行政程序》,载《求是学刊》2011 年第 2 期。

〔2〕 参见刘臻荣:《行政公开的程序及方式》,载《山西大学学报(哲学社会科学版)》2004 年第 3 期。

量的聚合以及再利用、深度挖掘，都已经脱离了个人信息主体的知情控制，所以，“告知同意”的机制在大数据时代已经“无可挽回地走向瓦解，超出了任何规制的修补能力”。[1] 因此，从公共视频监控的公共利益目的出发，与公众民主参与程序相结合设计公开透明程序，不仅是对个人信息知情同意的情势变通，也能使民主协商进一步得到落实，在公共视频监控权力控制方面发挥作用。

（一）程序公开的功能

程序公开是现代协商民主的首要特征，它是公众看得见的正义，只有这种正义实现了，公众才能在澄明的环境下从容协商。参与协商的公民或组织只有深入了解了政策制定的背景、目的和来龙去脉，才能避免盲目跟风。在讨论和对话中，只有公开自己支持某项政策的理由和偏好，并认真听取其他公民支持某项政策的理由和偏好，才能产生公正的判断和公平的结果。因此，要想使协商主体按照真诚互信的伦理规则展开协商活动，就必须使协商程序公开化，即让协商讨论的主题、内容、程序、参与者的价值偏好及转换等各种涉及共识形成和决策制定的信息全部公开透明。[2]

如果说在信息化时代，公共视频监控的安装与个人信息收集使用不可能做到人人参与，只能通过代议制实现民主参与，但是和个人权利保障相关的视频监控的安装和管理内容必须向民众公开，这其中包括公共视频监控的政策法规、技术标准和安装使用管理规定。实践中，政策法规和技术标准本就是公开发布的，需要重点关注的是安装使用管理规定，这些规定往往是公安机关内部的规定，并不对外公布，但是如何使用管理恰恰反映了视频监控如何收集与

---

〔1〕 参见范为：《如何平衡隐私保护与数据开发——浅谈欧美立法改革对我国的启示》，载胡泳、王俊秀主编：《连接之后：公共空间重建与权力再分配》，人民邮电出版社 2017 年版，第 37 页。

〔2〕 参见靳凤林：《协商民主的价值定位与伦理规则》，载《哲学研究》2016 年第 8 期。

利用个人信息，以及对公共利益的确认，这些规定就必须公开，以利于公众评判。除了管理规定的公开外，公共视频监控的安装维护需要使用的财政经费、具有专业素质的管理人员的聘用等都属于需要向公众公开的政府信息。另外，公共视频监控的公共目的用途以及视频监控收集的个人信息的存储、使用方式以及联网应用的方式等也必须公开。这是和个人信息是否合法有效使用密切相关的内容，公众通过对这方面内容的知情了解能够知晓个人信息利用的范围和建档保管情况，这实际上展示的是国家权力介入个人信息的程度，在信息资源化利用的当下，我们不能拒绝个人信息充分收集与利用的社会效益以及公益性，但是充分利用带来的滥用风险必须通过公开程序预防。

通过公开程序还可以控制具体的行政权力的行使，防止其滥用。就公共视频监控中收集利用的个人信息而言，从维护社会治安或公共秩序出发，视频监控收集的个人信息往往是作为公安机关做出行政处罚或刑事犯罪的证据使用的，那么，证据收集和使用的程序必须公开。具体包括设置视频监控必须明示，即有醒目提醒“您已进入公共视频监控区域”等，也就是说，公共视频监控不能采用偷拍的方式，必须明示。从控权的角度看，公开程序还包括公开视频监控安装的类型、部门管辖以及个人信息保管使用情况；依据视频监控收集的个人信息做出行政决定的当事人公开查询程序；受理个人信息申请公开（向本人公开，向利益相关人公开）的程序；公开申请的受理及答复申请人的期限和内容程序；行政主体向申请人公开信息，出具查阅证明或提供复制品等程序。

（二）一般公开与特别公开程序

就公共视频监控中收集和使用个人信息而言，存在向社会公众的一般公开和向个人信息主体的特别公开两种程序，用以协调公众知情权与个人信息隐私保护之间的关系。因为公共视频监控收集利用个人信息具有时间和空间上的覆盖性,涉及所有人的个人信息的收集利用,但其对个人信息的收集利用不能侵犯个人私人生活、也不能侵犯个人信息相关的隐私权、生命权、财产权。从广泛的个人信息收集来看,需要通过个人信息权益与公共权力博弈确定公共利益所需的个人信息收集限度和范围,以及制定必要的法律法规和管理制度,这就需要公众参与以民主协商确认,这一层面的个人信息收集利用,可称为制度法规层面的利用,强调权力运行必须与公众参与密切结合,遵循的是一般公开程序。另一层面,在利用公共视频监控收集具体个人信息做出行政决定和处罚、犯罪追诉时,个人信息指向了具体的个人,从保护个人隐私出发,这时个人信息的收集使用就只能向特定个人公开,具体表现为行政决策的特定公开。行政主体可以主动公开信息,利益相关人也可以自己提出获取必要信息的请求,前提是行政程序法律规范赋予了利益相关人相应的权利。这一层面遵循的是特定公开程序,所公开的信息涉及行政行为产生的方式和方法,权益权衡的理由和论据,在透明的行政执法程序中,公众能够了解行政行为到底是如何做出的。总体上看,一般公开程序中不能涉及特定个人信息,但因为是针对个人信息收集使用的制度设计的公开,关涉后续个人信息使用与具体个人的关联,因而是必要的公开程序;特定程序是指因个人信息使用而向个人信息主体的公开,对于个人信息主体以外的人而言,适用的是不公开或保密程序。

作为行政公开的基本法规依据,我国在 2007 年出台了《政府信息公开条例》,有力推进了行政权力的公开透明行使,2019 年 5 月 15 日《政府信息公开条例》修订后施行,十年间人民群众对政府信息公开的需求发生了很大的变化,法治环境也发生了很大的变化。从政府信息公开到全面的政务公开,其第 5 条明确了政府信息公开的原则,即“行政机关公开政府信息,应当坚持以公开为常态、不公开为例外，遵循公正、公平、合法、便民的原则”。

总的来看，《政府信息公开条例》中要求政府必须公开的信息以公共信息为主，包括关系到不特定多数人的切身利益、需要社会广泛知晓、具有公益性的各类信息，如扶贫、教育、医疗、社会保障、就业、行政事业性收费项目、突发事件应对、社会公益事业建设、抢险救灾、优抚、救济、社会捐助，等等。在推进重点领域信息公开中，强调着力推进财政预决算、公共资源配置、重大建设项目批准和实施、社会公益事业建设等领域的政府信息公开。各级行政机关对涉及公民、法人或其他组织权利和义务的规范性文件，都要按照政府信息公开要求和程序予以公布。规范性文件清理结果要向社会公开。这些信息都是针对不特定多数人的政府信息，通常在政府抽象性行政行为中体现出来，是政府主动公开的信息。上述信息因其不特定指向，似乎并不与个人信息相关，但是像突发事件应对、社会公益事业建设等的具体落实就会包含对集群个人信息的收集和利用，而公共资源配置基础上的公共视频监控安装经费支出、安装项目批准和实施等虽然不与个人信息直接相关，但是涉及收集个人信息的公共财政投入，也是需要通过透明程序进行监督的。所以，这些信息的公开并不绝对排除对个人信息的程序性保障，其可以通过一般公开程序，在不特定多数人利益维护的程序中实现对于程序中个体的权利保障。

政府信息公开也包括个体性信息。个体信息是行政机关依职权制作或获取的、直接或间接涉及特定个体身份特征的政府信息，一般指向属于具体行政行为的政府信息。个体信息包括个人信息和营利法人以及其他商事组织的信息。有学者研究指出，个体信息具有两个特点：一是从信息的内容来看，具有可以识别信息主体身份的特点，如自然人的姓名、身份证号码、肖像、户籍、指纹等；法人或者其他组织的名称、商号、统一社会信用代码、纳税证明等信息；

或者表明信息主体特性的内容。二是从信息公开的后果来看，大部分个体信息的公开将对信息主体的利益产生直接或者间接的正面或负面影响。对个体信息的公开，应当遵循平衡原则，即平衡好维护公共利益和维护个体信息利益主体的关系。一方面要防止对公共利益优先原则的不当扩大和误读，片面地认为只要为了公共利益需要就可以牺牲一切个体利益；另一方面也要防止对个体利益的过度保护，当公开所保护的公共利益或他人利益大于不公开所保护的个体利益时，政府机关应当公开个体信息。[1] 这里学者讨论的是个体信息的公开是否是面向社会大众的公开，笔者认为，个人信息的公开应该坚持向本人公开原则，即做出对于个体不利的决定所依据的信息必须向本人公开。涉及他人利益时，以保障个人隐私为前提考量，首先征求信息主体的意见，再通过衡量个人隐私与公共利益的关系决定是否向本人以外的他人或社会公开。公共视频监控中的个人信息公开一直都存在个人隐私保护与公众知情权的关系协调问题，就视频监控中获取的个人信息而言，除了信息主体可以要求公开外，其他当事人为了取证或维权也有权申请公开，但是如何公开，就是一个权衡问题，这在《政府信息公开条例》中是作为公开的例外来处理的。其第 15 条规定，涉及商业秘密、个人隐私等公开会对第三方合法权益造成损害的政府信息，行政机关不得公开。但是，第三方同意公开或者行政机关认为不公开会对公共利益造成重大影响的，予以公开。《政府信息公开条例》做出了原则规定，具体如何权衡还需要在具体行政权领域展开。

总之，“阳光是最好的防腐剂”的观念已经深入人心。信息公开的实质就是通过建立透明的政府决策行为的过程，让政府决策与决

---

〔1〕 参见刘平：《政府信息公开，哪些是必须，哪些是例外？》，载《中国法律评论》2016 年第 4 期。

定过程及其要素置于公民的审视、评判与监督之下，由此规范政府的行为，从而达到防止权力滥用的目的。[1] 公共视频监控如何收集个人信息、通过视频监控收集的个人信息怎样进入公权力利用领域，这些问题必须通过对公共视频监控安装与使用的全过程进行程序控制来实现，这也是个人信息程序保护所必然要求的，也即，公共视频监控程序控制包括对包含个人信息的公共信息的公开，也包括对个人信息的公开，但公共信息和个人信息公开所遵循的公开原则是明显不同的，甚至可以说是截然相反的：公共信息遵循的是“以公开为前提，不公开为例外”的原则；而个人信息则遵循“以不公开为前提，公开为例外”的原则，即个人信息不能向公众公开，但是对于个人信息主体而言必须向其公开，若基于公共利益的需要，经当事人同意或行政机关决定也可以向个人信息主体以外的当事人公开。

四、个人信息收集利用的知情与自我控制程序

知情权是公民行使表达、参与、监督、选举等诸权利的前提和基础。从个人隐私权保护出发，公共视频监控中的个人信息主体有知情权并通过知情实现对于个人信息利用的控制。但是随着大数据技术的发展，前信息时代建立的个人信息知情与自决权已经发生了改变，需要结合时代要求对于个人信息的知情同意进行程序上的重塑。

（一）知情同意原则的演变

前信息化时代，以欧盟和美国为代表的西方国家已经建立了成熟的个人信息法律保护制度，在个人信息收集和处理中，知情同意

---

〔1〕 参见王锡锌：《以信息公开作为治理改革的最佳支点》，载《中国法律评论》2015 年第 2 期。

原则是具有“帝王条款”意义的基本原则，恰如意思自治原则在民法中的地位。[1] 知情同意建立在对个人自主价值承认的基础上，个人有权自主控制个人信息，因此，凡是针对个人信息进行的收集使用都必须向信息主体告知并得到信息主体的同意。但正如本书开篇所述，当进入大数据时代，知情同意原则便陷入重重困境。信息的密集收集、频繁处理和多方共享加大了有效同意获取的难度与成本，严苛的同意要求成为阻碍大数据信息利用的绊脚石。个人在面对隐私政策中的海量专业信息时，很少阅读而大多直接点击同意，专业信息的有效性大打折扣。[2] 由此引发了大数据时代个人信息知情同意原则新的研究热潮。

极端的观点认为，个人信息知情同意原则已经没有存在的必要了，因为在大数据时代，个人信息处理行为的规制原则应是防止滥用，而非严格保护，故对个人信息处理行为是否具有正当性的考察宜采用责任规则及事后判断的方式，同意不应是个人信息处理的正当性基础。应通过赋予信息主体删除权，并构建一种“宽进严出 + 删除权”的个人信息保护策略，可以在合理保护信息主体权益的基础上最大程度利用个人信息，推动经济的发展和社会的进步。[3]

更多的学者认为从个人自治的价值保护出发，虽然知情同意原则面临适用上的困境，但还是有保留的必要，知情同意原则不能轻易废弃。有学者指出，知情同意原则适用的效果不理想并不代表它不重要，更不能否定其存在的必要性和正当性。要破解同意困境，需要明确知情同意原则适用的范围和形式，更需要有专业的政府部

---

〔1〕 参见齐爱民：《信息法原论》，武汉大学出版社 2010 年版，第 58 页。

〔2〕 参见田野：《大数据时代知情同意原则的困境与出路——以生物资料库的个人信息保护为例》，载《法制与社会发展》2018 年第 6 期。

〔3〕 参见任龙龙：《论同意不是个人信息处理的正当性基础》，载《政治与法律》2016 年第 1 期。

门对处理个人信息的全过程予以监管。[1] 但在大数据时代背景下，知情同意原则需做出必要的调整。应正确处理同意与其他个人信息处理正当理由之间的关系、规范知情同意原则的具体制度设计以及进一步改善隐私政策，促进知情同意原则效果的实现，强化同意原则的正当性。[2] 有学者认为应结合个人信息利用的不同阶段决定是否需要适用知情同意原则，在初始利用阶段，通过事前判断的方式分别适用明示同意和默示同意；在二次利用阶段，则设置责任规则促进数据流通，采用事后判断的方式救济信息主体，同意规定此时不再有适用的空间。[3] 有学者基于个人敏感信息和个人一般信息二维视角的分析，同意在个人信息处理中应该类型化适用：在个人敏感信息的处理中仍适用同意规定，在个人一般信息的处理中并不存在同意适用的空间。[4] 还有学者将个人信息分为人格紧密型个人信息和人格疏远型个人信息，认为，人格紧密型个人信息与人格尊严密切相关，同意要件应为积极同意；而人格疏远型个人信息与人格尊严相对较疏远，同意要件应为消极同意。基于个人信息类型化研究，建议司法裁判者区分适用个人信息商业利用的同意要件，以实现个人信息保护与信息利用的平衡。[5]

保留的观点主要采取了结果责任制部分或全部取代了个人信息知情同意原则。总的来看，个人信息保护的知情同意原则，不宜追求形式上的绝对化，而应转向更加具体的实质化，以期在真正有

---

〔1〕 参见徐丽枝：《个人信息处理中同意原则适用的困境与破解思路》，载《图书情报知识》2017 年第 1 期。

〔2〕 参见王籍慧：《个人信息处理中同意原则的正当性——基于同意原则双重困境的视角》，载《江西社会科学》2018 年第 6 期。

〔3〕 参见姬蕾蕾：《论个人信息利用中同意要件的规范重塑》，载《图书馆》2018 年第 12 期。

〔4〕 参见汤敏：《论同意在个人信息处理中的作用——基于个人敏感信息和个人一般信息二维视角》，载《天府新论》2018 年第 2 期。

〔5〕 参见项定宜、申建平：《个人信息商业利用同意要件研究——以个人信息类型化为视角》，载《北方法学》2017 年第 5 期。

效保护个人信息的同时,也鼓励企业更加积极而有效地开展数据活动。一方面,数据活动应获得用户清晰和明确的同意,即使个人一般信息亦然;信息主体的同意应当符合可期待性要求。另一方面,为了实现与数据活动的平衡,应当为数据活动提供必要法律豁免。此外,还可以通过引入个人信息匿名化以获得知情同意豁免的方式,鼓励和促进企业在有效开发数据和保护个人信息上齐头并进。[1]

通过对上述观点的梳理,可以看出,个人信息知情同意原则确已在无处不在的大数据收集与多元转移利用中丧失了严格的规范和约束性,但是如果依然承认大数据时代信息主体的自主决定权,承认个人信息的主体独立地位,承认个人隐私权保护,就必须通过制度调整知情同意原则的适用。笔者认为,大数据时代个人信息的数据化存在,导致了知情与同意之间关系的复杂性,一方面,数据收集过程中面对个人数据化存在,知情与同意并不能截然分开,点击进入网络本身就是知情并同意的结果;另一方面,大数据处理背景下,个体知情同意往往并没有实质性意义,通过民主参与在规则、算法制定层面的集体性或代议性知情更有利于个人信息的保护。因此,大数据时代个人信息知情同意原则中知情远比同意更为重要和务实,而同意往往需要经过转化才能实现,这就需要重新设计知情同意原则适用的机制。

实践中,个人信息知情同意原则在私法领域的适用强制性要求比较高,网络平台和商家必须基于个人信息的知情同意才能取得对个人信息的合理使用,虽然有些知情同意仅具有形式化作用,但是依然是私法保护个人信息所主张的必要原则。但是基于公共利益

---

〔1〕 参见林洹民:《个人信息保护中知情同意原则的困境与出路》,载《北京航空航天大学学报(社会科学版)》2018 年第 3 期。

的个人信息利用,则需要面对个人信息权益与公共利益之间的博弈与平衡,个人信息知情同意原则会在公共利益的基础上进行必要的变通。就公共视频监控权力运用而言,通过安装视频监控设备维护社会治安、预防犯罪已经成为信息技术下各国政府的常规做法,在对安装视频监控的公共区域以及公共场所界定过程中,需要单个信息主体知情同意的原则被整合到了公共利益正当性的民主论证中。因此,在面对公共视频监控权力行使时,个人信息的自决权价值并没有丧失,但是需要结合公共利益与私人利益的平衡,在充分考虑个人信息的利用价值基础上,在民主参与、透明公开等程序的整合下实现个人信息的知情同意。也即,知情同意原则的重塑应以问题为导向,针对其面对大数据的种种不适而展开。应对小数据时代的知情同意原则进行改造,保留信息自决的精神内核,以大数据为坐标系,设计新的知情同意模式。新的制度设计应保有足够的弹性,以应对大数据处理的种种复杂情境。从整齐划一的同意向分层的同意转变、从一次性同意向可更新的动态同意转变,应成为制度设计的基本思路。[1]

(二)公共视频监控安装的同意与一般告知程序

因为个人信息的资源特征,其综合开发利用的效用已经呈现,并越来越有深入挖掘的必要。例如,随着人工智能的迅速发展和大数据的广泛应用,"智慧"一词,不再仅仅用来形容人类,还可以形容一座城市或一个国家。杭州作为中国信息化、数字化建设的领先城市,近年来在智慧政务、智慧公共服务和智慧产业等领域,以数字化、智能化带动技术、管理、服务、产业创新,努力打造"国内领先、世界一流"的"智慧城市"。以交通为例,试点路段的摄像头都改装成

---

〔1〕 参见田野:《大数据时代知情同意原则的困境与出路——以生物资料库的个人信息保护为例》,载《法制与社会发展》2018年第6期。

了“智能摄像头”，通过视频分析，实时掌握各个交叉路口的车流量并灵活地进行红绿灯的调控。“人脸识别”支付功能的广泛推广，使视频捕捉个人信息更为精准。[1] 智慧城市是大数据技术应用的发展方向，其公共利益不言而喻，但是在哪些领域安装、如何进行视频监控整合、视频监控的技术水平利用等不能是政府单方推进，而应该让民众广泛参与。这种参与是公共利益基础上的知情同意，代表了公共视频监控安装利用的正当性论证。因此，在公共视频监控领域中应该从公共视频监控安装开始开启公众知情程序，广泛邀请民意代表，在符合法律规范的基础上告知政府的规划以及智慧城市建设可能的实效，并通过人大的权力监督以及代表参与程序实现对公共视频监控的利用、安装的知情同意。

基于公共利益的代表参加的知情同意是代议制知情同意，代议制同意后，不需要再征求每一个信息主体的同意，但是视频监控安装后是对每个个体的行为和活动轨迹进行收集和利用，因此，对每个公共场所活动的个体而言，应该对公共视频监控的存在有知情权，安装机关必须履行告知义务。所谓个体性告知，是指政府相关部门在处理个人信息之前，应将其信息处理的目的和范围等信息明确告知当事人，使当事人根据被告知的内容衡量利弊，从而规范与约束自己的行为，起到通过视频监控威慑与减少违法犯罪的目的。告知的目的是能够让当事人真正评估其公共场所的行为，并真正落实个人信息决定权。在安装公共视频监控的场所和具体地点进行明示告知就是对于个体知情权的尊重和落实。明示标识必须清晰、易见并应有明白的告知或提示。我国已经制定了《公共安全视频监控区域标志设置规范》，基本上实现了在治安和交通方面的公共视

---

〔1〕 参见《杭州：“智慧城市”正悄然走来》，载 http://www.cac.gov.cn/2018-05/21/c_1122861815.htm。

频监控区域的统一明示规范。随着大数据的深度挖掘和智慧城市建设中的对各种视频监控收集个人信息的广泛综合运用,除了治安与交通秩序维护涉及的个人行踪行为信息外,视频监控还能收集个人支付、个人医疗、个人教育、个人购物、个人停车等几乎全方位的行踪轨迹,因此,视频监控的明示也应该整合所有的安装区域,而因为视频监控安装的目的各不相同,在明示标志中应该添加视频监控的具体类型以及收集信息类型的简单说明,从而全方位保障个人信息主体的知情权。

(三)公共视频监控特别告知程序

通过代议制同意以及明示告知其实是以民主取代了单个个人同意的决定程序,这是大数据时代个人信息的资源性特征以及收集利用的特点决定的,这表明,因为个人信息利用的公共利益目的性以及大数据处理的集群性,个人信息的自我控制已经被限缩,但是绝不意味着完全取消个人信息的知情同意,至少在个人信息主体针对自身信息的收集利用方面应该保留,即公权力机关利用公共视频监控收集个人信息后对个人做出具体行政行为的领域。

就单个具体行政行为而言,如果具体行政行为的做出是以视频监控的图像作为证据,如交通违章行为的处罚,那么具体行政行为所针对的相对人有权查看视频监控图像信息,行政机关对于视频监控图像信息的真实性也负有举证责任。在通过视频监控图像进行行政违法行为处理时,行政机关还必须遵守及时性以及明确告知的程序要求。也即,在违法行为发生的必要时间限度内及时做出处罚,不要故意放任当事人不知情的违法行为,例如,同一地点多次违章被视频监控拍摄的处罚问题,就涉及交警部门是否按照程序要求及时处理以及履行了告知义务。2008 年 11 月 17 日公安部部长办公会议通过了修订后的《道路交通安全违法行为处理程序规定》(以下简称《规定》)，[1]该《规定》就视频监控图像作为证据使用进行了程序上的详细规定，其中第18条、第19条、第20条对记录资料的要素(时间、地点、事实)以及记录资料之日起10日内录入、录入后3日内提供查询等程序时限做了明确规定，从而使视频监控图像资料针对个人信息主体的告知原则得以实现。个人可以对违法记录进行查询，同时也有权对违法记录的真实性以及是否应该作为处罚的证据等提出异议，对于特殊情况下违法行为不成立的记录有权要求删除。《规定》在道路交通安全管理方面做了很好的程序规定示范。

随着大数据挖掘技术的应用，通过整合各种类型的个人信息，政府可以形成对于个人信用等的完整评测，信息不仅是权力的资本，通过大数据联网应用，拥有信息本身也成为形塑社会秩序的一股不可忽视的重要力量。[2] 在构建"一处失信、处处受限"的信用惩戒大格局下，失信惩戒被广泛运用到金融、市场监管、交通运输、教育、科研以及公务员招考等领域，毫不夸张地说，在我国社会治理中失信惩戒措施不仅被常态化了，而且已经渗透到了人们生活的方方面面。[3] 一旦数据人格认证偏差会给信息主体带来难以想象的麻烦，而信用恢复的滞后性往往不足以弥补当事人人格权受到的损害。最后，在数据人格画像下，信息主体极易变为规训的客体，政府对公共信用信息的收集、加工、评价、共享、应用，以及发布严重失信名单等活动不可避免地会对公民的个人信息权益、人格权、平等权

---

〔1〕 参见《道路交通安全违法行为处理程序规定》(全文)，自2009年4月1日起施行。载 http://www.china.com.cn/policy/txt/2008-12/25/content_17009119.htm。

〔2〕 参见王冬梅:《信息权力:形塑社会秩序的重要力量》，载《天津社会科学》2010年第4期。

〔3〕 参见卢护锋:《失信惩戒措施设定与实施的理论图景》，载《学术研究》2019年第12期。

及其他基本权利产生重大的影响。[1] 在目前我国的社会信用体现建设中,黑名单制度、失信被执行人曝光等都是通过个人信息利用对当事人施加不利的行政行为。[2] 在社会信用体系建构中,个人知情就非常重要,既涉及信用信息收集与利用的知情同意,也涉及对信用信息本身的知情与质疑,例如,个人信息记录是否准确,整合的各种信息是否精准。个人信息主体有权随时查看个人信息的记录情况并提出对于错误记录的个人信息的更改与修正。

(四)公共视频监控图像信息的删除请求程序

被遗忘权的源头在于欧盟1995年颁布的《关于保护个人数据和此类数据的自由流动的指令(95/46/EC)》(以下简称《数据保护指令》)中的目的性限制原则,2016年取代《数据保护指令》的《一般数据保护条例》中正式以立法的形式规定了"被遗忘权",我国也在2015年"任某某与北京百度网讯科技有限公司人格权纠纷案"中出现了被遗忘权的诉求。有学者认为,被遗忘权不宜作为一种新型的独立权利,应纳入个人信息权中整体设计,[3] 也有学者坚决维护被遗忘权的独立权利地位,认为被遗忘权源于自然人获得谅解、维持人格特质以及保护人格尊严与个人生活安宁的需求,以回应网络社会信息去中心化、存储永久化和获取便利化的挑战,被遗忘权具有必要性和不可替代性,应以信息价值和生命周期为基础构建权利体系,删除作为处置措施应有终极性和谦抑性。被遗忘权应与言论和信息自由、历史和统计研究需要以及公共利益进行利益衡量。[4] 无论被遗忘权是否需要法律独立保护,从个人信息主体的知情控制角

---

[1] 参见沈毅龙:《公共信用立法的合宪性考察与调整》,载《行政法学研究》2019年第1期。

[2] 参见沈岿:《社会信用体系建设的法治之道》,载《中国法学》2019年第5期。

[3] 参见郑志峰:《网络社会的被遗忘权研究》,载《法商研究》2015年第6期。

[4] 参见满洪杰:《被遗忘权的解析与构建:作为网络时代信息价值纠偏机制的研究》,载《法制与社会发展》2018年第2期。

度来看，大数据时代个人信息的被遗忘主张非常必要，尤其是在个人信息自我控制逐渐失去阵地的情况下，主张对个人信息进行删除的权利是个人自我决定权的当然内容。

被遗忘权的主要内容是个人信息的删除请求，就公共视频监控采集的个人图像信息而言，从采集信息维护公共秩序、公共安全的目的来看，视频监控收集的信息主要用以发现违法和犯罪线索并作为违法犯罪追诉的证据使用，但因公共场所图像信息采集的广泛性，能够直接确认不属于违法嫌疑的图像信息应该规定保存的期限并及时进行删除处理。不同收集目的产生的图像信息有不同的使用期限要求，例如交通安全监控视频图像、环保排污监控图像等，就需要对于没有违法记录的图像定期清理，而用于社会治安维护的图像信息则需要结合重点部位的治安维护需要，比如交通要道、人群密集的公共场所、娱乐场所出入口等进行不同的图像信息保留期限设计，分类规定需要删除的时间限度。在一般删除期限程序要求下，个人信息主体对于已经接受处理的违章记录等有请求删除的权利，而在社会信用制度建构中，可以通过社会义务承担等换取轻微违法记录的消除等。承认被遗忘权，不仅可以给违法者以改过自新机会，也会促进社会良善风气形成。有学者认为，当下我国被遗忘权应重点适用于事后救济，即当采集、处理过往的负面信息，对外披露或基于这些信息做出对主体不利的决定时，信息主体就可援引被遗忘权。被遗忘权应从现行适用的领域——青少年犯罪的档案封存制度扩展到如劳动就业、消费者保护、预防犯罪等领域。法律可以限制当强势方可能做出对弱势方不利的决定时，能够采集、查阅、使用的弱势方的信息范围。可通过负面信息的储存期限及诸如证据排除规则、非歧视规则等方法，来增加对公平决策的监管。[1]

在大数据技术支持下的智慧政府建设将会越来越广泛使用视频监控图像信息，从传统的公共安全、秩序维护到社会信用评价以及公共服务，似乎公共视频监控图像信息留存的时间越长越好，而技术也已经不是问题，但是基于过往负面个人信息记录的个人评价或公共服务提供会造成歧视和不公平待遇来看，应允许信息主体提出删除权请求，并设计相应的程序。

五、个人信息保护监督与救济程序

无救济就无权利。上述个人信息保护的程序原则虽然是为了保护个人信息实体权利而设，但是程序本身也是一种权利，无论是个人信息实体权利还是程序权利都需要借助于监督和救济程序得到最终的保障。从个人信息利用的公共利益价值与私益保护的平衡出发，个人信息权益保障的监督救济程序可分为基于公益的民主参与权利的救济以及基于个人权利保护的救济程序两个层次。

（一）个人信息民主参与权利的救济程序

个人信息民主参与是通过代议制实现的，代议制的结果是形成关于公共视频监控的法律法规，但是民意基础上通过的法律法规因为民意本身是否真实等，也会造成对公民权利的侵犯和剥夺，因此需要运用合宪性审查制度实现对民主立法的监督。由此公共视频监控的法律法规必须接受基于公民基本权利保护的合法合宪审查。通过我国《立法法》设计的公民提起规范性文件审查建议启动合法合宪审查程序，可以实现对于公共视频监控立法的监督。

---

〔1〕 参见李媛：《被遗忘权之反思与建构》，载《华东政法大学学报》2019 年第 2 期。

公民法规审查建议权[1](以下简称公民建议权)是2000年实施的《立法法》具体规定的,与五大国家机关的审查要求权从来没有行使过相比,公民建议权的行使从一开始就表现活跃,并在推进规范性文件合宪审查制度中被寄予厚望。以2003年孙志刚案为代表,收容遣送、劳动教养、拆迁条例[2]等直接与公民权益相关的规范性文件的废改都与公民建议有关。客观上来看,公民建议权的积极行使,对于全国人大常委会备案审查制度的完善起到了推动作用。党的十八大以来,备案审查被定位为完善宪法监督制度的"重要着力点",全国人大常委会积极推进"有件必备、有备必审、有错必纠"的全覆盖备案审查制度建构。[3] 2015年《立法法》修改,增加了对公民建议进行反馈的规定。2017年12月24日,全国人大常委会法制工作委员会首次向全国人大常委会做了《关于十二届全国人大以来暨2017年备案审查工作情况的报告》,2018年12月24日《全国人民代表大会常务委员会法制工作委员会关于2018年备案审查工作情况的报告》递交到第十三届全国人民代表大会常务委员会审议,

---

〔1〕 2000年《立法法》对行政法规、地方性法规、自治条例和单行条例报全国人大常委会备案审查进行了详细规定,全国人大常委会法制工作委员会于2004年专门设立了"法规备案审查室"具体实施此项工作,该制度通常被简称为法规审查制度或法规备案审查制度,参见叶海波:《论法规审查机制的完善》,载《厦门特区党校学报》2008年第3期;张筱倜:《〈立法法〉修改后我国法规备案审查制度的再检视》,载《理论月刊》2016年第1期;陈道英:《全国人大常委会法规备案审查制度研究》,载《政治与法律》2017年第7期;林彦:《法规审查制度运行的双重悖论》,载《中外法学》2018年第4期。最近也有学者把我国所有层次的备案审查统称为法规备案审查机制,参见胡锦光:《论法规备案审查与合宪性审查的关系》,载《华东政法大学学报》2018年第4期。本书使用的法规(备案)审查指的是全国人大常委会的备案审查工作。

〔2〕 2000年《立法法》颁布后,公民就开始积极行使审查建议权,包括孙志刚案在内的诸多公民审查建议权都引起了较大的社会反响,参见郑磊:《宪法审查的启动要件》,法律出版社2009年版,第229页,注解1。

〔3〕 参见沈春耀:《全国人民代表大会常务委员会法制工作委员会关于十二届全国人大以来暨2017年备案审查工作情况的报告——2017年12月24日在第十二届全国人民代表大会常务委员会第三十一次会议上》,载《中国人大》2018年第1期。

并宣布将常态化地每年将该制度实施情况向常委会报告,[1]2019 年 12 月 25 日沈春耀在第十三届全国人民代表大会常务委员会第十五次会议上做了《全国人民代表大会常务委员会法制工作委员会关于 2019 年备案审查工作情况的报告》,[2]最受社会关注的公民建议权的行使在三次工作报告中得到了集中展示,公民建议成为全国人大常委会法规备案审查的重要动力源。

鉴于公共视频监控权力的行使是收集和利用公民在公共场所的行踪轨迹图像信息,涉及对于私人私密空间以及私人生活等隐私权利的限制,公共场所视频监控立法规制中如何界定公共利益、公共场所以及安装的标准、对收集的个人信息如何使用等都涉及对公民权益的限制和剥夺,是否符合《宪法》和法律权利保护的规定,必须借助于公民合宪审查启动权的程序设计进行完善。目前我国的备案审查制度还不完善,但是党的十八大之后,全方位备案审查制度已经建立,结合实践经验的总结,有望通过完善公民审查启动程序实现对于公共视频监控立法的救济。

2015 年 6 月,全国人大常委会副秘书长信春鹰在《立法法》修改后专文强调"从宪法监督的高度认识备案审查制度的重要性",指出备案审查不仅是"一项宪法性制度",而且"也是一项重要的宪法监督制度"。[3] 该项制度的推动离不开公民建议这一动力源,必须以公民建议为突破口,尽快实现宪法监督制度下的备案审查制度建设。2017 年首份备案审查工作报告已经透露,法工委目前正在抓紧

---

〔1〕 参见《2018 年 12 月 24 日全国人大常委会法制工作委员会主任沈春耀在第十三届全国人民代表大会常务委员会第七次会议上做的〈全国人民代表大会常务委员会法制工作委员会关于 2018 年备案审查工作情况的报告〉》,载《中国法律评论》2018 年第 6 期。

〔2〕 参见沈春耀:《全国人民代表大会常务委员会法制工作委员会关于 2019 年备案审查工作情况的报告——2019 年 12 月 25 日在第十三届全国人民代表大会常务委员会第十五次会议上》,载《中国人大》2020 年第 5 期。

〔3〕 参见信春鹰:《加强备案审查制度和能力建设 完善宪法法律监督机制》,载中国人大网,http://www.npc.gov.cn/npc/bmzz/llyjh/2016-06/06/content_1991128.htm。

研究起草“备案审查工作规范”,以便进一步明确审查范围、标准、程序和纠正措施等,健全相关工作机制。但是,结合实践中出现的问题,有的放矢才能真正推动制度进步。在公民建议权行使的法治化方面,应该结合实践运行的情况,在全覆盖备案审查工作建设的大目标下,以公民权利保障为依归进行制度设计,方能真正发挥公民启动备案审查的效用。

(二)个人信息权利救济程序

本书前面论述的个人信息保护程序都是在公共视频监控收集利用过程中对于监控权力的规制,可以看成是权力行使的事前或事中控制,目的是防止权力滥用。但是,权力一旦滥用,对于公民权利的侵犯已经造成,则还需要对权力行使的后果进行救济。

公共视频监控收集了公民在公共场所的行踪轨迹信息,随着视频监控的全方位覆盖以及大数据技术的应用,视频监控收集的个人信息不仅包括信息本人的行动信息,也包括财产信息、医疗信息、交易信息等全方位的个人信息,对于这些个人信息的滥用主要表现为个人信息泄露、买卖以及利用个人信息直接进行人身权、财产权侵权,基于错误的个人信息做出对公民不利的行政决定等。就严重的侵犯公民个人信息造成的人身权、财产权损害,我国已经通过刑法进行了规制,2017 年 6 月 1 日起最高人民法院和最高人民检察院联合发布的《解释》开始实施,《解释》是为了应对刑法修正案中侵犯公民个人信息罪的规定过于抽象、无法准确定罪量刑以及法律适用分歧大等诸多问题而制定。《解释》第 5 条把履行职责或者提供服务过程中获得的公民个人信息出售或者提供给他人作为加重情节,认定“情节严重”时相较于其他非法获取、出售或者提供公民个人信息的行为数量减半量刑处理,说明了对于利用权力行为买卖个人信息的严厉打击,这是国家对于个人信息滥用的主动救济。但由于仅以数量衡量,实际损害后果不明显的,往往并不能激发公安机关介入调查立案的积极性。因此,需要公民在发现个人信息被泄漏后通过向公安机关报案或者向公共利益的监督机关检察院提出,促使刑法救济启动。《个人信息保护法》第70条规定,"个人信息处理者违反本法规定处理个人信息,侵害众多个人的权益的,人民检察院、法律规定的消费者组织和由国家网信部门确定的组织可以依法向人民法院提起诉讼。"通过公益诉讼保护个人信息得到了法律确认。

更有效的救济是在个体权益实际受到损害后的救济,这时的启动动力最足,因为,利益的拥有者才能够真正体会利益受侵害的切肤之痛,利益必须要由利益的拥有者自己主张,而利益主张者的目的无非是最终能够实现对于受侵害权益的救济。在我国现有的权利救济体系中,公共视频监控个人信息滥用或泄露导致的个人隐私受到侵害的救济方式包括行政复议、行政诉讼和国家赔偿。但是目前侵犯公民个人信息尚不属于行政复议和行政诉讼的受案范围,还无法进行救济,因此急需通过扩大行政复议、行政诉讼受案范围纳入,给个人信息侵权以救济。由于个人信息侵权通常造成的是当事人隐私泄露的精神性损害,从公共利益目的出发,通常适用于请求停止侵害、消除影响、赔礼道歉的救济方式,例如对于交通违章车主视频曝光而泄露的车主婚外情隐私,通过救济及时进行个人信息撤销与删除等消除影响的处理。只有有实质的财产、人身损害才需要国家赔偿救济。总之,个人信息作为大数据时代的新的公权力侵权内容,急需通过完善纳入现有救济体制中。

第五章　公共安全视频监控政策建构中的个人信息保护

从我国公共视频监控开始使用以及大范围推广来看,公共图像监视启动与发展存在一个由“政策创议——项目推动——法律回应”三个阶段所组成的过程。[1] 也即,我国的公共安全视频监控建设是在政策的指引与推动下展开的。通过政策能对快速变化的信息技术利用做出迅速反应。在我国,随着监控摄像技术和网络的发展,由重点的社会治安防控走向了全面的社会治安综合防控。而随着网络信息和大数据技术的出现,借助于公共视频监控的网络化建设,社会治安综合防控与网格化基层治理相结合发挥更大效用,其社会治安维护的功能也扩散在智慧安全以及其他智慧服务功能方面。但是,由于政策的分散性,地方政府在具体落实时往往不能准确理解政策的精神,表现在地方治

〔1〕 参见刘建军:《我国公共场所图像监视法律治理路径分析》,载《政法论丛》2012 年第 1 期。

理中，借助于全覆盖的公共视频监控系统实现网格化的社会治安预防和控制功能越发强大，以服务与管理为目的的智慧化利用功能发展缓慢。另外，值得注意的是，以政策创议引导的公共视频监控系统建设虽然能够及时对技术进步和社会治理做出反应，但是政策的灵活与概括性不利于权力的规范行使，尤其是因为公共视频监控收集与利用个人信息直接涉及对公民权利的限制和剥夺，如果权力范围不明确、权力行使不受制约就会导致权力的滥用和腐败。由此，以政策导引的公共视频监控建设需要从公民权利保护入手进行立法落实。而正确解读政策是公共视频监控走向法治化的关键。在党的十八大确定了“良法善治”的法治国家建设目标后，公共安全视频监控的立法工作提上了议事日程。本章将对我国目前公共视频监控以及升级版的智慧城市、智慧社会建设中的政策文件进行解读，拟在政策创议推进公共视频监控利用中明确个人信息立法保护的重要价值。

一、社会治安综合治理的政策目标实现

社会治安综合治理是公共视频监控系统安装使用最初的目的，也一直是政府社会治理中处于基础和重要地位的目的。我国的社会治安综合治理一直是政策导向的系统工程，随着科技强警，经历了从人防、物防到技防占主导地位的发展过程。人防，是指利用人们自身的传感器（眼、耳等）进行探测，发现妨害或破坏安全的目标，做出反应；物防，是指利用建筑物、围墙、栅栏、门窗等实体物所进行的防范，其主要作用在于组织或推迟危险的发生，为相应主体的“反应”提供足够的时间，现代的实体防范不再是被动的、单纯物质屏障的防范，而是越来越多地采用高科技手段，从而把物防与技防结合了起来；技防，在治安防范手段上强调运用光学、声学、化学、电子等现代科技成果来预防或阻止危险或犯罪，进而达到维护治安的目

的。技术防范可以说是人力防范和实体防范在技术手段与功能上的延伸、补充和加强。[1] 随着技术的进步,社会治安综合治理的政策经历了三个发展阶段。

(一)群防群治的社会治安综合治理

直接针对社会治安综合治理出台的文件是1991年2月19日中共中央、国务院发布的《关于加强社会治安综合治理的决定》(以下简称《决定》)。[2] 该决定中提到,中央早在十年前就提出了社会治安综合治理的方针。1991年中央文件的出台背景在于市场经济发展过程中各类犯罪行为对社会安全稳定的危害,因此,《决定》中说,"必须长期坚持依法从重从快严厉打击严重危害社会治安的刑事犯罪活动",并且提出了全面加强综合治理的目标。全面加强综合治理的各项措施要落实到城乡基层单位,基本任务是,"在各级党委和政府的统一领导下,各部门协调一致,齐抓共管,依靠广大人民群众,运用政治的、经济的、行政的、法律的、文化的、教育的等多种手段,整治社会治安,打击犯罪和预防犯罪,保障社会稳定……"各项措施落实到城乡基层单位,是要广泛组织职工、群众,积极协助人民警察,加强城乡治安联防,健全群防群治机制,并充分发挥民兵维护社会治安的作用。大中城市和沿海、沿边地区要组织军、警、民联防。在加强管理的前提下发挥保安服务公司的作用。

通读文件全文,中央1991年提出的社会治安综合治理是一种从城市覆盖到乡村的治安治理,体现了社会治安全方位防控的思路,在当时的技术水平下,全方位的社会治安防控除了提到要利用政治的、法律的、行政的、经济的、文化的、教育的等多种手段外,主要依靠群防群治实现,也即人防战略。"动员和组织全社会的力量",体

---

[1] 参见康树华等主编:《犯罪学大辞书》,甘肃人民出版社1995年版,第462页。

[2] 参见《中共中央、国务院关于加强社会治安综合治理的决定》(1991年2月19日),载http://www.chinalawedu.com/falvfagui/fg22598/7081.shtml,最后访问日期:2020年9月1日。

现了社会治安治理的人民群众广泛参与,并确立了属地管辖原则。

这一政策文件通过当年全国人大常委会的《决定》得以进一步明确。同年,中央成立了社会治安综合治理委员会,指导和协调全国社会治安综合治理工作。应该看到,当年的社会治安综合治理主要是针对市场经济建设过程中出现的严重刑事犯罪的防治,由于法治本身并不完善,尤其是刑法和刑诉都很不完备,因此带有严重的"严打"思维。同时由于技防手段尚不发达,除了涉及在社会治安防控以及刑事追诉中对犯罪嫌疑人的权利保护不力、疑罪从无原则落实不够前提下发生错案而侵犯包含人格尊严、隐私权在内的公民权利外,普遍意义上的个人隐私权的侵犯并没有发生,也不涉及个人信息利用和保护的问题。

(二)技防手段广泛使用的社会治安综合治理

在《决定》出台十年之后,2001 年 9 月 5 日中共中央、国务院发布了《关于进一步加强社会治安综合治理的意见》(以下简称《意见》),确立了"打防结合,预防为主"这一做好社会治安综合治理工作的指导方针。要坚持打击与防范并举,治标和治本兼顾,重在防范,重在治本。《意见》中继续强调,打击犯罪是社会治安综合治理的首要环节,必须毫不动摇地依法从重从快严厉打击严重刑事犯罪活动,整治治安混乱的地区,解决突出的治安问题。《意见》将打击犯罪进一步与预防犯罪结合起来,指出,预防犯罪是维护社会治安秩序的积极措施,要进一步把严打、严管、严防、严治有机结合起来,并继续根据"属地原则"把乡镇(街道)的综合治理工作作为基础性工作来落实。

从事后的打击到事前的预防,借助的是科技的力量。这一时期的社会治安综合治理转向以技术为支撑的物防和技防,并通过具体的"科技强警"和"平安建设"政策创议不断推进。"科技强警"的政策创议是在 2003 年 11 月 18 日《中共中央关于进一步加强和改进公安工作的决定》发布后展开的，与科技强警相配套的项目是“金盾工程”，它以信息为基础，以计算机网络为依据，建立了全国联网的庞大的信息工程。共建立了八大信息资源系统：全国人口基本信息资源系统、全国警员基本信息资源系统、全国出入境人员信息资源系统、全国在逃人员信息资源系统、全国违法犯罪人员信息资源系统、全国被盗抢汽车信息资源系统、全国机动车/驾驶员信息资源系统、全国安全重点单位信息资源系统。极大地提高了刑事侦查侦破案件的效率和能力。[1] 尤其是全国人口基本信息资源系统的建立，奠定了身份认证的资源基础，在刑事犯罪嫌疑人身份认定以及重点对象管理方面发挥了重要作用。

对我国公共图像监控发展具有更为直接的影响和推动的是“平安建设”政策的出台。2005 年 10 月 21 日中共中央办公厅、国务院办公厅转发《中央政法委员会、中央社会治安综合治理委员会关于深入开展平安建设的意见》，指出推动平安建设向纵深发展，在平安建设的主要措施中要大力加强社会治安防范工作，把工作重点等切实转移到预防为主上来，特别是有效提升技术防范水平，在主要街道、商业繁华区、重点要害部位、治安复杂场所和重点单位广泛实行技术防范，把技术防范措施逐步推广落实到社区、企事业单位和家庭。[2] 这里提到的技术防范措施就是“天网工程”。“天网工程”是指为满足城市治安防控和城市管理需要，利用图像采集、传输、控制、显示和控制软件等设备组成，对固定区域进行实时监控和信息记录的视频监控系统。“天网工程”整体按照部级——省厅级——

---

〔1〕 参见尚云杰：《论现代科技手段在警务工作中的应用——以 DNA 技术、金盾工程与天网工程的应用为例》，载《科技情报开发与经济》2012 年第 10 期。

〔2〕 参见刘建军：《我国公共场所图像监视法律治理路径分析》，载《政法论丛》2012 年第 1 期。

市县级平台架构部署实施,具有良好的拓展性与融合性。[1]

在政策的指引下,中央政法委牵头,由公安部联合工信部等多个部委共同发起建设"天网工程"这一国家工程,从而建立了以视频监控为技术支撑的城市社会治安综合防控网络。公安部是实现平安建设的主要部门。在公安部2004年启动的"科技强警示范城市建设"和2005年启动的"3111试点工程"中,视频监控系统都是建设的核心目标。过去十年,中国是监控摄像头增长最快的国家。根据咨询公司IHS Markit 2016年的数据,中国共装有1.76亿个监控摄像头。其中由公安系统掌握的有2000万个。今天,人脸识别和智能分析开始成为视频监控的标配。也许在不久的未来,摄像头将直接喊出你的名字。[2]

随着技防产品尤其是公共视频监控的大量安装使用,政策的内容通过项目落实,同时各部委和地方也制定了规范性文件。公安部、国家质量技术监督局以"部委规章"形式出台了《安全技术防范产品管理办法》(2000年),并在附录《安全技术防范产品目录》中第10项列举"报警系统视频监控设备"。各省、自治区和直辖市则多以"地方性法规"或"地方政府规章"形式出台以"公共安全技术防范管理"为对象的规范性文件,自2006年起有立法权的地方政府以"地方政府规章"形式开始陆续制定《公共安全视频图像信息系统管理办法》。但是,上述立法努力都旨在管控技防产品的使用以及赋权政府利用视频监控进行治安防控,面对视频监控带来的公民隐私权、公共场所隐私权以及个人信息权益损害问题,则缺乏具体规范。利用技术手段尤其是视频监控布设推进社会治安防控在政策的推

---

〔1〕 参见百度百科《天网工程》,载 https://baike.baidu.com/item/天网工程/8685336?fr=aladdin,最后访问日期:2020年9月2日。

〔2〕 参见《摄像头如何监控十三亿人》,载 https://www.sohu.com/a/207672722_383724,最后访问日期:2020年9月2日。

动下发展迅速，而法律调整则相对落后。

（三）以公共视频监控为基础的全覆盖社会治安综合治理及其功能扩展

2015 年 4 月，中共中央办公厅、国务院办公厅印发了《关于加强社会治安防控体系建设的意见》（以下简称《体系意见》），该文件提出："为有效应对影响社会安全稳定的突出问题，创新立体化社会治安防控体系"，"着力提高动态化、信息化条件下驾驭社会治安局势能力"，即"以信息化为引领，以基础建设为支撑，坚持系统治理、依法治理、综合治理、源头治理，健全点线面结合、网上网下结合、人防物防技防结合、打防管控结合的立体化社会治安防控体系，确保人民安居乐业、社会安定有序、国家长治久安"[1]。由此可见，社会治安综合治理的预防与治理的核心思想并没有变，但是借助于科技和信息的力量，社会治安防控提升到了立体化建设的高度，立体化防控体系中，预防重于管控，科技信息是支撑，技防是保障。这里的技防手段就是公共安全视频监控系统建设。文件在第三部分"提高社会治安防控体系建设科技水平"中，专门规定了"加快公共安全视频监控系统建设"的内容，指出"高起点规划、有重点有步骤地推进公共安全视频监控建设、联网和应用工作"，在城市建成天网工程的背景下，重点提到，"加大城乡结合部、农村地区公共区域视频监控系统建设力度，逐步实现城乡视频监控一体化"。"推进技防新装备向农村地区延伸。"

在《体系意见》基础上，国家发展改革委、中央综治办、科技部、工业和信息化部、公安部、财政部、人力资源社会保障部、住房城乡建设部、交通运输部九个部门联合发布了 996 号文。996 号文是关

---

〔1〕 中共中央办公厅、国务院办公厅印发《关于加强社会治安防控体系建设的意见》，载 http://www.gov.cn/xinwen/2015-04/13/content_2846013.htm。下文中该文件内容的引用，也出自该处，不再单独引用。

于公共安全视频监控建设的专门文件，这一文件的出台表明公共视频监控在社会治安综合治理体系化建设中的重要地位。文件确立了“到2020年，基本实现‘全域覆盖、全网共享、全时可用、全程可控’的公共安全视频监控建设联网应用，在加强治安防控、优化交通出行、服务城市管理、创新社会治理等方面取得显著成效”的目标。[1] 解读上述目标，公共安全视频监控的联网建设应用为社会治安综合防控体系完善提供了有力的保障。

就视频监控的全覆盖建设而言，在“天网工程”覆盖了城市空间后，视频监控向乡村的扩展就提到了议事日程。推进农村“雪亮工程”建设，出现在2018年1月2日发布的《中共中央国务院关于实施乡村振兴战略的意见》中，“雪亮工程”是以县、乡、村三级综治中心为指挥平台、以综治信息化为支撑、以网格化管理为基础、以公共安全视频监控联网应用为重点的“群众性治安防控工程”。它通过三级综治中心建设把治安防范措施延伸到群众身边，发动社会力量和广大群众共同参与视频监控，共同参与治安防范，从而真正实现治安防控“全覆盖、无死角”。

在全覆盖视频监控体系建设下，公共视频采集的图像信息还可以在治安防控之外发挥社会治理和服务的延伸作用，996号文也指出“鼓励有条件的地方依托公安机关视频图像共享平台，在严格依法、严格审批、安全可控的前提下，逐步开展视频图像信息在城乡社会治理、智能交通、服务民生、生态建设与保护等领域的应用，为社会和群众提供更多更好的服务”。也即公共安全视频监控在大数据技术支持下能够发挥更大的社会治理和服务作用。从政策的连续性上看，网格化的社会治理与智慧城市建设正是公共视频监控扩展

---

〔1〕 参见《关于加强公共安全视频监控建设联网应用工作的若干意见》（发改高技〔2015〕996号），载http://www.ndrc.gov.cn/zcfb/zcfbtz/201505/t20150513_691578.html。

功能实现的体现。在公共视频监控联网应用以及扩展功能下，通过视频监控收集的个人信息将不再限于不超出治安目的使用、不滥用、不泄露的问题，而是如何利用，即如何安全利用、如何有效利用、如何以权利为本的利用问题。

二、网格化政策推进下的公共视频监控功效提升

网格化管理作为依托现代网络技术进行有效基层治理的形式，最早是在2004年由北京市东城区开始的，随后逐步在全国推开。经过多年实践，相关条线部门通过在乡镇街道划分网格，配备网格员，将单元网格内的问题及事件进行实时采集与分类处置，把管理触角延伸至基层末梢，打通服务群众的“最后一公里”，取得了明显的成效。[1] 2005年2月，国家建设部将网格化管理模式正式列入国家“十五”科技攻关计划，同年4月城市网格化管理模式取得了科技成果鉴定证书。2005年建设部《关于公布数字化城市管理试点城市（城区）名单的通知》首次确定在北京市朝阳区、上海市长宁区、南京市鼓楼区和武汉市江汉区等十个城市（区）进行网格化管理试点；天津市河西区、重庆市高新区和万州区、合肥市、石家庄市、郑州市等地先后在2005年、2006年成为第二、三批试点城市（区）。截至2008年也就是试点工作的最后一年，建设部在全国51个城市（区）积极推行网格化管理模式，并取得了值得肯定的成效。[2] 城市社区网格化治理的实践初衷是维护公共安全，治安防控依然是网格化管理最基础的功能，而网格化的落实离不开视频监控设施的大量安装，通过视频监控形成对于治理区域的控制网，再结合网络信息技

---

〔1〕 参见袁庆锋、孙晶：《关于“属地管理”的探讨——以J省基层网格设置为例》，载《行政科学论坛》2019年第3期。

〔2〕 参见陈荣卓：《城市社区网格化管理区域实践研究》，中国社会科学出版社2015年版，第222页。

术、云储存与大数据计算，网格化社会管理覆盖城市和乡村，实现了从治安防控到社会管理、再到公共服务的升级发展。网格化基层治理内容几乎涵盖了基层政府和社会治理的全部内容，并不限于公共安全维护，但是与网格化的精准治理相结合，全覆盖、高效率的公共安全维护得以实现。依靠视频监控获得的个人信息与现场采集以及其他信息源信息的整合、识别，就可以做到对于治安防控重点人物的精准定位与防控。所以，从公共视频监控维护公共安全的角度看，网格化治理是对公共视频监控效能发挥的提升。

（一）网格化治理的政策内容

2013 年党的十八届三中全会做出的《关于全面深化改革若干重大问题的决定》，首次将网格化管理写入党的文件，提出“以网格化管理、社会化服务为方向、健全基层综合服务管理平台”的要求，把网格化治理纳入推进国家治理体系和治理能力现代化的总体战略部署中，标志着网格化管理从原来个别地方的创新探索转向中央对地方社会治理的普遍要求。各地纷纷加速基层社会从网格化管理向网格治理的转型。截至 2016 年年底，网格化管理已覆盖全国 31 个省、市、自治区一半以上的地级行政建制。[1]

2015 年制定的 996 号文，在提出了加强乡镇（街道）和村（社区）治安防控网建设时也提到了网格化，指出“以网格化管理、社会化服务为方向，健全基层综合服务管理平台，推动社会治安防控力量下沉。把网格化管理列入城乡规划，将人、地、物、事、组织等基本治安要素纳入网格管理范畴，做到信息掌握到位、矛盾化解到位、治安防控到位、便民服务到位。因地制宜确定网格管理职责，纳入社区服务工作或群防群治管理，通过政府购买服务等方式，加强社会

---

〔1〕 参见叶岚：《城市网格化管理的制度化进程及其优化路径》，载《上海行政学院学报》2018 年第 4 期。

治安防控网建设。到2020年,实现全国各县(市、区、旗)的中心城区网格化管理全覆盖"[1]。与996号文治安防控的内容相符,网格化管理实现的核心目标是社会治安防控,也即通过公共安全视频监控收集的数据与网格化其他资源的整合更好地实现治安防控。

当然,与网络和大数据技术相衔接的网格化治理并不限于社会治安防控,从网格化管理探索之初,就力图运用数字化、信息化手段,以街道、社区、网格为区域范围,以事件为管理内容,以处置单位为责任人,通过城市网格化管理信息平台,打造市区联动、资源共享的一种城市管理新模式,实现从网格化管理转向网格化治理的提升。究其实质,乃是以现有的管理体制机制为基础,构建基于计算机软硬件和网络环境,集成地理空间、网格和部件等多种数据资源,经由多部门的信息共享与协同工作,实现对社会管理部件和事件的动态监管、处置、统计和分析的治理应用平台,也即现有管理体制的平台化、治理化、智慧化。[2] 这正与党的十九大报告中提出的"打造共建共治共享的社会治理格局"的政策思路一致。即"加强社会治理制度建设,完善党委领导、政府负责、社会协同、公众参与、法治保障的社会治理体制,提高社会治理社会化、法治化、智能化、专业化水平"。"加快社会治安防控体系建设,依法打击和惩治黄赌毒黑拐骗等违法犯罪活动,保护人民人身权、财产权、人格权。""加强社区治理体系建设,推动社会治理重心向基层下移,发挥社会组织作用,实现政府治理和社会调节、居民自治良性互动。"但在基层网格化治理实践中,还是社会治安防控的目的实现最为明显。

(二)网格化下的公共视频监控全覆盖

最早进行网格化管理的北京市东城区的实践是城市管理流程

---

〔1〕《关于加强公共安全视频监控建设联网应用工作的若干意见》(发改高技〔2015〕996号),载http://www.ndrc.gov.cn/zcfb/zcfbtz/201505/t20150513_691578.html。

〔2〕参见马长山:《智慧社会的基层网格治理法治化》,载《清华法学》2019年第3期。

再造，就是在管理体制创新、技术创新以及成熟信息技术综合应用的基础上，对工作程序进行科学优化和重新设计，建立面向流程的组织、人员和岗位结构，辅以相应的组织文化建设和激励约束机制，以较低的投入极大地提高城市管理效率。利用网络和网格化城市管理信息平台，在城市管理监督中心、城市综合管理委员会和各专业管理部门间搭建起信息实时传递系统。具体做法是在划分的网格范围内派驻流动监督员实行不间断巡视，当发现问题后立即用“城管通”发送图文声信息向监督中心报告情况，并实时进行处理。“城管通”作为信息采集器是基于无线网络，以手机为原型，为城市管理监督员对现场信息进行快速采集与传送而研发的专用工具。2005 年北京东城区政府通过与北京移动、正迪亚等公司的合作，以多普达 535 型手机为原型，进行应用系统的研发，输入网格化地图，使它具备接打电话、短信群呼、信息提示、图片采集、表单填写、位置定位、录音上报、地图浏览、单键拨号、数据同步等 10 项主要功能。[1] “城管通”实际上就是流动的视频监控器，且能实现固定视频监控设备无法实现的实时交流，现在“城管通”的功能已经由智能手机所取代。

网格化铺开后，典型的网格化治理的模式如下例：全镇建立三级网格，镇政府为一级网格，设立网格化信息管理办公室，负责总体指挥和统筹协调；各村设立二级网格，负责对所管区域网格的管理和监督；各居民小组为三级网格，每个网格负责网格辖区内的公安、消防、交警、安监、城管、交通、环保、流管、人社、工商、卫计、住建、农业、国土、民政等方面的问题。每个网格内设立网格员，对网格辖区进行信息发现、及时处理和收集上报。由专业机构搭建网格化管理

---

〔1〕 参见《数字东城》，载 http://www.bjdch.gov.cn/n1708365/n2917439/n2917441/index.html，最后访问日期：2020 年 9 月 9 日。

信息平台和绘制全镇网格地图,利用手机终端进行实时上报和共享,建立网格档案,实行网格内全员、全地域、全事务的“电子化”管理。和网格化配套的是全镇立体化社会治安防控天网。完善视频监控高清改造工程和“村村通视频”项目,实现全镇各村(居)主要出入口、重点部位、公共场所100%安装视频监控。推广在出租屋安装门禁系统,门禁信息实时联网传输。村民委员会还动员村民在自己家门口安装安防摄像头。网格化和视频系统相结合,通过网格员传递信息,及时现场解决问题,也利用监控室内的监控屏幕随时反馈给现场的网格员处理。通过“人防、物防、技防”相结合,既做好了治安防控工作,也进行了交通梳理、垃圾清运管理、消防隐患排除、流动人口管理、私拉乱建治理、环境保护等多种治理功能。[1] 城市中以居民社区为网格的治理也是类似的设置,视频监控和网格员巡查形成完整的无遗漏、无死角的监控全覆盖。

在全国范围内,网格化管理广泛嵌入于社会治安防控、交通秩序维护、市场秩序监管、城市市容监管、食品安全保障、流动人口管理、劳动保障监察、环境污染监测和储备土地管理等方面。[2] 网格化借助的技术手段是公共视频监控和流动网格员手中的移动信息采集设备智能手机,使现场监控与公共视频联网监控平台结合,正如全景敞式监控理论所展现的,监管者无处不在就是对被监管者的一种威慑,即使断续监管依然会形成连续监管的效果,[3] 使用观察

〔1〕 参见农沁茜、雷梓霖案例整理:《“天网”、“地格”构筑公共安全“护城墙”》,载《社会与公益》2017年第5期。

〔2〕《国务院办公厅关于印发2012年全国打击侵犯知识产权和制售假冒伪劣商品工作要点的通知》(2012年5月15日)指出,积极推行驻点巡查、交叉执法和网格化管理等监管模式。《国务院关于进一步做好为农民工服务工作的意见》(2014年9月12日)指出,全面推进劳动保障监察网格化、网络化管理。《国务院关于印发“十三五”国家食品安全规划和“十三五”国家药品安全规划的通知》(2017年2月14日)指出,实施网格化管理,县、乡级全部完成食品安全网格划定。

〔3〕 参见[法]米歇尔·福柯:《规训与惩罚(修订译本)》,刘北成、杨远婴译,生活·读书·新知三联书店2016年版,第226~229页。

机制影响监管对象的行为，让监管对象感受到监管无处不在，从而达到从“运动式”整治向连续全时域的全景敞式监管转型的效果。同时，全景敞式机构还能实现对自身雇员的监督。[1] 由此可见，公共视频监控设备的安装虽然覆盖面和清晰度都不断升级，但是由于设备安装的固定性限制，总有监控不到的死角，监控的明示告知也能够实现有意避开监控的行为，但是与24小时轮班巡查的网格员现场监控相结合，就可以真正实现全覆盖的监控了，而且监控的范围也从治安扩展到了秩序、市容、流动人口管理、环境污染等全方位基层政府社会治理领域。

（三）网格法治化之下的公共安全维护

“安全监控是以对人的无序做秩序化控制为目标的，人的行为的监控、人的定位、人的身份确定以及对人的全方位的信息描述，使人被牢牢的控制。但安全监控并不见得能够做到只针对威胁安全的个人或群体，因此就出现了以对多少人的监控边界的缩小换取安全的现状。”安全是监控的最主要理由，安全监控也成为最无边界的监控形式。[2] 网格化实践下，安全监控真正实现了全覆盖，但是也提出了新的法治问题。

在单位制和街居制社区没落下商业社区的兴起重塑了我国城市社区治理的形态，网格化管理模式成为社区治理模式转型期的过渡性选择，网格技术带来的高效便捷淡化了其行政色彩浓厚、忽视公共价值等缺陷。随着合作网络在社会治理各个领域的出现，城市基层治理这一公共与私人利益高度聚集的领域急需有一种适

---

〔1〕 参见叶岚：《城市网格化管理的制度化进程及其优化路径》，载《上海行政学院学报》2018年第4期。

〔2〕 参见王俊秀：《监控社会与个人隐私——关于监控边界的研究》，天津人民出版社2006年版，第58页。

应多元治理主体共治的社会治理形态以完善社区自治。[1] 因此，为适应社会治理的新发展，公共安全维护的政府基本职能需要重新定位。

网格化治理的实践始于基层政府的网格化管理，通过网格化实现的是政府管理进一步向下延伸，直到进入可以直接管控的最小单元网格。由此，以政府行政权力行使为本的网格化实践的弊端十分明显：功能上的政府干预过多而服务不足、主体上的社会力量参与不够而自治不强、治理体制上的组织结构不优而协作不力等。[2] 也存在机制运作中数据分析研判不足、综合协调能力较弱和非预期性政策后果等因素的限制。[3] 综观近年来的实践探索及其研究现状不难发现，网格化管理在基层体系之中运作，本质上仍是一种治理技术，这根源于网格化管理所内在地遵循的行政本位逻辑。而如果注意实践中网格化管理网格员现场巡查与视频监控的全景式监控模式的设置，就可以看出，基层社会管理中的核心和重心依然还是社会治安、秩序的维护，那么网格化管理的行政取向就是不可避免的。因此，要想实现党的十九大报告提出的共建共治共享的社会治理格局，就必须对政府治理进行分层与重新设计。

从政府职能行使来看，维护公共安全和公共秩序是其最基本的职能，即使在早期资本主义国家，最小的政府也需承担社会治安和公共秩序维护的职责。运用公共视频监控进行公共安全和社会治安维护是科技发展的必然结果，也极大地提高了政府的社会治安综合治理能力。与网格化管理相结合，公共安全视频监控真正做到了

---

〔1〕 参见李亚鹏、申龙明：《从网格到网络：网络化治理视域下城市 社区治理的新型态——以拉萨市为例》，载《西藏大学学报（社会科学版）》2019 年第 1 期。

〔2〕 参见杨宗辉、田野：《网格化管理的再思考》，载《暨南学报（哲学社会科学版）》2017 年第 12 期。

〔3〕 参见叶岚：《城市网格化管理的制度化进程及其优化路径》，载《上海行政学院学报》2018 年第 4 期。

无死角、全覆盖,且能够提高信息传递以及现场应急处理的能力,社会治安综合治理的效率大大提高。在可以通过购买服务实现的社会共治领域,社会治安和公共安全维护是不能让渡的政府职责,但为了限制公权力滥用以及不侵犯公民权利,政府需要在法律明确规定的权力行使范围以及程序内尽职。也即,运用公共视频监控等技术手段打击和预防犯罪,这是政府应该履行的职责,目前在网格化下,大量的网格员都是政府临时雇佣的,或者动员群众自愿参与社会治理的结果,网格员素质参差不齐,在信息采集并上报过程中,不仅不利于采集的个人信息的安全,而且网格员现场的处置也并无法律依据,容易导致激发新的社会矛盾,也影响政府依法行政的形象。

网格治理法治化才能实现公共安全维护的法治化。有一些地方在网格化实践中,源自基层社区实际需求,坚持"社区为本"理念而形成了网格化治理模式,这种模式中,政社分工与合作成为基层治理的常态化机制,地方政府与社会力量的互动与合作,成为破解国家与社会二元对立关系、重构国家与社会之间的联结性的重要体现。[1] 为了克服网格化实践中存在的物理中心主义、政府中心主义、地域中心主义、技术中心主义等局限,需要采取双重空间的一体规制方式,探索共建共治共享的赋权机制,拓展智慧治理的民主参与机制,塑造促进人的全面发展的法治文化,进而推进基层社会的网格治理法治化,塑造智慧发展时代的共建共治共享治理秩序。网格化治理在其本质上应该是运用技术手段更多为基层民众提供便利和优质服务,而不应该是技术理性对人文精神的侵蚀,否则,就有违网格化治理的初衷了。[2] 由此可见,政府需要放权给社会的就应

〔1〕 参见徐选国、吴柏钧:《城市基层治理的社会化机制——以深圳市 Z 街"网格化管理社会化服务"项目为例》,载《浙江工商大学学报》2018 年第 2 期。

〔2〕 参见马长山:《智慧社会的基层网格治理法治化》,载《清华法学》2019 年第 3 期。

当放权,而需要自己尽职的也绝不能推诿,在数字化技术面前,运用安全的数据库和平台,在不侵犯公民隐私的前提下,既能进行社会治安防控,也要做好提供服务的便利,而无论是政府治理还是社会共治,民众的参与都是法治的应有之义。

三、智慧城市政策推进下的公共视频监控功能扩张

网格化治理与政府秩序维护有密切联系,而智慧城市建设则考验的是借助于信息技术实现的政府综合治理城市、大城市乃至城市群的能力,这一能力的提升带动了公共视频监控功能的扩展。

(一)智慧城市建设的政策推动

随着物联网、云计算、大数据的发展,从2010年起我国东部发达地区的地方政府开始自发探索智慧城市建设,之后进入中央各部委统筹建设试点阶段,我国自2012年起开始国家层面的试点工作,截至2017年9月,全国95%的副省级以上城市、超过83%的地级城市、超过500座城市,明确提出或正在建设智慧城市。[1] 前瞻产业研究院发布了《2020年中国智慧城市发展研究报告》,该报告深入分析我国智慧城市发展现状及趋势。我国推进智慧城市建设以来,住建部发布三批智慧城市试点名单,截至2020年4月初,住建部公布的智慧城市试点数量已经达到290个。如果计算科技部、工信部、自然资源部、发改委所确定的智慧城市相关试点数量,目前我国智慧城市试点数量累计已达749个。[2] 智慧城市建设是在密集的政策下推进的,具体涉及的政策文件可见表5-1。

---

〔1〕 参见叶林、范紫琦、杨新辉:《我国智慧城市建设经验探索及推进策略》,载《电子科技大学学报(社科版)》2018年第5期。

〔2〕 参见《2020年中国智慧城市发展研究报告》,载 https://www.sohu.com/a/392788027_468661,最后访问日期:2020年9月9日。

表 5-1　智慧城市建设顶层统筹相关政策

时间	政策文件	主要措施
2011 年 12 月	国务院印发《工业转型升级规划(2011 - 2015 年)》	从推进物联网应用的角度,明确了智慧城市的应用领域
2013 年 8 月	国务院《关于促进信息消费扩大内需的若干意见》	加快智慧城市建设。在有条件的城市开展智慧城市试点示范建设
2014 年 3 月	中共中央、国务院印发《国家新型城镇化规划(2014—2020 年)》	首次把智慧城市建设引入国家战略规划,提出到 2020 年,建成一批特色鲜明的智慧城市
2014 年 8 月	国家发展改革委等八部委联合印发《关于促进智慧城市健康发展的指导意见》	到 2020 年,建成一批特色鲜明的智慧城市,聚集和辐射带动其他城市的健康可持续发展,同时在这些智慧城市中要实现公共服务便捷化、城市管理精细化、生活环境宜居化、基础设施智能化、网络安全长效化等目标
2016 年 2 月	中共中央、国务院《关于进一步加强城市规划建设管理工作的若干意见》	到 2020 年,建成一批特色鲜明的智慧城市,通过智慧城市建设和其他一系列城市规划建设管理措施,不断提高城市运行效率
2016 年 3 月	《国民经济和社会发展第十三个五年规划纲要(2016 - 2020 年)》	以基础设施智能化、公共服务便利化、社会治理精细化为重点,充分运用现代信息技术和大数据,建设一批新型示范性智慧城市
2016 年 8 月	国家发展改革委、中央网信办《新型智慧城市建设部际协调工作组 2016 - 2018 年任务分工》	对未来三年我国智慧城市建设进行了总体部署,对各部门、各领域工作进行了统筹协调。明确提出在"十三五"期间,将"分 3 年组织 100 个不同类型、不同规模、不同层级的城市开展新型智慧城市建设",并同时开展智慧城市建设效果评价工作

续表

时间	政策文件	主要措施
2016 年 11 月	国家发展改革委、中央网信办及国家标准委《关于组织开展新型智慧城市评价工作务实推动新型智慧城市健康快速发展的通知》，其中包括《新型智慧城市评价指标体系》国家标准	正式启动 2016 年新型智慧城市评价工作。按照“以人为本、惠民便民、绩效导向、客观量化”的原则制定，包括客观指标、主观指标、自选指标三部分
2016 年 12 月	国务院《“十三五”国家信息化规划》	到 2018 年，分级分类建设 100 个新型示范性智慧城市；到 2020 年，新型智慧城市建设取得显著成效，形成无处不在的惠民服务、透明高效的在线政府、融合创新的信息经济、精准精细的城市治理、安全可靠的运行体系

从上述政策文件可以看出，智慧城市建设已经是我国国家战略规划层面的重要内容，政策的推进表现在从智慧城市到新型智慧城市建设的内涵提升，不仅是简单地把信息技术与城市建设相融合，而是以为民服务全程全时、城市治理高效有序、数据开放共融共享、经济发展绿色开源、网络空间安全清朗为主要目标，通过体系规划、信息主导、改革创新，推进新一代信息技术与城市现代化深度融合、迭代演进，实现国家与城市协调发展的新生态。[1] 为打破部门分化导致的信息壁垒，由国家发展改革委、中央网信办牵头，联合科技部、工业和信息化部、住房和城乡建设部等 25 个部委，成立了新型智慧城市建设部际协调工作组，总体统筹部署各部门、各领域在建设过程中的职责分工。按照政策的顶层设计，智慧城市开展了有序试

〔1〕 参见陈晓红：《数字经济时代的技术融合与应用创新趋势分析》，载《社会科学家》2018 年第 8 期。

点推进，并已经形成了比较完备的评价体系。当前，新型智慧城市建设正在全国分级分类推进，旨在形成具有城市独特特色、城乡协调的城市群、区域、国家层面统筹发展的整体局面。[1]

（二）智慧城市建设中的智慧安全

智慧城市建设当然包括城市公共安全的维护，而在信息技术的整合运用中，智慧安全也成为智慧城市的重要内容。从基础设施层面来看，智慧安全还是以公共视频监控系统的安装为基础，但是更强调视频监控设备的更高清晰度以及升级包括人脸识别、车号识别等精准功能，另外还需要和地理信息系统（GIS）、全球定位系统（GPS）、遥感技术（RS）、多媒体及虚拟仿真等先进技术手段相结合，综合应用于城市公共安全治理，并通过整合视频监控、智能交通、移动上网、电子围栏、物联网、门禁系统等智能化信息采集渠道，进行更广范围的全覆盖监管。公共视频监控这一维护公共安全的基础安防技术系统必须在智慧化中升级，而其也需从单纯的公共安全维护中华丽转身，在智慧城市建设中发挥更大的服务作用。

正是由于公共安全视频监控为基础的城市安全是智慧城市建设必不可少的内容，在智慧城市建设的政策中一直隐含有智慧安全的内容。中共中央、国务院印发的《国家新型城镇化规划（2014—2020年）》[2]中就提到了“创新社会治安综合治理”的内容，规定，“建立健全源头治理、动态协调、应急处置相互衔接、相互支撑的社会治安综合治理机制。创新立体化社会治安防控体系，改进治理方式，促进多部门城市管理职能整合，鼓励社会力量积极参与社会治安综合治理”。而八部委2014年8月发布的《关于促进智慧城市健

---

[1] 参见《为何要提出和推进新型智慧城市建设？——解读新型智慧城市（三）》，载https://www.sohu.com/a/194616260_810044，最后访问日期：2020年9月1日。

[2] 中共中央、国务院印发《国家新型城镇化规划（2014－2020年）》，载http://www.gov.cn/gongbao/content/2014/content_2644805.htm，最后访问日期：2020年9月1日。

康发展的指导意见》[1]是把以视频监控为基础的社会治安防控与网格化结合,作为智慧城市建设的应急保障体系设计的。“支撑建立精细化社会管理体系:建立全面设防、一体运作、精确定位、有效管控的社会治安防控体系。整合各类视频图像信息资源,推进公共安全视频联网应用。完善社会化、网络化、网格化的城乡公共安全保障体系,构建反应及时、恢复迅速、支援有力的应急保障体系。”前文提到的996号文,也将社会治安防控信息化纳入智慧城市建设总体规划,规定了“充分运用新一代互联网、物联网、大数据、云计算和智能传感、遥感、卫星定位、地理信息系统等技术,创新社会治安防控手段,提升公共安全管理数字化、网络化、智能化水平,打造一批有机融合的示范工程”。

公共安全是智慧城市建设中的重要应用领域,通常在智慧城市建设的语境下被称为智慧安全,智慧安全是指利用物联网、云计算和大数据等基础技术,通过分类、识别、检索等自动化手段,对城市中有关公共安全的各种要素和设施进行多渠道信息采集,形成公共安全大数据资源体系,进而全面、准确、实时地掌握特殊、危险源的动态发展,有效实现监测、预警、评估、决策、响应、处置的一体化与智能化,提升整个公共安全管理系统的智慧化程度。[2] 也即,“智慧安全通过信息技术的应用将城市管理中的各个子系统彼此联系、相互促进,使城市中的安全基础设施形成网络,成为新一代的智慧化基础设施,使城市中各领域、各子系统之间的关系凸显出来,使之成为可以指挥决策、实时反应、协调运作的‘神经系统’”[3]。可见,借

---

〔1〕 八部委印发《关于促进智慧城市健康发展的指导意见》,载 http://www.cac.gov.cn/2014-08/27/c_1112850680.htm。

〔2〕 参见靳澜涛:《从“能治”到“善治”——智慧城市建设背景下公共安全管理模式的嬗变》,载《湖北省社会主义学院学报》2016年第6期。

〔3〕 刘红波、赵晔炜:《智慧安全:城市公共安全管理的新趋势》,载《华南理工大学学报(社会科学版)》2015年第3期。

助于智慧技术手段和平台，社会治安防控的功能得到了极大的提升。公共视频监控和其他终端设备一起收集信息并进行信息比对形成了精准定位的全覆盖预防和控制。

虽然智慧城市建设的文件中没有专门对公共视频监控的要求，但是视频监控系统是智慧城市的标配，且需要更高功能以形成与其他智慧设备的整合。例如北京、上海、武汉、重庆等城市都将提升公共安全管理智慧化水平作为保障城市安全的突破口，上海市《推进智慧城市建设行动计划(2014－2016)》将"公共安全信息化"作为重点专项之一。武汉市提出"智慧公共安全示范工程"等。在智慧城市建设的背景下，公共视频监控系统的功能得以提升，以实现智慧安全保障，而智慧安全收集的数据与其他信息整合，可以在智慧城市整体建设中发挥更宽泛的综合效用。

(三)智慧安全下的全景监控隐忧

70年前，中国只有10%的人口生活在城市。截至2019年6月，中国共有4座直辖市，293座地级市，375座县级市，近8.3亿人在城市生活。70年时间，中国城市总量从132城增加到672城。[1] 我国市场经济发展的历程伴随着城市化进程，城市化进程中有各种问题需要解决，但是最基础的问题是城市公共安全维护且重要性日益凸显。因为随着城市转型发展，原来传统的利益格局被打破，新型社会矛盾频发、城市生活风险增大，由此引发了安全事故、环境污染、社会治安、群体性事件等各种公共安全问题，这些问题在智慧城市建设中必须首先和重点解决。

智慧城市下的智慧安全是把传统的公共视频监控与物联网、云计算等新兴技术相整合，把仅限于公共视频捕捉的信息扩展到通过

---

〔1〕 参见《1949到2019年，中国城市数量从132城增加至672城》，载https://www.sohu.com/a/366779408_120441533，最后访问日期：2020年9月10日。

物联网传感器、手机、定位系统等实现的全面感知、可靠传递、智能处理的“全方位、全天候、全因素、全过程”的无死角监测，从而实现中央与地方的“纵向到底、横向到边”的安全管理机构。于是，技术治理的土壤生长出无处不在、无所不知、持续进化的全景式监控社会。世界各地的城市都在投入大量资源将其自身转变为更富智慧的实体。毫无疑问各个城市付出的努力很宝贵也很重要，但是智慧城市的演变却令人感到不安。当城市建设的投入大量集中在技术和数据等方面时，社会、经济和公民主体因素这些方面就会被忽视。所以，有学者提出，需要重新建构有关智慧城市的对话。在过去几年中，全球很多城市变得更加脆弱，基础设施、经济、社会、政治和公民因素都在影响城市的脆弱度。政府需要思考如何合理利用技术帮助民众解决问题，比如解决维护和加强社会契约、负责任地实施技术方案、设计城市治理框架等问题。只有这样才能体现每个个体的多样性、利益、抱负和价值，使社区变得宜居、公正、可持续发展和有适应力。〔1〕

因此，在目前我国智慧安全建设中，面对空间区隔、人的主体性被技术异化、理论研究方向存在偏颇等问题，技术治理的上层观念、价值诉求及发展方向亟待明晰。城市公共安全的技术治理在追求社会控制与空间秩序重构的过程中，离不开社会正义观念和人本主义精神的引导。〔2〕 技术本身不会使一个城市变得智能，仅通过落实一个技术政策来建设智慧城市是远远不够的，智慧城市的意涵不仅包括城市技术系统、管理系统，还包括城市人文系统、生态系统。〔3〕

---

〔1〕 参见［澳］Kevin C. Desouza、Kendra L. Smith、王奎明：《追赶智慧城市潮流：我们是否已迷失方向》，载《探索与争鸣》2018 年第 8 期。

〔2〕 参见单勇：《走向空间正义：城市公共安全的技术治理》，载《中国特色社会主义研究》2018 年第 5 期。

〔3〕 参见许欢、杨慧：《智慧城市迭代发展的问题、逻辑与路径》，载《学术研究》2017 年第 10 期。

智慧城市建设首先必须具备总体性思维，充分考量公共性的价值关怀并将其贯彻于技术决策的方面，它需要进行包含技术但是绝不能仅仅局限于技术的总体性设计。[1]

简·雅各布斯（Jacobs. Jane）在《美国大城市的死与生》一书中指出：城市的规划与决策源自当时的精英对于理想城市的个人理解以及对技术可能带来的改变所创造的建设方案，而这些方案往往忽略了城市的系统性和复杂性，特别是人与生态对城市发展的重要性。[2] 智慧城市建设既要尊重信息专家系统在技术决策中的作用，又必须防范技术精英与资本和权力结盟而造成的对公众知情权和实际利益的侵害。因此，智慧城市表面上看是各种技术的运用，但技术运用的规则取决于相关法律制度的设计，城市大数据的共享、城市资源在空间上的公平分配、视频监控的规制、防卫空间设计的规则、民众参与技术治理的依据等问题均依赖于城市治理法律制度对城市居民权利的具体落实。[3]

四、政策指引与个人信息保护的法治化

公共视频监控是用技术的手段助力政府实现公共安全的维护，而随着技术的飞速发展，其功效进一步提升，且在智慧城市建设中发挥远超过公共安全维护这一单一职能的作用。为了充分利用技术发展的红利，通过政策创议推进技术转化并提升政府社会治理的能力，在实践中取得了明显的效果。但是，政策创议因为适应情势需要变动性大，政策制定者分散的决定也会导致政策的碎片化，从

---

〔1〕 参见张海燕：《政治哲学视域下"智慧城市"建设的公共性维度》，载《当代中国价值观研究》2018 年第 6 期。

〔2〕 参见［加拿大］简·雅各布斯：《美国大城市的死与生》，金衡山译，译林出版社 2005 年版，第 487 页。

〔3〕 参见单勇：《走向空间正义：城市公共安全的技术治理》，载《中国特色社会主义研究》2018 年第 5 期。

而使得政策导引往往会背离政策的本意,甚至导致负面的影响,背离了设计的初衷。运动式建设在浪费了大量社会资源的情况下,又产生更多新的社会问题需要解决。因此,政策推进本身不能离开顶层设计的初衷,并应在政策推进实践中及时总结,将成熟的政策措施及时纳入法治的轨道上来。

(一)作为顶层设计的国家治理体系和治理能力现代化

作为信息技术大国,党中央和国务院在运用信息技术推进社会治理、国家治理层面的政策思路是清楚明白的,对于顶层政策核心理念的明确是正确适用政策以及实现法治化的关键。从上文分析中可以看到,就基础的社会治安综合治理以及升级版的网格化中的公共安全维护、扩展版的智慧安全建设而言,地方政府的积极性很高,很多政策的具体创议首先从基层政府实践中来,比如网格化管理的北京东城区经验、智慧城市建设的上海模式等,之后又有了与中央层面顶层设计相结合的具体政策。但从各地对中央的政策落实来看,往往限于地方政府治理的局限,而对政策推进不得要领,并没有理解顶层设计的核心要义。因此,必须从顶层设计上正确理解政策创议的核心内涵,以法治的思维来促使政策落地。

上文所列出的所有政策的顶层设计概括来说就是国家治理体系和治理能力现代化。中共十八届三中全会明确地将“推进国家治理体系和治理能力现代化”作为深化政治体制改革的中心任务。[1]这里的关键词是两个,一个是治理,一个是现代化。治理是政治国家与社会合作、政府与非政府组织合作、公共机构与私人机构合作、强制与自愿结合,从而在双向的沟通和互动过程中实现社会公共事务秩序化的过程,它与统治模式中公权力运行的单向性具有明显的

〔1〕 参见《中共中央关于全面深化改革若干重大问题的决定》(2013 年 11 月 12 日中国共产党第十八届中央委员会第三次全体会议通过),载《人民日报》2013 年 11 月 16 日,第 1 版。

不同。[1] 而治理之理想状态就是“善治”，其“本质特征就在于它是政府与公民对公共生活的合作管理，是政治国家与市民社会的一种新颖关系，是两者的最佳状态”[2]。现代化则至少包含四个特征：(1)国家能力强大；(2)国家、市场、社会共治且相互赋权；(3)能力的多元化及各种能力间的协调发展而非相互冲突；(4)基于制度化和法治化。[3] 总结一下，国家治理体系和治理能力现代化的目标就是实现良法善治。

国家治理体系的现代化，其核心要旨在于以现代治理理念重构公共权力，实现国家治理的范式转换，中心内容则是行政体系的自我再造，直接目标则是提升政府的治理能力，打造民主、法治、高效的现代行政体系。鉴于政府治理的中心地位，国家治理体系与治理能力的现代化必须以“政府再造”和政府治理能力的提升为主要内容和基本目标。[4] 但显然，地方政府的职能配置尚有诸多不合理的地方，如政府过多揽权，社会组织的作用不受重视，民众对于治理的参与不够等。职能过多的政府自然非常庞大，维系政府运行不仅需要大量财政税收，且部门交叉、扯皮、内耗相当严重。就技术治理而言，多个部委联合发文就反映了这种职能重叠的现象，而地方政府的具体治理整合的不是社会各方力量，只是政府行政部门之间的职能合力，最终强化的是管理权，而不是治理能力。政府是推进国家治理能力现代化的重要主体，政府应该增强制度性权力，削弱专断性权力。在国家治理能力现代化进程中，政府既面临着社会活性

〔1〕 参见魏治勋：《“善治”视野中的国家治理能力及其现代化》，载《法学论坛》2014年第2期。

〔2〕 俞可平：《治理和善治：一种新的政治分析框架》，载《南京社会科学》2001年第9期。

〔3〕 参见张长东：《国家治理能力现代化研究——基于国家能力理论视角》，载《法学评论》2014年第3期。

〔4〕 参见魏治勋：《“善治”视野中的国家治理能力及其现代化》，载《法学论坛》2014年第2期。

化、价值多元化、利益多样化带来的系列社会问题，也面临自身的角色定位、素质能力、治理方式等问题。为了更好地解决这些问题，加速推进国家治理能力现代化，政府应强化善治理念、完善治理制度和改进治理方式。[1]

具体来看，现代社会政策既强调托住满足民众基本生存需要和社会公平正义的底，又致力于促进经济社会发展成果的共享，因而是现代国家治理能力建设必须重视的基本维度。着眼于国家治理能力建设，需首先强化社会政策的托底功能，逐步构建包容性、发展型社会政策，并从"顶层设计"角度，按照共享发展的基本要求，推进整体性社会政策建构，促进社会政策体系与能力现代化。[2]

（二）共建共享共治理念下的公共安全视频监控个人信息利用

党的十九大报告明确指出："打造共建共治共享的社会治理格局。加强社会治理制度建设，完善党委领导、政府负责、社会协同、公众参与、法治保障的社会治理体制，提高社会治理社会化、法治化、智能化、专业化水平。"[3]在中共十八届三中全会决议中同时出现的国家治理、政府治理与社会治理的关系必须澄清。国家治理的核心问题在于重构作为传统政治统治主体的国家——构成国家这一整体性公权系统的三大子系统都必须按照"善治"的要求予以重构；政府治理的核心问题则是如何按照"善治"的要求重构行政系统，其实质是政府再造；就此而言，国家治理与政府治理的重心不在于治理对象而在于治理主体自身。在"善治"视野下，社会治理的概

---

〔1〕 参见欧阳康、钟林：《国家治理能力现代化进程中的政府问题》，载《学术界》2015年第3期。

〔2〕 参见丁忠毅：《托底与共享：国家治理能力建设的社会政策路径》，载《社会科学战线》2017年第1期。

〔3〕《习近平：决胜全面建成小康社会　夺取新时代中国特色社会主义伟大胜利——在中国共产党第十九次全国代表大会上的报告》，载中华人民共和国中央人民政府网，http://www.gov.cn/zhuanti/2017-10/27/contenL5234876.htm。

念则因为治理主体的重构而面临根本性的意义转换:不再存在绝对二元对立意义的治理主体与治理客体的划分,鉴于治理主体已获重构或再造,公共治理主体和公民之间毋宁说是一种“主体间性”的交互关系,它们相互结合构成了多元主体双向互动意义上的自主性网络,社会治理过程于是在某种意义上转化为治理主体的“自我统治”,多元共治成为社会治理的一个突出特征。[1]

公共安全维护一直是传统上政府治理的核心内容,随着技术的发展,视频监控无处不在,并继续在信息化下整合多元信息图像传感收集,通过大数据分析全面介入所有人的公共和私人生活。但是如果公共安全监控依然作为政府社会控制的手段,那么社会很容易滑入全景式监控社会。如果监控与其他信息手段配合作为监控社会的手段,那么政府权力专断行使就不可避免。国家治理现代化的表现是政府治理的转型,政府应使用更多软性的而非强制的手段,政府应该在民众监督下行使权力,而只有社会治理的介入,才能真正实现共治共建共享。

在我国技防工程建设的过程中,技术发挥着越来越重要的作用,政府更重视利用信息技术实现技防的全面覆盖、无死角的监控,但是,当生活在无所不在的摄像头下,个人隐私几乎没有藏身之所。从整体上看,在我国目前政府主导的技防系统建设中,对个人隐私权的保护并不完善。随着技术的发展,技防工程建设正在向全国性联网应用方向发展,这在技术上没有任何问题,但是如果个人隐私权保护一直在技防工程建设中缺失,那么这样的联网建设只能导致个人隐私权的彻底丧失。

从共治共建共享的角度理解公共视频监控,其必须通过民主参

---

〔1〕 参见魏治勋:《“善治”视野中的国家治理能力及其现代化》,载《法学论坛》2014 年第 2 期。

与并在权力受控制下行使;公共视频监控的设置必须以人为本,不能因为公共视频监控而造成对公民的歧视对待,也不能损害空间正义从而阻碍公民权利实现,也需要保障个人信息处于准确安全的状态。只有首先做好公共视频监控采集个人信息的权利保护以及重视对公民的隐私权保护,才能在维护基本社会治安的基础上,开发更大的个人信息利用的服务功能,在网格化治理和智慧城市中发挥重要作用。

(三)公共视频监控政策中个人信息保护的法治化

社会政策作为现代国家治理体系的重要组成部分,其蕴含的再分配、社会投资与扶助性功能,不仅具有“托底”效用,更是促进“共享”发展的重要途径和基本制度保障,因而在我国当前国家治理能力建设中具有独特意义。[1] 实践中,社会政策发挥着提供福利服务、缓解危机的安全网以及保障与改善民生等多重正向功能,是现代国家应对社会风险、治理社会问题、构建社会秩序、满足公民基本生存与发展需要、保障公民权利、增进社会福祉的基本途径。因此,社会政策体系建设,是国家治理能力存在和发展的前提和保证。国家政策的顶层设计是清楚的:有效治理是区别于传统统治的新型公共事务管理模式,有限的国家权力和有效的国家能力构成了国家治理能力现代化的双重特征,中国国家治理能力现代化的实现需要以多元协同共治理念为导向,以党的领导为保证,以民主视域下的有序参与治理和法治视域下的制度化治理为基本方略,形成以国家治理为核心的多元治理体系格局。[2]

但是实践中,社会政策制定中更强调其科学性、民主性,有时会

〔1〕 参见丁忠毅:《国家治理能力建设的社会政策之维:依据、路径及提升》,载《四川大学学报(哲学社会科学版)》2016年第6期。

〔2〕 参见陈霞、王彩波:《有效治理与协同共治:国家治理能力现代化的目标及路径》,载《探索》2015年第5期。

忽视其法治性，而以政策为指引的治理本身有时也会忽视法治的作用。因此，政策的法治性相当重要。一方面，必须从整体上强化公共政策活动的法治性，具体的路径是强化公共政策活动的程序合法性和形式合法性，将公共政策的法治性从程序的、形式的合法性上升为实质的、内容的合法性，从对普通民众的合法性要求上升为公共部门的、更高级的合法性，从自律的合法性转向自律与他律相结合的合法性。公共政策的法治化既与总体社会的法治化程度有关，还要强化各级政府和政策活动的主体——公职人员的观念创新和知识积累，营造他律环境，使人民真正成为政府公共权力的约束主体和监督主体，并建立严密的政策法治化审查体系。[1] 另一方面，政策不能代替法治，政策所具有的托底功能尤其需要通过制定法律进行确认和保障，以使政策在落实中不偏离基本的价值目标。

在共建共治共享的国家治理能力现代化政策下，公共视频监控不再是单纯的政府控制社会的技术工具，而应该在政府服务和社会自治中发挥更好的作用。地方政府尤其是在网格化、智慧安全等建设下，公共视频监控必须脱离仅作为社会治安防控有力手段的思维，在能够整合其他更多信息采集源，全方位收集公共场所和私人活动信息的背景下，全景敞式监控已经起到了必要的威慑作用，更多应该在数据开放利用和社会共享的基础上进行公共服务转型。就公共视频监控而言，无论是发挥控制作用还是服务作用，其底线都是不侵犯公民的隐私权，在大数据信息时代做好个人信息保护工作。就社会政策的托底作用而言，制定专门的个人信息保护法是必要的，当然随着信息技术的发展，个人信息的保护可以通过标准来

---

〔1〕 参见严强：《强化公共政策法治化：意义、路径与条件》，载《阅江学刊》2016 年第 2 期。

落实,个人信息保护法应重点集中在个人信息权利与个人信息收集、利用的责任规定上。《个人信息保护法》的出台,有助于在个人信息权利保护的层面更好地落实各项政策。鉴于公共视频监控系统对于图像信息收集的特点以及权力利用性,在《个人信息保护法》的指引下,尚需要重点从收集利用程序、安全维护以及责任承担、分享使用等方面进行专门的立法,这一立法需要关注公共视频监控图像信息收集与其他传感器广泛收集的信息的整合以及扩展用途使用上,以适应快速发展的信息化社会的现实需要。

目前我国政策中已经列入了相关的立法规划。例如996号文中提到了要完善法律法规及政策。"加快推进视频图像信息安全、数据保护、个人隐私保护等方面的立法工作。抓紧制定出台行政法规《安全技术防范管理条例》,完善政策措施,规范重点公共区域和重点行业、领域公共安全视频监控系统的建设、联网和信息使用。加强地方配套立法和政策支持,加快研究制定视频图像信息在安全使用、保护隐私等方面的具体办法和措施。"在《个人信息保护法》的一般法功效下,必须在梳理地方现有的相关规定的基础上,进行行政法规或法律实施细则的制定。

总之,网络信息技术高速发展的当下,言辞微变之下涌动的,是一场国家、社会、公民从着眼于对立对抗到侧重于交互联动再到致力于合作共赢善治的思想革命;是一次政府、市场、社会从配置的结构性变化引发现实的功能性变化再到最终的主体性变化的国家实验;是一个改革、发展、稳定从避免两败俱伤的负和博弈、严格限缩此消彼长的零和博弈再到追求和谐互惠的正和博弈的伟大尝试。[1]现代国家的成长必须依靠国家的制度化、法治化,国家治理的两个

---

〔1〕 参见江必新:《推进国家治理体系和治理能力现代化》,载人民网,http://theory.people.com.cn/n/2013/1115/c40531-23549819.html。

向度,即现代化与法治化是相互关联的:现代化的核心和基础是法治化,而法治化是一个理性化、文明化的发展过程,其本身也有一个现代化的问题。[1]

---

〔1〕 参见吴汉东:《国家治理能力现代化与法治化问题研究》,载《法学评论》2015 年第 5 期。

第六章　公共安全视频监控个人信息地方立法保护实证研究

早在《个人信息保护法》颁布之前，公共安全视频监控就已经通过地方性法规和地方政府规章进行了规范，在社会治安、城市治理、公共安全、环境保护等地方性立法中也有视频监控的相关内容。随着视频监控设备的普及化，视频监控以收集视频图像信息为手段而达到了促成各领域社会治理的目的。由于视频监控采集的都是个人活动信息，其利用以及数据库建构均涉及个人信息保护和利用的问题，对包含有视频监控内容的立法进行解读，可以看到目前公共视频监控领域的个人信息立法保护存在的问题。公共视频监控地方立法中个人信息的现有规定内容和模式也提供了个人信息行政法规或法律保护的立法基础和反思模本。而在《个人信息保护法》生效后，地方性法规和规章的内容都需要修改或废止。因此，本章在对有关视频监控内容的立法分散规定情况总体分析的基础上，主要对现有的公共安全视频监控地方立法中的个人信息保护内容进行梳理和解读。

本章主要利用全国人大的、司法部的法律法规数据库[1]搜索获取立法文本,通过在立法文本内容中全文搜索"公共视频""视频监控"关键词,发现目前我国有关公共视频监控的立法内容基本存在于地方立法中,既有相关地方立法的分散规定,也有专门针对安全技术防范管理和公共视频图像信息管理的专门地方立法。

一、分散在地方立法中的视频监控内容

随着20世纪90年代视频监控技术的发展和普及,政府在公共安全和公共秩序维护领域广泛使用视频监控,于是在具体的公共安全、公共秩序、环境治理等领域不断受到立法规范的背景下,公共视频监控的安装、使用也频繁出现在上述领域的地方立法中。

(一)包含有视频监控内容的地方立法

在上述提到的法律法规数据库中,全文检索"视频监控",涉及公共视频监控安装、使用的地方性法规跨越下面四大领域:

第一类:城市市政综合治理方面的立法。主要包括城市综合管理、市容管理、市政设施管理、城市地下管线管理、文明城市建设、违章建筑查处等方面的立法,具体见表6-1。

表6-1　城市综合治理、市政管理地方立法中的视频监控

涉及领域		地方性法规	视频监控内容
城市市容	旧城改造、新区开发	《武汉市城市综合管理条例》(2013)	城市旧城改造、新区开发、新建住宅小区应当按照国家有关规定和本市城市规划的要求,配套建设视频监控等设施
	城市道路	《大连市城市市容管理条例》(2016)	在城市道路上电子监控设施应当告知城市市容主管部门,并按照城市市容主管部门的要求统筹设置

[1] 法律法规数据库,载 http://search. chinalaw. gov. cn/search2. html,最后访问日期:2020年9月20日。

续表

涉及领域		地方性法规	视频监控内容
城市市容	施工现场	《大连市城市市容管理条例》(2016)	施工现场按照规定安装与城市扬尘监控系统联网的视频监控系统
		《芜湖市城市管理条例》(2017)、《宣城市城市管理条例》(2016)、《安庆市城市管理条例》(2017)	施工现场出入口应当安装视频监控
		《景宁畲族自治县城市管理条例》(2015)、《长沙市城市管理条例》(2012)	施工期在一年以上的,应当在工(场)地吊塔、车辆出入口等地方安装视频监控装置,并保证其正常使用
	违章建筑	《海口市防控和处置违法建筑若干规定》(2015)、《广州市违法建设查处条例》(2015)	违法建筑安装视频监控并信息共享
智慧城市	视频监控全面联网	《济宁市智慧城市促进条例》(2017)、《大同市智慧城市促进条例》(2018)	加强全市视频监控建设,制定全市视频点位建设总体规划,整合市县两级和跨部门视频资源,建设视频监控综合应用平台,实现市区视频监控点的全面联网
	信息采集共享	《银川市智慧城市建设促进条例》(2016)	感知网络是指通过视频监控、射频识别、地理定位、传感器、识别码、遥测遥感等传感设备和技术,为实现对城市中人与物的全面感知而构筑的网络

续表

涉及领域		地方性法规	视频监控内容
市政管理	市政设施	《长春市市政设施管理条例》(2015)	公共监控视频国家所有,应科学规划、合理利用、满足发展需求
	地下管线	《珠海市地下管线管理条例》(2009)、《青岛市城市地下管线管理条例》(2016)、西安市城市地下综合管廊管理办法》(2017)	本条例所称地下管线,是指建设于地下的给水、排水……公共监控视频等的管线及其附属设施。城市地下综合管廊应当配套建设消防……视频监控
历史文化保护	历史文化街区、建筑、村、镇	《广州市历史文化名城保护条例》(2016)	城乡规划行政主管部门、文物行政管理部门、房屋行政管理部门、城市管理综合执法机关应当利用视频监控、遥感监测等手段加强对历史文化街区、历史文化名镇、历史文化名村、历史建筑、历史风貌区和传统村落的核心保护范围和建设控制地带内建筑物、构筑物的监测,及时发现、制止和处理破坏历史建筑或者擅自设置、移动、涂改、损毁保护标志等违法行为
	不可移动文物	《广州市文物保护规定》(2015)	市、区文物执法机构应当利用文物保护单位视频监控网络、卫星遥感监测系统等措施加强对不可移动文物的监测,及时发现和制止破坏文物的违法行为。市科技信息化、公安行政管理部门应当向文物执法机构提供涉及文物保护单位的公共安全视频监控信息

续表

涉及领域		地方性法规	视频监控内容
文明行为促进		《青岛市文明行为促进条例》(2017)、《无锡市文明行为促进条例》(2019)、《鄂州市文明行为促进条例》(2017)	公安交通管理、交通运输管理等部门应当加强道路视频监控系统建设,及时制止交通出行不文明行为,查处违法行为
		《厦门经济特区促进社会文明若干规定》(2017)	属于重点治理清单的不文明行为,行政执法部门可以依法采用拍照、录像、视频监控、笔录等方式予以取证

第二类:社会治安治理方面的立法。社会治安管理类的地方性法规比较多,基本上都包含有公共安全视频监控的设置和安装规定,可用表格分类如下,具体见表6-2。

表6-2 社会治安治理地方立法中的视频监控

涉及领域		地方性法规	视频监控内容
社会治安综合治理		《包头市社会治安综合治理条例》(2008)、《浙江省社会治安综合治理条例》(2017)	完善以视频监控系统为支撑的技术防范网络,联网应用
特种行业治安管理	特种行业综合治理	《江苏省特种行业治安管理条例》(2009)、《安徽省特种行业治安管理条例》(2017)	旅馆业,典当业,洗浴,生产性废旧金属收购业,旧货交易业,金银首饰加工、置换业,报废机动车回收拆解业,汽车租赁业等经营场所的出入口、营业厅、主要通道、保管库房、停车场等部位应当安装视频监控设备,保留视频资料30~90日,违者罚款、停业整顿
	废旧金属收购治安管理	《云南省废旧金属收购治安管理条例》(2009)	生产性废旧金属收购市场、单位或者个人应当保证视频监控设施每日24小时不中断运行。监控资料应当留存30日以上

续表

涉及领域		地方性法规	视频监控内容
特种行业治安管理	机动车维修经营管理	《贵阳市机动车维修经营管理办法》(2014)	机动车二级维护作业应当全程视频监控,视频资料保存时间不得低于一个维护周期
	邮政、快递业经营管理	《长春市邮政条例》(2014)、《海南省邮政条例》(2014)	邮政、快递企业安装视频监控、24小时实时监控、资料保存不少于30日
公共场所治安管理		《厦门经济特区大型群众性活动安全管理条例》(2013)、《成都市公共场所治安管理规定》(2015)、《西安市公园条例》(2016)	大型群众性活动场所、茶馆、棋牌室、影剧院以及从事按摩、洗浴经营活动的公共场所,公园主要园路、活动广场、出入口等处安装视频监控
特定区域治安管理	群租房、住宅小区	《广东省租赁房屋治安管理规定》(2012)、《商洛市住宅物业管理条例》(2017)	在租赁房屋集中的地区,在住宅小区的出入口、区内规划通道、楼层电梯通道等主要通道及其他公共区域安装视频监控
	水域治安管理	《江苏省水域治安管理条例》(2017)、《重庆市水域治安管理条例》(2009)	饮用水源取水口、公路渡口、危险品码头的经营管理单位等治安保卫重点单位,应当设置与治安保卫工作相适应的技术防范设施和实体防范设施。港口、码头等重要公共场所应当建立公共安全视频图像信息系统
	毒品管理	《湖南省实施〈中华人民共和国禁毒法〉办法》(2014)、《广西壮族自治区禁毒条例》(2014)	精神药品、麻醉药品和易制毒化学品的生产、经营、使用、仓储单位,应当按照国家有关规定,在其仓储场所设置视频监控设施和报警装置,并与公安机关联网
	企事业单位内部治安	《江苏省企业事业单位内部治安保卫条例》(2014)	治安保卫重点单位和单位治安保卫重要部位应当按照相关法律、法规和国家标准、行业标准、地方标准以及国家、省有关规范,设置安全防范措施

续表

涉及领域		地方性法规	视频监控内容
特定区域治安管理	医院秩序、院前急救	《天津市医院安全秩序管理条例》(2017)、《上海市急救医疗服务条例》(2016)、《南京市院前医疗急救条例》(2017)	医院内各主要出入口、主要通道、重点区域、重点部门监控视频全覆盖。救护车应当符合国家标准,按照规定安装车内视频监控系统,视频资料保存二至三年

第三类:安全管理方面的立法。安全管理是以维护各类社会安全为价值目标的治理,地方性法规中、各类安全管理的规定中也都纳入了公共视频监控的内容,覆盖的范围非常广,具体可见表6-3。

表6-3 安全管理地方立法中的视频监控

涉及领域		地方性法规	视频监控内容
安全生产		《甘肃省安全生产条例》(2016)	生产经营单位及劳动密集型企业、人员密集场所、重大工程等,应当建立安全实时视频监控系统
建设工程施工安全		《甘肃省公路建设工程质量安全监督管理条例》(2016)	施工单位对隐蔽工程、返工可能造成较大损失的工程以及地质条件、结构复杂的桥梁、隧道、拌和场、人员密集区等工程重点部位,应当采取视频监控等信息化手段记录施工过程
旅游设施安全		《南京市旅游条例》(2017)、《江苏省内河水上游览经营活动安全管理办法》(2017)	高风险旅游项目在客运索道、大型游乐设施等地安装使用视频监控,旅游经营者应当建设覆盖游览专属水域与岸线的视频和电子信息管理系统

续表

涉及领域		地方性法规	视频监控内容
交通安全	道路交通安全	《湖北省实施〈中华人民共和国道路交通安全法〉办法》(2017)、《汕头经济特区道路交通安全条例》(2013)、《深圳经济特区道路交通安全管理条例》(2015)、《黑龙江省道路交通安全条例》(2014)、《内蒙古自治区实施〈中华人民共和国道路交通安全法〉办法》(2013)	道路建设养护单位以及道路经营管理单位应当根据道路等级、交通流量、安全状况、交通管理的需要以及规定的职责,按照国家标准在道路上设置和完善相应的交通安全设施;交通监控设备等道路交通安全设施,应当与道路建设主体工程同时规划、同时设计、同时建设、同时验收;高速公路经营管理单位应当安装全覆盖视频监控系统;卧铺客车应当同时安装车载视频监控装置;各监控设施应和公安机关的监控平台连通,实时传送相关数据。固定式交通技术监控设备设置地点应当向社会公布
	城市公共交通安全	《无锡市公共交通条例》(2016)、《兰州市客运出租汽车管理条例》(2016)	投入运营的车辆应当配备卫星定位行车信息系统、公共交通卡刷卡系统和视频监控设备;出租汽车营运车辆应当按照规定配置视频音频监控设备、安全防范装置等出租汽车相关设备
	道路运输安全	《黑龙江省道路运输条例》(2016)、《鞍山市道路运输条例》(2012)、《海南经济特区道路旅游客运管理若干规定》(2015)	一、二级以上道路旅客运输站(场)应当配备并使用行包安全检查和视频监控设备。道路旅游客运车辆应当安装视频监控装置,数据应当保存不少于六个月
	轨道交通安全	《北京市轨道交通运营安全条例》(2014)、《武汉市轨道交通管理条例》(2012)、《南昌市轨道交通条例》(2015)	轨道交通车站、地面线路、高架线路、安全检查点、站前广场和车厢等场所应当安装视频监控系统;通风亭、冷却塔和变电站等部位应当安装视频监控系统;轨道交通的视频监控系统应当与公安机关相关系统连接,同时设计、同时施工、同时验收、同时投入使用

续表

涉及领域		地方性法规	视频监控内容
交通安全	水上交通安全	《苏州市内河交通安全管理条例》(2008)、《重庆市水上交通安全管理条例》(2011)	客运旅游码头、危险货物装卸作业码头、水上加油站点等重点码头,其所有人、经营人应当安装与地方海事管理机构联网的安全监控视频装置,并保证正常运行。船舶依照规定配备、使用视频设施
	铁路安全	《湖北省铁路安全管理办法》(2017)	县级以上人民政府建设公共安全视频图像信息系统时,应当将铁路车站、铁路道口等公共区域及铁路沿线重点区段纳入视频监控的范围
电梯安全		《常州市电梯安全管理条例》(2017)、《金华市电梯安全条例》(2017)	公众聚集场所的电梯使用单位和新建住宅小区的建设单位,应当为电梯配备视频监控设施;已投入使用的乘客电梯,没有安装运行智能化装置或者视频监控设施的,应当在改造或者重大修理时予以安装
食品安全		《广东省食品安全条例》(2016)、《黑龙江省食品安全条例》(2016)	鼓励餐饮服务提供者通过设立透明式、开放式、视频监控式厨房等形式,在学校食堂推行视频监控等信息化技术
防火安全	消防安全	《无锡市消防条例》(2012)、《乌鲁木齐市消防安全管理条例》(2014)、《浙江省消防条例》(2017)	人员密集场所在场所的大厅、主要通道等公共活动区域设置视频等方式告知维护、使用消防设施、器材以及紧急情况下逃生自救的方法和要求。公共娱乐场所休息厅、录像放映室、歌舞厅内应当设置声音或者视频警报

续表

涉及领域		地方性法规	视频监控内容
防火安全	森林防火	《黑龙江省森林防火条例》(2016)、《海南省森林防火条例》(2015)、《烟台市森林防火条例》(2016)	不得破坏森林视频监控,否则对个人处五百元以上二千元以下罚款,对单位处一万元以上二万元以下罚款;可以利用森林防火视频监控、无人机侦察等技术手段,加强森林防火工作。实现森林防火监控的全覆盖
	其他火源	《黑龙江省城镇燃气管理条例》(2016)、《广州市燃气管理办法》(2015)、《兰州市烟花爆竹安全管理条例》(2016)	燃气经营企业按照规定配备视频监管设施;燃气经营企业应当在瓶装燃气供应站、燃气便民服务部安装使用视频监控系统;接入所在地燃气安全数字化信息监督管理平台。存储时间不少于两个月;烟花爆竹长期零售场所应当安装视频监控,并定期保存监控数据
学校安全、未成年人保护		《武汉市中小学校安全条例》(2011)、《黑龙江省学校安全条例》(2010)、《广州市未成年人保护规定》(2015)、《山东省未成年人保护条例》(2010)	公安机关应当在学校门口安装安全视频设施,并实施联网监控。学校应当在校内安装安全视频设施,有条件的,与公安机关实施联网监控。市教育部门应当制定具体办法,指导学校安装、使用校内安全视频设施;在学校附近交通事故易发路段或者交通繁忙路段设置视频监控;学校应当在重点场所、要害部位安装视频监控等技防设施;校车服务的企业应当在校车上安装、使用带有卫星定位功能的行驶记录仪,并接入教育行政管理部门的监控平台;公安、文化等主管部门对互联网上网服务营业场所、营业性歌舞娱乐场所、游艺娱乐场所等未成年人禁入或者限入的活动场所建立健全视频监管系统和专人巡查制度

第四类:环境资源保护、污染防治方面的立法。随着新环保法和一系列污染防治的环境保护法律法规的出台,环境保护中使用视频监控的规定越来越多,尤其体现在近两年制定的相关环境资源保护、污染防治的地方性法规中,具体可见表6-4。

表6-4 环保地方立法中的视频监控

涉及领域		地方性法规	视频监控
综合性环境保护		《深圳经济特区环境保护条例》(2017)、《青岛市胶州湾保护条例》(2014)、《广州市生态公益林条例》(2017)	重点排污单位安装、使用在线监测装置或者视频监控系统,不得擅自拆除、闲置、改变或者损毁;市规划、城管执法、环保、海洋与渔业、国土资源、林业、建设、海事等部门,应当加强监视、监测网络建设,提高卫星航空遥感、远程视频以及在线自动监测能力;市林业行政主管部门应当运用远程视频监控系统和电子定位监控系统等信息化技术手段加强对生态公益林的管护
水源地保护、水污染防治	水源地(饮用水)安全	《广安市集中式饮用水安全管理条例》(2017)、《湖北省城镇供水条例》(2015)、《徐州市城乡供水条例》(2015)、《贵州省水资源保护条例》(2016)、《济南市生活饮用水卫生监督管理办法》(2017)	水源一级保护区视频监控的全面覆盖;供水企业实行封闭式管理,应当在生产区域安装使用视频监控设备;罚款。市、县人民政府应当将城镇供水取水泵站、取水口净水厂周围三百米的范围划定为安全保护区,安装视频监控设备。以上各处安装的视频监控设备应与县级以上人民政府水行政主管部门和环境保护行政主管部门的监控设备联网。现制现售饮用水经营者应安装视频监控设施
	水污染防治	《湖北省水污染防治条例》(2014)、《青岛市城市排水条例》(2010)	重点排污单位应当按照规定安装视频监控装置,并与环保部联网。罚款。污水处理运营单位应当按照规定安装视频监控装置,并纳入环保部门监测系统。罚款

续表

涉及领域		地方性法规	视频监控
大气污染防治	大气污染防治	《保定市大气污染防治条例》(2017)、《郑州市大气污染防治条例》(2014)、《宁波市大气污染防治条例》(2016)、《济宁市大气污染防治条例》(2016)、《绍兴市大气污染防治条例》(2016)、《杭州市大气污染防治规定》(2016)、《石家庄市大气污染防治条例》(2016)	规模以上土石方建筑工地,建筑面积一万平方米以上的施工工地、施工现场应当安装在线监测和视频监控;并与监管部门实现联网。重点扬尘污染单位应当在作业区安装视频监控设备,并与行业主管部门及环境保护主管部门联网;运用视频监控等手段,组建以乡镇、街道为单位的系统平台,开展大气污染防治精细化管理;机动车环保检测机构应当向环境保护主管部门实时传送检测数据、视频监控等相关信息
	机动车排气污染	《哈尔滨市机动车排气污染防治条例》(2016)、《武汉市机动车排气污染防治条例》(2014)、《浙江省机动车排气污染防治条例》(2017)	与环境保护行政主管部门联网,实现检验数据和电子检验报告实时共享;环境保护主管部门可以通过电子监控、视频录像、等方式,对机动车排气污染状况进行取证;县级以上人民政府及有关部门规划、建设的道路视频监控系统,应当具备机动车排气污染检测信息识别功能
	煤炭清洁利用	《淄博市煤炭清洁利用监督管理条例》(2017)	在装卸点、出入口等位置设置视频监控设施

续表

涉及领域		地方性法规	视频监控
固体污染物、垃圾处理		《浙江省石油天然气管道建设和保护条例》(2014)、《四川省固体废物污染环境防治条例》(2013)、《广州市建筑废弃物管理条例》(2015)、《南通市城市建筑垃圾管理条例》(2017)、《吉林市餐厨垃圾管理条例》(2016)	管道企业应当配备视频监控系统;对废石、尾矿、矿渣贮存库采取视频监控措施;建筑废弃物排放量超过五万立方米或者施工工期超过半年的,在建设施工现场安装管理监控系统,通过城市视频管理应用平台实现共享;建筑垃圾中转调配场设置围墙、围挡、视频监控等设施;餐厨垃圾收运、处置企业应当安装、使用在线视频监控设备,不得擅自拆除、改装、闲置或者损毁;餐厨垃圾收运车辆应当安装车辆行驶及装卸记录仪,车辆行驶信息应当接入餐厨垃圾管理信息平台

(二)地方立法中分散规定视频监控内容的特点

通过上文的梳理,可以看到在政府的各种社会治理行为立法管理中几乎都涉及了视频监控安装的内容。总体上看,体现了如下特点。

1. 全覆盖视频安装的普遍性与个别性

从上述列举的各地方性立法情况看,涉及有公共视频监控安装规定内容的立法涵盖了政府市容管理、市政监管、各种社会安全监管以及环境污染防治等广泛的政府监管领域。总体上看涉及了地方政府公共安全和公共秩序治理的各个领域,对于公共安全和秩序的维护涉及人群面广,各种情况复杂,随时随地有问题出现,在视频监控发明和使用之前,更多地借助于责任制度、人力盯防、标志信号灯等物防手段,视频监控图像的即时记录和还原极大解放了人力和物力,且具有人力、物力无法做到的实时、地域覆盖性防控,因此,视频监控自然而然被政府广泛用于各种公共安全和秩序维护的领域。

从上述立法的范围看，几乎所有涉及公共安全和公共秩序维护的管理领域都可以采取安装视频监控这一技术手段辅助实现监管职能，这体现了视频监控应用的普遍性。

另外，由于地方立法的地域特点，集中于某一方面的地方立法，其实并不是都有关于视频监控安装使用的规定。例如，随着2015年《立法法》修改，设区的市普遍取得立法权，各地掀起了制定城市文明行为条例的热潮，登录中国文明网首页，以《文明行为促进条例》为名称的立法已有32件。[1] 但是，上述《文明行为促进条例》中并没有都对视频监控安装进行规定，规定的仅为本书上面表格中列到的几个。这说明各地立法对于是否写入视频监控安装内容存在差异性，或者说，从视频监控分散立法的简单规定看，视频监控并不是地方立法必须规定的内容，更像是各地立法自由裁量写入的内容。

2. 分散立法规定的内容以设定视频监控安装责任为主

从上文列出的各地方性立法中关于视频监控的规定看，主要涉及在某个行业、企业，某重点区域、重点部分应当安装视频监控；建立实时视频监控信息系统；视频监控设施应当与主体工程同时规划、同时设计、同时建设、同时验收；视频监控全覆盖；定期保存监控数据，存储时间不少于2～3个月；不按规定安装视频监控的处以罚款等。上述内容针对的责任主体主要包括两类：一是政府相关管理部门，例如县级政府、交通、安全监管部门；二是各重点监控的企业，例如旅馆、邮政、快递、洗浴中心、生产经营单位、投入运营的车辆等，大部分是对政府以外的各类纳入特种行业和公共安全管理的企事业经营管理单位的安装责任设定。因为视频监控的安装并不是上述各类地方立法的主要内容，只是作为立法目的实现的必要手段

---

〔1〕 参见中国文明网，载 http://images1. wenming. cn/web_wenming/specials/wmcj/xymh/tl/，最后访问日期：2020年9月20日。

规定的,所以在内容上一般规定主体应当安装的责任后,并没有过多展开,最多规定与公安监控平台联网、资料留存期限,在法律责任部分只规定有数额不大的罚款。视频监控安装后究竟如何发挥作用,在上述分散地方立法中是无法找到答案的,这也客观上说明了视频监控广泛应用前提下专门立法的必要性。

3. 视频监控的规定无上位法依据

上文列出的规定有公共视频监控内容的地方立法,明确列出或推定其上位法律依据有:《全国人民代表大会常务委员会关于加强社会治安综合治理的决定》《治安管理处罚法》《城乡规划法》《文物保护法》《邮政法》《禁毒法》《安全生产法》《旅游法》《道路交通安全法》《特种设备安全法》《食品安全法》《消防法》《森林法》《未成年人保护法》《环境保护法》《水法》《水污染防治法》《大气污染防治法》《固体废物污染环境防治法》;行政法规依据包括:《企业事业单位内部治安保卫条例》《城市市容和环境卫生管理条例》《城市道路管理条例》《历史文化名城名镇名村保护条例》《废旧金属收购业治安管理办法》《道路运输条例》《大型群众性活动安全管理条例》《物业管理条例》《森林防火条例》。

但查阅上述上位法依据中,几乎没有直接规定安装视频监控的内容,只有《道路交通安全法》第 114 条规定了,“公安机关交通管理部门根据交通技术监控记录资料,可以对违法的机动车所有人或者管理人依法予以处罚”。《大型群众性活动安全管理条例》第 8 条规定了,“大型群众性活动的场所管理者具体负责下列安全事项:……(三)保障监控设备和消防设施、器材配置齐全、完好有效”;《水污染防治法》、《大气污染防治法》和《安全生产法》中也只出现了污染物、重大危险源监控设备的设置内容,并没有明确为视频监控。技术监控、监控设备等内容只能看成是视频监控安装的间接上位法依据。由此可见,即使上述地方性立法都有上位法律、行政法规依据,其设置安装视频监控的内容也没有直接的上位法依据。这和视频监控安装仅作为上述公共安全、公共秩序维护的辅助手段而不是立法的主要内容有关，作为辅助手段留给下位法自由选择就是必然的。没有上位法依据，但是却在地方性立法中大量出现视频监控安装的规定，说明随着信息技术的进步，视频监控确实成为政府公共治理的必要手段，但仅有安装规定没有具体内容和权责设定，根本不涉及视频监控导致的个人信息滥用、个人隐私保护问题，并不利于有效利用视频监控进行社会治理。众多立法中分散出现的视频监控内容是专门立法缺失的结果，鉴于视频监控的广泛使用，必须进行专门的立法。

4. 联网应用发展的趋势

地方性立法中除了分散规定安装视频监控外，还有几乎一半的立法中规定了联网应用和信息共享，尤其是2013年以来的立法，具体情况见表6－5。

表6－5 视频监控联网应用的规定

视频信息联网应用内容	地方性立法
完善以视频监控系统为支撑的技术防范网络并联网应用	《包头市社会治安综合治理条例》(2008)、《浙江省社会治安综合治理条例》(2017)
视频安装与城市、市政、环保部门等监控系统联网	《大连市城市市容管理条例》(2016)、《黑龙江省城镇燃气管理条例》(2016)、《广州市燃气管理办法》(2015)、《兰州市烟花爆竹安全管理条例》(2016)
视频监控与公安机关联网	《湖南省实施〈中华人民共和国禁毒法〉办法》(2014)、《广西壮族自治区禁毒条例》(2014)、《武汉市中小学校安全条例》(2011)、《黑龙江省学校安全条例》(2010)、《广州市未成年人保护规定》(2015)、《山东省未成年人保护条例》(2010)

续表

视频信息联网应用内容	地方性立法
视频监控 与环保部门联网	《湖北省水污染防治条例》(2014)、《青岛市城市排水条例》(2010)、《哈尔滨市机动车排气污染防治条例》(2016)、《武汉市机动车排气污染防治条例》(2014)、《浙江省机动车排气污染防治条例》(2017)
视频监控安装并信息 共享、全面联网	《海口市防控和处置违法建筑若干规定》(2015)、《广州市违法建设查处条例》(2015 年修正本)、《广州市文物保护规定》(2015)、《浙江省石油天然气管道建设和保护条例》(2014)、《四川省固体废物污染环境防治条例》(2013)、《广州市建筑废弃物管理条例》(2015)、《南通市城市建筑垃圾管理条例》(2017)、《吉林市餐厨垃圾管理条例》(2016)、《济宁市智慧城市促进条例》(2017)、《银川市智慧城市建设促进条例》(2016)

随着信息技术和大数据应用的发展,视频监控与网格化、智慧城市相结合是必然的发展趋势,例如 2019 年 7 月 1 日起施行的《上海市生活垃圾管理条例》第 50 条规定,“市、区绿化市容部门应当会同商务、生态环境、市场监管、城管执法等部门建立生活垃圾全过程管理信息系统。生活垃圾分类收集、运输活动应当纳入城市网格化管理”。因此,上述联网应用的规定具有一定的前瞻性,但是在网格化和智慧城市建设的推进下,依然还是呈现了落后的态势,这一问题可以通过公共视频监控专门立法来完成。除了上述地方立法中的分散规定,鉴于公共视频监控的广泛应用,我国在地方立法层面也出现了专门针对公共视频监控的努力。

二、专门针对公共视频监控的地方立法

目前我国主要有公共安全技术防范管理条例(或办法)(以下简称“技防管理”)以及公共安全视频图像信息系统管理办法(以下简称“视频信息管理”)两类公共安全视频监控地方性立法。其中“技防管

理”有地方性法规和地方政府规章两个层次,“视频信息管理”只有地方政府规章制定。“技防管理”的立法范围要比“视频信息管理”宽,包含国家质量技术监督局和公安部联合发布的《安全技术防范产品目录》[1]中所有技防产品的生产、销售以及技防系统的安装、使用、管理等,作为技防主要方式的视频监控在该类立法中占据重要地位;“视频信息管理”则是专门针对公共安全视频监控收集利用信息的政府立法。

笔者首先在法律法规数据库中搜索标题包含关键词“公共安全技术”“公共安全”“安全”的法律法规文本,通过浏览阅读文本内容,确实发现目前公共安全视频监控的专门立法仅为上述提到的两类;其次,笔者继续通过地方性法规和规章子库搜索标题包含上述关键词的内容,在所得结果中进行同类筛选与重复文本排除;最后,为了保证研究对象的准确性和全面性,笔者通过北大法意科技的“中国法律资源库”[2]、中国法院网的法律文库[3]搜索相关内容,以及进入省人大或政府网站搜索查询确认。通过上述努力,共搜索到现行有效的48个地方立法文本,具体情况见表6-6、表6-7、表6-8:

表6-6　公共安全视频监控省级地方立法

规范性文件类型	规范性文件名称(通过及修改时间)
地方性法规 (技防管理) 9省(市、自治区)	《内蒙古自治区公共安全技术防范管理条例》(2007、2012、2017) 《贵州省安全技术防范管理条例》(2003、2017) 《河南省公共安全技术防范管理条例》(2013、2016) 《黑龙江省公共安全技术防范条例》(2012、2015、2016) 《辽宁省公共安全技术防范条例》(2014) 《山西省安全技术防范条例》(2012、2014) 《陕西省安全技术防范条例》(2006、2012) 《广东省安全技术防范管理条例》(2002、2010) 《天津市安全技术防范管理条例》(2006)

[1] 《安全技术防范产品管理办法》第2条。

[2] 中国法律资源库,载http://www.lawyee.org/,最后访问日期:2020年9月20日。

[3] 中国法院网,载https://www.chinacourt.org/law.shtml,最后访问日期:2020年9月20日。

续表

规范性文件类型	规范性文件名称(通过及修改时间)
地方政府规章(技防管理)11省(直辖市、自治区)	《广西壮族自治区安全技术防范管理暂行规定》(1999、2001、2004、2010、2016) 《福建省公共安全技术防范管理办法》(2015) 《云南省安全技术防范管理规定》(1994、2015) 《江西省公共安全技术防范管理规定》(1999、2001、2004、2010、2015) 《湖北省公共安全技术防范管理规定》(1999、2007、2014) 《山东省公共安全技术防范管理办法》(1994、1998、2004、2014) 《上海市社会公共安全技术防范管理办法》(2001、2002、2010) 《新疆维吾尔自治区社会公共安全技术防范管理暂行规定》(1994、2004、2010) 《河北省公共安全技术防范管理规定修正案》(2004、2010) 《安徽省公共安全技术防范管理规定》(2001、2004) 《湖南省公共安全技术防范管理规定》(2002)
地方政府规章(视频信息管理)12省(直辖市、自治区)	《安徽省公共安全视频图像信息系统管理办法》(2016) 《云南省公共安全视频图像信息系统管理规定》(2016) 《重庆市公共安全视频图像信息系统管理办法》(2009、2012、2016) 《内蒙古自治区公共安全视频监控图像信息系统管理办法》(2014) 《新疆维吾尔自治区公共安全视频信息系统管理办法》(2014) 《湖北省公共安全视频图像信息系统管理办法》(2013) 《吉林省公共安全视频图像信息系统管理办法》(2012) 《陕西省公共安全图像信息系统管理办法》(2011、2012) 《贵州省公共安全视频信息系统管理办法》(2010、2012) 《甘肃省公共安全视频信息系统管理办法》(2011) 《广东省公共安全视频图像信息系统管理办法》(2018年修正) 《北京市公共安全图像信息系统管理办法》(2006)

表6-7 公共安全视频监控市级地方性立法

规范性文件类型	规范性文件名称(通过及修改时间)
地方性法规 (技防管理) 2市	《珠海经济特区公共安全技术防范条例》(2016) 《银川市公共安全监控报警系统管理条例》(2009)
地方政府规章 (技防管理) 8市	《秦皇岛市公共安全技术防范管理办法》(2017) 《昆明市公共安全技术防范》(2006、2012) 《唐山市公共安全技术防范管理办法》(2009) 《杭州市公共安全技术防范管理暂行办法》(2007) 《南京市公共安全技术防范管理规定》(2000、2003、2004) 《石家庄市安全技术防范管理办法》(2004) 《西宁市公共安全技术防范管理办法》(2003) 《乌鲁木齐市公共安全技术防范管理规定》(1997)
地方政府规章 (视频信息管理) 6市	《西安市公共安全视频图像信息系统管理办法》(2019) 《南昌市公共安全视频图像信息系统管理办法》(2016) 《广州市公共安全视频系统管理规定》(2007、2015) 《长沙市公共安全视频图像信息系统管理办法》(2011) 《太原市公共安全视频图像信息系统管理办法》(2010) 《青岛市公共安全视频图像信息系统管理办法》(2010)

表6-8 公共安全视频监控地方立法数量统计

单位:个

规范性文件内容	地方性法规	地方政府规章	总数
技防管理	11	19	30
视频信息管理	0	18	18
总数	11	37	48

本章下面将以上述48个规范文本为研究对象,在总体把握上述地方立法规制特点的基础上,主要针对文本中的个人信息内容进行研究。

三、公共安全视频监控地方立法中的个人信息相关规定

由于视频监控以个人信息为素材,通读上述立法文件,公共视

频监控设置、安装、使用以及管理过程中均涉及个人信息，具体规定主要有如下几个方面。

1. 私生活秘密意义上的个人隐私保护

和个人信息联系最密切的权利就是个人隐私权。“技防管理”立法文件中通常都有“任何单位和个人不得利用技防系统侵犯个人合法权益”的原则规定，而合法权益并非泛指，山西省、陕西省、辽宁省、天津市、珠海市、银川市、福建省的地方立法文件中规定：“不得利用技防产品或者技防系统侵犯他人的隐私以及其他合法权益”，显然合法权益被具体化为个人隐私，陕西省的地方性法规还把个人隐私直接列为立法原则之一。值得注意的是，个人隐私在地方立法中是和“秘密”联系在一起的，河南省、黑龙江省、昆明市、杭州市、石家庄市的“技防管理”立法文件中规定：“国家机关工作人员和安全技术防范系统设计、安装、使用、运营服务单位的工作人员，对合法获取的国家秘密、商业秘密和个人隐私以及用户明确要求保密的信息，应当予以保密”。在“视频信息管理”地方立法中，除了广州市，其他立法中都有“公共安全视频图像信息系统的建设、维护和使用，不得泄露国家秘密、商业秘密和个人隐私”的规定。综合上述两类立法文件，个人隐私是作为公共安全视频监控可能侵犯的具体合法权益得到保护的，且被直接或间接确立为立法保护原则，而从与国家秘密、商业秘密并列规定来看，个人隐私的内涵是私生活秘密。

2. 政府与社会共建模式下的个人信息广泛收集

安装场所的选择决定了公共安全视频监控收集个人信息的范围。两类地方立法以列举的方式明确规定了广泛的应当安装公共安全视频监控的范围，主要在下述场所内伸缩：(1)危险或重要物品生产、存放场所；国家机关和国家重点建设工程的重要部位；国防科技工业重要产品的研制、生产场所；存放重要档案资料、重要文物的场所；制造存放货币、有价证券、票据的场所；供水、供气、电力生产供应的重要部位等。(2)公共区域:广场、公园;城市主要道路和路口、地下通道、过街天桥、隧道、大型桥梁等;高速公路、城市快速干线和地铁的重要路段;机场、大型车站、大型码头;大型文化、体育场所;博物馆、档案馆、纪念馆、展览馆和重点文物保护单位;星级酒店、大型公共娱乐场所、大型商场的主要出入口和其他主要通道;大型商贸中心、宾馆、网吧、居民小区、停车场等。(3)公共服务场所:广播、电视、电信、邮政;金融机构;城镇学校、幼儿园、医院、社会福利机构。(4)公共交通工具和专用运输工具内部。(5)其他:国家或者省级统一考试的命题及试卷印刷、存放场所;黄金、珠宝生产基地及其储存、销售场所;单位的财务室和集中存放现金、证券、贵重物品的部位;重点污染源等。各地具体列举的范围差异很大,通常越是新制定的立法规定的范围越广,展现了公共视频监控范围不断扩大的立法趋势。而与广泛的公共场所列举相对应的是政府与社会力量共同安装公共安全视频监控模式。政府主要投资安装诸如城市的广场、公园、主要道路、治安复杂区域的路段和路口,地下人行通道、过街天桥、隧道、地铁、大型桥梁等基础设施部位的公共安全视频监控系统;其他公共场所的公共安全视频监控系统由场所的所有者或建设者、使用者或管理者负责安装。由此实现了政府与社会主体共建公共安全视频监控系统的广泛个人信息收集。

3. 列举禁止安装场所落实个人隐私保护

除了列举应当安装公共安全视频监控的场所外,两类地方立法中还有禁止在涉及个人隐私的场所安装视频监控的列举规定。各地方立法中的列举范围同样变化很大,见表6－9。

表 6－9 公共安全视频监控禁止安装场所列举规定

禁止安装的场所	技术管理规定	视频信息管理（规章）
三类场所：（1）宾馆（旅店）客房；（2）集体宿舍；（3）公共场所的卫生间、更衣室、浴室等涉及他人隐私的场所	法规：山西、河南、黑龙江、珠海、银川、昆明（缺少集体宿舍）	南昌、太原、广东、广州
四类场所：三类场所 + 居民住宅窗口、门口	法规：辽宁；规章：秦皇岛	
六类场所：（1）旅店业客房、娱乐场所包间；（2）集体宿舍、公寓房间；（3）哺乳室、公共浴室、更衣室、化妆间、卫生间；（4）金融、保险、证券机构内可能泄露客户个人信息的区域；（5）选举箱、举报箱、投票点等附近可能观察到个人意愿表达或者行为的区域；（6）其他涉及个人隐私的场所和区域〔1〕	法规：内蒙古	内蒙古、安徽、云南、重庆、新疆、湖北、甘肃、贵州、陕西、西安
七类场所：六类场所 + 医疗机构（医院、疗养院）的病房、手术室等诊断、治疗场所		长沙、吉林
七类混合场所：三类场所 + 医疗机构病房 + 国家机关、企事业单位办公室 + 居民住宅的楼道、窗口 + 兜底条款		青岛

上述规定中，列举三类和六类限制场所的文件最多。三类限制场所可以看成是保护个人隐私不得设置视频监控的基本场所，主要为技防管理地方性法规所规定，而六类场所是对三类限制场所的扩展，主要由视频信息管理规章所规定。具体来看，三类基本场所列

〔1〕 具体的场所列举有差别，比如第一类中的娱乐场所包间，第二类中的公寓房间，第三类中的哺乳室、化妆间，第四类中的保险、证券机构，第五类中的举报箱，有的立法文件中就没有具体列举。六类列举不仅细化了三类限制场所，而且多了金融机构和民意表达两类场所，并且有兜底条款。

举的是客房、宿舍以及浴室、卫生间、更衣室等公共场所中不具有开放性的涉及身体私密的空间；六类场所中增加的金融机构、投票机构则保护的是公共场所中财产和主观意愿表达的私密性；兜底条款则在文字上保障了限制场所列举的完整性。至于个别文件规定的居民住宅窗口、门口、楼道等场所是直接指向私人住宅的隐私；而医院病房、治疗空间以及国家、企事业单位办公室既具有开放性特征也有私密性需求。禁止安装场所的列举是对公共场所中的个人隐私保护的落实，各地方立法列举规定的多样态表明隐私权含义界定的不一致以及公共场所中隐私权保护标准的不统一。

4. 个人信息的权力性收集利用

公共安全视频监控中的个人信息使用是和政府职权联系在一起的，即政府为维护公共安全目的有权收集使用个人信息且监督其他主体对个人信息的使用。技防管理相关立法中规定了对技防产品生产许可、安全认证、生产登记、质量检验、日常监督检查等职权，视频信息管理规章规定了系统规划、建设、维护、使用以及监督管理职权。各地方立法不仅赋权政府自己安装公共安全视频监控系统收集使用个人信息，还规定由政府确定需要安装视频监控的重点单位并对列入重点单位的社会组织视频监控安装进行监督与管理，并授予了政府职能部门以行政罚款为主的广泛的行政处罚权。在个人信息利用方面，规定县级以上人民政府公安机关、国家安全机关为维护公共安全可以无偿接入或者直接使用、查阅、复制或者调取相关单位的公共安全视频图像信息系统。在公共安全维护目的下，除公安机关外，多数地方立法还列举了工商、技监、建设等部门为职权管理部门，也有列举信息产业、发展改革、商检、安全生产等职能部门的，例如，2017 年制定的《秦皇岛市公共安全技术防范管理办法》中赋予了广泛的政府职能部门以管理权，包括：城乡规划、城乡建设、住房保障和房产管理、城市管理综合执法、交通运输、环境保护、质量技术监督、食品药品和市场监督管理、卫生和计划生育、工业和信息化、旅游、教育、民政等有关部门，表明政府对公共安全视频监控的广泛使用和职权管理，体现了个人信息权力性收集利用的普遍性。

5. 有限的个人信息权利保护

与广泛的个人信息利用权力相比，地方立法中的个人信息权利内容十分有限。除了个人隐私保护的直接规定外，在公共视频监控地方立法中，和个人信息权利保护相关的规定主要有三个方面：一是个人信息调取权的零星规定。只有辽宁、珠海、内蒙古的技防管理法规和南昌、新疆的视频图像管理规章做了严格的限制规定。辽宁省规定：在涉及合法权益、且不侵犯国家秘密、国家安全和他人隐私时，依法到公安机关登记、说明理由、出示身份证、民警陪同或出具采获文书、登记程序查询。珠海市规定了相同的程序，且把合法权益细化为公民、法人和其他组织因寻找遗失物品、查找走失亲友等涉及其合法权益事由的需求。内蒙古强调了要经技防系统使用单位同意才能查看，并登记查看人员身份信息、查看事由以及信息起止时段后可以查看，但需要复制、调取相关信息的，应当经技防系统所在地公安机关批准。南昌的视频图像信息管理规章规定“应当依据有关法律、法规的规定执行”；而新疆的相应规章规定经“公安机关批准”可以查询。二是通过规定设置视频监控明显标识承认信息主体的知情权。视频信息管理政府规章中除了重庆、新疆、太原、广东没规定外，都规定了“在公共场所安装视频监控系统的，应当设置明显标识”。技防管理立法方面，山西、河南、黑龙江、辽宁、珠海、银川的法规和秦皇岛、杭州的规章也有相关规定。监控系统设置明显标识，是对个人信息收集的明示与告知，间接承认了个人的知情权。三是信息最短留存期限与信息的主体删除权。地方立法中普遍规定了个人信息保留的最短期限：少则 7 日，多则达 90 日。规定不得少于 30 日的最多,另外还有对涉及公共安全重要图像数据保留不少于 2 年的规定。地方立法有对个人信息保存最短期限的规定,但并没有最长期限限制,这就意味着在技术和条件允许的情况下,个人信息的保留期限可以无限延长。作为例外,只有辽宁的技防管理法规规定,"留存期满,公安机关没有要求提取的,即可以自行封存或者销除"。但这一规定显然还停留在公安机关主动删除上,并未涉及个人信息的变更删除权。

除上述规定外,两类地方立法还以禁止的方式对个人信息的合目的性使用、个人信息安全、个人信息相关权益保护做出了规定,包括禁止任何单位和个人买卖、传播、隐匿技防系统信息资料,利用采获的信息侵犯他人隐私权或者其他合法权益,擅自提供、复制、翻拍或者删改、毁弃采获信息,拒绝、阻碍有关行政管理部门依法使用资料,向本办法规定以外的单位、个人提供资料等内容。技防管理立法规定不得毁坏设备、破坏(删除、修改)系统运行程序和记录、改变系统用途和范围、泄露系统秘密、擅自使用系统记录资料等内容,视频信息管理规章规定了建立值班监控、信息保存、信息使用、信息保密、操作规范等管理制度来实现系统和个人信息安全保护。这些规定从权力监管的角度对个人信息相关权利做了间接保护。

总体上看,我国公共安全视频监控地方立法中的个人信息内容并不少,涵盖了个人信息收集范围、个人信息调取使用、个人信息安全保护以及个人信息保存期限等内容。这些内容主要是以公共安全为价值取向、以公权力利用为核心展开的,体现了地方立法中个人信息的公权力使用优先性和权利保护的附属性。

四、公共安全视频监控地方立法中的个人信息规定反思

在个人信息法律保护缺位的背景下,面对公共安全视频监控的快速发展,地方立法从规范管理的角度进行了有益的探索,但随着

大数据时代个人信息权利保护与利用的双向发展,地方立法中的相关内容已经无法跟上时代的脚步,而从法制统一的原则出发,随着《个人信息保护法》的颁布,公共安全视频监控地方立法对个人信息的规定也需要重新定位。

1. 狭义隐私权保护原则的滞后

随着大数据联网应用的推进,以个人信息收集处理为核心的公共安全视频监控中的权利保护围绕着个人信息展开,个人信息权成为新的研究热点。而目前我国公共视频监控地方立法中主要保护的是私生活秘密内涵的狭义隐私权。这一有限的权利保护不仅已经跟不上隐私权保护的时代发展,也无法涵盖个人信息保护的权利需求。

因公共安全视频监控捕捉个人行为而导致对个人生活形成监视,因此视频监控从一开始就和个体隐私权之间有冲突,以英国为代表的各国早期公共安全视频监控立法都有保护"独处权"意义上的隐私权内容,但随着信息化技术下视频监控的全方位安装,消极隐匿性质的隐私权保护已无法适应社会的发展变迁,其积极控制的含义越发突出,"个人信息的自我控制"理论或"保留"理论逐渐取代了私生活秘密内涵的隐私权。[1] 20世纪60年代之后新出现的信息性隐私权也早已改变了立法保护的内容。[2] 例如,美国学者 Helen Nissenbaum 教授的隐私情境脉络完整性理论,强调资讯的流动方式必须符合特定情境脉络对于资讯流动的期待,[3] 试图解决大数据时代个人信息控制无力状况下的隐私保护需求。而在欧盟,个人数据

---

〔1〕 参见[美]肯·高米莉:《美国隐私权的百年历程》,黄淑芳译,载张民安编:《美国当代隐私权研究——美国隐私权的界定、类型、基础以及分析方法》,中山大学出版社2013年版。

〔2〕 参见张民安主编:《信息性隐私权研究——信息性隐私权的产生、发展、适用范围和争议》,中山大学出版社2014年版,"序言"。

〔3〕 参见刘静怡:《社群网路时代的隐私困境:"以Facebook为讨论对象"》,载《台大法学论丛》2012年第3期。

保护进入“后隐私权”时代。与强调消极防御的隐私权不同，个人数据保护权具有鲜明的主动防护特征，与人格权、信息自决权相比，它的规范内容更加确定。[1]

鉴于公共安全视频监控对个人信息的收集和利用，更多的学者和立法者转而重视个人信息权，在个人信息作为社会资源有效利用的立场上，个人信息保护权并不是一项全面的、绝对的支配权。个人信息不仅关涉个人利益，而且关涉他人和整个社会利益，个人信息具有公共性和社会性。这预示着个人信息保护应从个人控制走向社会控制。[2] 个人信息保护法应确认信息主体在公法上的个人信息控制权，探索激励相容的个人信息保护法立法方向。[3] 基于个人信息利用中的三方利益平衡[4]的需要，个人信息权既包括保护私益的隐私权也包括民主参与这种公共利益视角的权利。有学者指出，就公共视频监控系统建设及管理而言，由于在规划、建设和运用过程中公众参与的缺失，往往存在过于强调整体利益和整体效应，忽视了公民的局部利益或个体需求，而造成建设不合理、不恰当或使用不规范的问题，致使侵犯公民个人利益的情况时有发生。[5] 总体上看，个人信息权利既包括私益角度的个人信息利用权也包括公益角度个人信息收集利用的民主参与权，但显然，我国目前地方立法中体现主体主动性权利的个人信息收集知情参与、利用申请、使用公开、变更删除等规定都是缺失的。

---

〔1〕 参见刘泽刚：《欧盟个人数据保护的“后隐私权”变革》，载《华东政法大学学报》2018年第4期。

〔2〕 参见高富平：《个人信息保护：从个人控制到社会控制》，载《法学研究》2018年第3期。

〔3〕 参见周汉华：《探索激励相容的个人数据治理之道——中国个人信息保护法的立法方向》，载《法学研究》2018年第2期。

〔4〕 参见张新宝：《从隐私到个人信息：利益再衡量的理论与制度安排》，载《中国法学》2015年第3期。

〔5〕 参见梁红：《公共视频监控与公民隐私权的冲突原因分析》，载《山西高等学校社会科学学报》2011年第7期。

2. 个人信息利用职权不清、控权不足

公共安全视频监控地方立法中赋予了以公安机关为主的政府职能部门以广泛的政府职权，但除了和治安以及交通秩序维护相关的公安机关的公共视频监控安装使用权限有规定外，其他政府职能部门的职权并不清晰。公安机关治安维护职权的行使也需要其他政府部门的配合，如何配合立法中也没有明确。实际上，地方立法中公共安全视频安装管理的政府职权是混乱不清的。立法中根据职能权限列举了包括经济和信息化局、教育局、科技局、公安局、司法局、房产管理局、市住房和城乡规划建设局、交通运输局等广泛的职能部门，但各自为政的视频监控安装以及系统利用不仅导致资源浪费也会造成个人信息利用的冲突与矛盾。随着大数据技术下智慧城市建设的推进，政府职能部门利用视频监控获取数据进行智能化管理是发展趋势，一些经济发达地区已经开始从智慧城市建设的角度对公共视频监控进行平台整合建设，也出台了相应的规章，但显然这方面的政府规章存在着如何与已有的公共安全视频监控地方立法整合的问题。

与政府个人信息利用权力相对应，地方立法中的权力监控也并不充分，程序性规定仅出现在技防产品生产登记申请，技防系统的设计、安装、监理、运营申请，建设或拆除公共安全视频图像信息系统的验收备案，查阅、复制、调取技防监控资料等四个方面。这四个方面的规定，前三个是对公安机关职权行使的程序规定，虽然也设定了审批的时限和流程，但是主要内容是规范提交申请的单位和个人应该提交的相关证明材料，并将其作为生产、安装、经营获得许可的实质条件，如果材料不全，结果就是不能获得许可。没有经过许可批准的生产、安装在法律责任部分是要承担具体的责令停产、限制整改和行政罚款处罚的。而就审批机关的时限和流程要求看，是否遵守以及如何承担法律责任，只在少数文件中规定了抽象的责任承担,即,“公安机关及其工作人员在安全技术防范工作中滥用职权、玩忽职守、徇私舞弊的,依法给予处分;构成犯罪的,依法追究刑事责任”。只有查阅、复制、调取视频监控信息资料的程序规定是限权性质的,主要对公安机关的行为进行了程序限制,少数立法对公民、其他组织的查阅行为进行了限制。由于立法文件中确立了公安机关对公共安全视频监控产品和系统的监督管理权,所以,该程序设定中的出示批件、登记和保密的规定约束力明显不强,尤其是在公共安全视频监控与公安机关联网建设的背景下,调取已经可以在联网平台自动实现,这一人工现场调取程序的设置显然滞后于实践发展。

从实然规定方面看,上述两个方面代表了地方立法的管制色彩,而如果把地方立法放到整个立法体系中,公共视频监控地方立法中涉及的个人信息内容还面临着应然性拷问。

3. 政府主导立法减损及增加个人信息权利义务的正当性缺失

在本书统计的 48 个地方立法规范性文件中,地方政府规章有 37 个,占统计总数的 77%,这充分体现了我国目前公共视频监控地方政府主导立法的态势,反映了公共视频技术发展之下,政府基于管理需要快速立法应对。但从国家法制统一的视角出发,政府作为公共视频监控的直接管理者,其自我立法规制始终面临着正当性拷问。2015 年《立法法》修改,对地方政府规章的立法权限进行了重大调整。本章研究的规范性文件大多制定于 2015 年《立法法》修改之前,应该说带有政府规章权限未受明确限制随意扩充立法的历史痕迹,但仍有 14 件是在 2015 年之后制定或修改的,而在《立法法》修改后,地方政府规章的制定权限都需要重新审视。

首先,地方政府规章减损个人信息权利与增加个人信息义务缺乏正当性。《立法法》修改增加的第 82 条第 6 款规定:地方政府规章不得设定减损公民、法人和其他组织权利或者增加其义务的规范。但实际上,公共安全视频监控地方政府规章中设置的广泛收集个人信息的监控系统必然会造成对公民权利的减损,运用不当还会造成对权利的侵害。虽然地方政府规章中都原则性规定了保护公民隐私权,也有为了保护公民隐私权不得安装视频监控的场所列举,但是广泛安装的视频监控还是让个人信息面临被侵害的危险。权力行使的比例原则要求公共安全维护的必要性和公民权利负担的最小化,显然地方政府规章的制定缺乏这样的考量,主要表现在规范中并没有关于视频安装必要性条件的限制规定,也没有公众参与、知情同意的内容设计。另外,地方政府规章中规定的政府和社会共建视频监控系统是对私人义务的不当设置。除了政府投资建设外,规章中划定的公共安全重点单位的所有者、使用者或管理者也负责建设视频监控系统,重点单位是一个广义的范围,包括国家财政负担的事业、社会组织,也包括属于国家经济体的国有企业,还包括大量的私人组织和单位。由此,从更广泛的层面形成一张"天罗地网",但是显然,"代替市场的政府强制安装",加重了重点单位等社会组织维护公共安全的负担,增加了其收集提供个人信息的义务。《立法法》对于地方政府规章不得设定减损公民权利或增加其义务的规定,是对政府自设职权的限制,在公共安全视频监控地方立法中,正是因为代表民意的人大立法缺失,才导致了管制型规章的普遍存在。虽然在人大没有立法的情况下,政府规章可以先行立法,但是先行立法依然需要遵守《立法法》规定的界限。

其次,地方政府规章先行立法期限届满没有引起重视。按照《立法法》修改后增加的第 82 条第 5 款的规定,"应当制定地方性法规但条件尚不成熟的,因行政管理迫切需要,可以先制定地方政府规章"。本书研究的地方政府规章中,只有 2 个省(贵州省、陕西省)、1 个自治区(内蒙古自治区)、1 个市(广州市)的规章是以本省、自治区人大制定的技防条例为立法依据,其余规章均属于没有上位法依据的先行制定的政府规章，而对于先行制定的规章，《立法法》在该款中做了限制规定，“规章实施满两年需要继续实施规章所规定的行政措施的，应当提请本级人民代表大会或者其常务委员会制定地方性法规”。这实际上是对地方政府规章制定权限的限缩，即一般情况下，地方政府规章必须“执行法律、行政法规、地方性法规的规定需要”而制定，基于行政管理迫切需要，才可以在没有上位法依据时先行制定规章，但是先行制定规章实施满两年应当提请制定地方性法规。回到本书研究的内容，公共安全视频监控的快速发展迫切需要政府规制，地方政府先行立法有必要性，但在《立法法》修改后的三年时间内，并没有哪一个省级人大对于本级政府或所辖的设区的市政府制定的没有上位法依据的公共视频监控规章进行提升立法，显然，这一问题并没有引起地方立法机关的重视。在《立法法》修改限缩了政府规章制定权限的背景下，尽量减少政府先行立法并发挥人大作用及时制定地方性法规，应该是下一步政府规章梳理的重点。

4. 省级立法无法体现个人信息民主参与的地方特色

在本书研究的两类地方立法文件中，无论是地方性法规还是地方政府规章，省级人大和省级政府的立法都占了很大的比例，在 11 个地方性法规中，9 个是省级立法，在 37 个地方政府规章中，23 个是省级政府规章，可以看出我国公共视频监控地方立法以省级立法为主的特色，但省级立法的地方特色却表现并不明显。

我国的地方立法分为两级，省级和设区的市级，省级地方立法处于全国立法和最低位阶的市级立法的衔接地位，就公共视频监控的立法而言，由于尚未出台全国统一的立法，由省级立法机关（包括人大和政府）进行先行性地方立法，具有满足公共视频监控行政管理迫切需要的重要作用，但是随着公共视频监控全网应用、全域覆盖的发展，省级立法面临先行立法的提升以及地方特色的准确定位问题。

首先,高度重复的省级立法内容体现了个人信息保护的一般性要求。研读两类省级主体(人大和政府)的公共安全视频监控立法,从结构到内容都存在高度的重复性。就公共安全技术防范管理规定(包括地方性法规和规章)而言,立法文件的基本结构为总则、技防装置范围、技防产品、技防系统和法律责任,个人信息使用一般含在技防系统章节中,也有地方作为单独一章来规范。从基本相同的结构出发,技防管理立法主要从技防产品生产许可、安全认证、安全生产登记进行了规范,其中公共视频监控的安装范围、系统安全维护以及不得侵权等规定对个人信息进行了以利用为主的规范。就公共安全视频图像信息系统管理立法而言,12 个省级政府规章的结构也是高度雷同,主要是从公共安全视频图像信息系统规划、建设、维护、使用以及监督管理的思路上以个人信息利用为主进行了规范。高度雷同的立法结构和内容表明公共视频监控立法规制的共同性,而随着公共视频监控全网应用,全域覆盖的发展,对个人信息统一保护的需求越来越迫切,这表明,更为节约立法资源的方式是把普遍性的省级立法规制内容上升为更高位阶的立法。

其次,省级立法的地方特色不明显。在上述高度雷同的结构和内容中,也存在明显有差异的地方。一个差异是视频监控系统的设置范围的规定。在上文提到的以公共区域和场所为核心的范围内,各省级立法有差异很大的伸缩变化。另一个差异是法律责任中的罚款标准。两类立法主要针对技防产品的生产、销售、安装、使用单位和负责人、个人设定了行政处罚责任,主要的行政处罚方式是罚款,但是罚款的数额差距很大,从罚款 1 万 ~3 万元(广东省法规)到 1000 元以下(天津市法规)。其实,上述两类立法差异与地方特色并无明显相关性,例如,视频监控范围的列举,制定越晚的文件规定的范围越广,这代表了随着技术进步展现的公共视频监控范围扩大的现实状况，只能说先制定的立法预见性差，并不表明其具有什么地方特色。所谓地方立法特色，就是地方立法能够反映本地的特殊性。一是地方立法能充分反映并适应本地实际情况；二是地方立法要具有较强的针对性，解决本地突出而中央立法没有或比较不宜解决的问题。[1] 就公共视频监控政府规制而言，全覆盖安装下政府责任承担取决于地方财力，而民众差异化需求支撑个人信息权利保护的多维建构，这两方面内容的实现需要通过地方立法的民主参与实现。而省级立法并不能很好实现这种地方特色。

综上，在大数据技术推动下，我国公共安全视频监控地方立法至少面临三个方面的挑战：一是立法层次低，以地方性管理分割的立法无法适应联网应用和信息共享的要求；二是立法的行政色彩浓，地方政府主导的立法无法完成大数据背景下个人信息利用中的权利保护与权力监控；三是地方立法特色不明显，多数省级公共安全视频监控立法重复性高，立法资源没有得到有效利用。上述挑战既涉及适应时代需要的立法变革，也涉及法制统一原则下的各个层级立法的分工定位。适应大数据时代公共安全视频监控个人信息利用的特点，理顺地方立法与上位法的关系，及时推进统一的公共视频监控行政法规或法律制定，找准地方立法的特色内容，这是我国目前地方立法权主体扩容背景下，实现良法善治的必然要求。

---

[1] 参见赵静波：《地方立法特色的缺失及其规制》，载《地方立法研究》2017 年第 6 期。

第七章　我国公共安全视频监控个人信息立法保护的实现

随着互联网、物联网、大数据等信息技术的发展，个人数据的多样化、全息化采集和应用已经成为网络社会的基本生态环境。[1] 在个人信息的社会化利用下，公共安全视频监控中的权利保护转换为对个人信息收集利用的规制。但与个人信息的广泛收集与利用的实践不符，我国公共安全视频监控领域一直存在“立法滞后于实践、理论滞后于实践”的特点。[2] 目前我国公共安全视频监控立法仅存在于地方立法层面，且个人信息的收集利用不是地方立法重点关注的内容，个人信息仅作为公共安全视频监控的附属品进入了立法，这不仅不符合大数据时代个人信息的资源性特征，也无法有针对性地实现政府管理权与个人信息相关权利的冲突

---

〔1〕 参见高富平：《个人信息保护：从个人控制到社会控制》，载《法学研究》2018 年第 3 期。

〔2〕 刘建军：《论公共场所图像监视与公民权利保护——一个框架性说明》，载《政法论丛》2011 年第 1 期。

平衡。一方面,由于公共视频监控对个人信息的收集利用是以信息技术和大数据应用为推动力,在公共视频监控、个人信息立法均缺位的情况下,技术标准的出台一定程度上起到了规范替代作用;另一方面,在个人信息法律、行政法规保护缺失的情况下,我国公共安全视频监控地方立法被动承担了平衡公共安全与个人信息权利保护的重任,而地方立法必然要在《立法法》确立的法制统一体系以及《个人信息保护法》设定的保护原则中重新定位。因此,公共视频监控中的个人信息立法保护既无法绕过已经出台的个人信息保护国家标准,也需要对公共安全视频监控地方立法重新定位,在多元立体层次中思考公共视频监控图像信息保护与利用问题。

在我国个人信息分散立法保护的总体情况下,个人信息首先在《网络安全法》中有比较集中的保护规定,《刑法修正案(九)》从犯罪控制的角度设定了侵犯个人信息犯罪的具体罪名,并作为民法保护的权益写入了新颁布的《民法典》。有学者认为,“个人信息权作为信息主体对抗信息控制者信息处理行为的新型公法权利,必须有法律依据,并由法律对具体权项进行列明”。[1] 2021 年 11 月 1 日《个人信息保护法》的生效,确立了“公私协力、合作共治”的立法保护个人信息的模式,也体现了浓厚的个人信息行政监管特色,这是因为,一方面,政府作为监管者,需要对个人信息控制者的个人信息收集利用行为进行规制,而这种规制必须依法进行;另一方面,政府作为最大的个人信息利用者,在广泛的社会监控中随时收集个人信息,并能通过大数据对个人信息进行整合利用,以个人画像为依据建构信用体系、进行资源分配、完成社会治理。保护个人信息基本权利、规制信息利用者行为、国家作为管理者和利用者的双重身份等多元利益需求决定了必须综合平衡各方利益进行个人信息立法

〔1〕 周汉华:《个人信息保护的法律定位》,载《法商研究》2020 年第 3 期。

保护制度建构。总体上而言,我国个人信息的分散和专门立法保护强调的是政府监管,但尚缺失限制政府机关处理个人信息权力的立法,亟须针对政府机关进行限权性专门立法,在限制政府权力的同时发挥政府的监管职能,由此切实推进我国个人信息立法保护,公共视频监控中个人信息立法保护正是这一限权的必然要求。

一、《公共安全视频图像信息系统管理条例》(征求意见稿)评析

2016 年 11 月 28 日,公安部网站发布了《公共安全视频图像信息系统管理条例(征求意见稿)》(以下简称《征求意见稿》),征求意见和建议截至 2016 年 12 月 27 日。[1]《征求意见稿》近两年又多次线下征求专家和各方面意见,但是在网络上再无相关消息,笔者以网络上公开征求意见的这一稿为评析对象,分析目前公共安全视频监控图像信息系统行政立法存在的问题。

参考各地出台的相关地方政府规章的表述,《征求意见稿》将名称定为"公共安全视频图像信息系统管理条例",立法目的规定为,"为规范公共安全视频图像信息系统建设、使用和管理,维护公共安全,保障公民、法人和其他组织的合法权益,提高公共服务水平,制定本条例"。主要内容是对公共视频监控图像信息系统的建设、使用和管理的规范。《征求意见稿》对"公共安全视频图像信息系统"的概念作了界定(第 2 条),并将调整范围明确为对系统建设、使用和管理的规范(第 3 条),明确了各级公安部门作为公共安全视频图像信息系统建设、使用的监督管理的责任主体地位。在此基础上,《征求意见稿》主要规定了三个方面的内容,一是公共视频监控的安装建设。规定了在社会公共区域的重点部分建设公共视频图像信

---

〔1〕 公安部:《公共安全视频图像信息系统管理条例(征求意见稿)》向社会公开征求意见,载 http://www.mps.gov.cn/n2254536/n4904355/c5556267/content.html,最后访问日期:2020 年 9 月 22 日。

息系统的政府责任,并纳入各级财政预算;鼓励、支持和引导社会力量参与公共安全视频图像信息系统的建设,但不得违法强制要求企事业单位、其他组织和个人建设公共安全视频图像信息系统;列举了禁止安装视频监控的可能泄露他人隐私的场所、部位。二是公共视频监控系统的建设及运行维护。规定了强化从建设到验收环节的标准执行,加强建设资料管理、禁止妨碍系统运行、保障传输网络稳定安全、履行安全管理职责等措施,以统一规范公共安全视频图像信息系统的科学建设、安全运行。三是信息的管理及使用。规定了信息使用和管理的诸多措施:对获得的基础信息及视频图像信息的保密义务;采取授权管理、访问控制等技术手段,保障信息的安全使用;明确了信息保存、使用的具体要求。

《征求意见稿》从三个方面说明了制定的必要性:建设管理不规范直接影响防范效能;信息安全与个人隐私保护问题突出;尽快制定的时机已经成熟。但在笔者看来,《征求意见稿》的这三个必要性还停留在监管的思路上,对大数据联网社会治理的发展需要考虑不足,因此,2016 年的这个草案,在起草时没有抓住公共视频监控利用的核心问题,即个人信息利用和保护这一对矛盾。总体上看,《征求意见稿》存在如下问题。

(一)立法性质错位

从《征求意见稿》的整体内容看,明显是从维护公共安全目的出发,是对公共安全视频图像信息系统的监管法,规定了由公安机关负责具体管理工作,发展改革、财政、住房城乡建设、交通运输、工业和信息化、质量技术监督等行政主管部门在各自职责范围内,履行公共安全视频图像信息系统建设、管理等方面的指导、监督职责。虽然与地方立法相比,《征求意见稿》明确了具体的监管负责部门,不再是多头管理,但是依然是各个职能部门配合公安机关对公共视频监控系统的安装、建设、使用的监督与管理。监管性质的立法,并不符合公共视频监控收集利用个人信息的实际情况，根据本书前面章节的分析，使用视频监控维护公共安全和秩序已经是公安机关广泛使用的技术手段，作为已经普及化了的安防技术，需要的不是立法授权，而是立法控权。公安机关固然需要对各个领域、各个主体安装使用的视频监控系统进行监督和管理，并统一规制，但是就大量已经归属于公安机关的视频监控系统管理而言，更需要的是监管权力本身接受视频监控系统安装使用的实体和程序两个方面的规制。

从实体控权方面看，视频监控根据目的可划分为预防型、调整型、保障型等不同的种类，根据不同的目的确定不同的视频监控使用类型；具体的安装场所和不得安装的场所必须明确；贯彻个人信息最小使用原则等，但是《征求意见稿》中，上述三个方面的内容并不完整，尤其是可以安装与禁止安装视频监控的场所没有具体明确规定，“社会公共区域的重点部位以及法律、行政法规规定的有关场所或者部位”应当安装视频监控的规定无法直接操作，何为重点部位以及如何判断等都不明确。而“旅馆客房、集体宿舍以及公共浴室、更衣室、卫生间等可能泄露他人隐私的场所、部位，禁止安装视频图像采集设备”的规定，甚至没有地方立法列举的全面。《征求意见稿》中没有个人信息最小化使用的原则规定，唯一能反映这一原则的是保留期限的规定：“公共安全视频图像信息系统的使用单位，应当建立信息保存、使用等管理制度。采集的视频图像信息至少留存30日，法律、行政法规或者相关标准规定多于30日的，从其规定。”这一规定依然没有跳出地方政府立法仅规定最少保留期，没有最长保留期从而尊重和保护个人信息删除权这一隐私权新内容。

从程序上看，公共视频监控中的个人信息保护要通过公众参与、知情公开以及个人信息自我控制等实现。《征求意见稿》中是以公安机关对视频监控的安装、使用进行监管为主要内容的，多为监管权力行使内容，全篇没有提到公众参与，既没有安装部位选择的公众讨论，也没有政府财政支出安装公共视频的公众监督，“鼓励、支持和引导社会力量参与公共安全视频图像信息系统的建设”规定中也没有出现公众参与。与参与密切联系的公开程序规定的也不足够，《征求意见稿》中仅规定了“社会公共区域的视频图像采集设备，应当设置提示标识，标识应当醒目”。资源整合、系统建设规范、建筑物内系统建设要求、资料管理、安全运行等都应该向社会公开，但《征求意见稿》中并没有专门的公开程序设置。参与、公开、监督救济作为程序性标准，应该在权力运行中体现出来，但《征求意见稿》整体上缺乏对程序的规定，除了“采集的视频图像信息至少留存30 日”这一处出现了时限规定外，再无有关时限、顺序、步骤等程序内容，多为不得、禁止等强制性规定，原因主要在于《征求意见稿》的立法目的并不是控权而是授予公安机关监督权，这样就很难通过程序监督发挥公共视频监控安装使用中的个人信息保护作用了。

行政立法的目的是控制行政权行使，这已经成为学界和实务界的共识。例如，我国法治建设中先后出台的行政处罚法、行政许可法、行政强制法等都是控权法，当然以法律的方式更能实现控权的作用，目前公共视频监控立法还是职能部门负责起草、国务院通过行政法规草案。但是，鉴于公共视频监控对个人信息收集利用的现状以及大数据技术下个人信息整合利用的发展趋势，从隐私权保护的视角出发，公共视频监控图像信息系统管理的立法目的必须调整为控制公共视频监控权力行使，这样才能在有效利用个人信息的前提下实现不以侵犯个人权利为代价的公共安全社会治理目标。而如果要真正做到立法控权，还需要突破公安机关职能部门起草立法草案，无法脱离自身利益的弊端，转换立法思路，广泛征求社会意见，才能做好公共视频监控图像信息系统管理行政法规的制定工作。

(二)个人信息权利保护缺失

与监管法的性质相对应,《征求意见稿》全篇对个人信息隐私权的保护规定较为匮乏。《征求意见稿》中共有两处具体保护个人隐私的内容,一处规定,公共视频图像采集设备的安装位置应当与居民住宅等保持合理距离,在可能泄露他人隐私的场所、部位,禁止安装视频图像采集设备;另一处规定:“视频图像信息用于公共传播时,除法律另有规定外,应当对涉及当事人的个体特征、机动车号牌等隐私信息采取保护性措施。”上述规定是从公共视频监控采集个人信息并使用的职权出发,都是职权部门主动保护的内容,而除了规定在公共视频监控安装场所明确标识提醒是对公民知情权的间接规定外,个人信息主体的主动信息控制权、利用权以及删除权等个人信息保护分散立法和标准规范中的权利内容都没有提到。

虽然个人信息保护技术规范具有一定的立法替代作用,可以通过援引技术规范对个人信息进行保护,但是特定领域中的个人信息利用需要通过公共利益与隐私权的平衡做出专门的规定。这种平衡表现在个人信息主体并没有因为公共安全维护被采集图像信息而丧失对个人信息的控制权,具体表现在如下三个方面:

一是个人信息准确性的确认。由于技术收集本身的局限性以及信息复制、剪辑等制作后的存档都会导致视频图像信息出现与实际情况不符,或者没有准确记录完整的行为等误差,以此为公共安全治理依据就会发生对于信息主体的误判乃至在执法中出现错误或歧视待遇,因此,个人信息主体有权对记录自身行为的视频图像信息进行准确性确认,如果认为有误差和错误,有权提出修改、变更乃至删除。

二是个人信息的删除。2016 年欧盟通过的《通用数据保护条例》(GDPR)第 17 条,用三款条文对“删除权(被遗忘权)”进行了规定。有学者认为,“虽然欧盟立法将被遗忘权与删除权作为同一权利对待,但两者在权利行使的事前控制上是有差异的。删除权属于权利被侵害后的事后救济权,而被遗忘权则体现着个人信息事前控制的理念,它的落实需要与技术能提供的保障力相结合”。[1] 笔者认为,删除权与被遗忘权并列规定是因为二者有密不可分的联系,被遗忘是一种主观愿望,删除是实现权利主体主观愿望的方式,因此二者并不能截然分开。在面对公权力使用个人信息时,进入公共生活的个人无法主张公众对个人行为的遗忘,尤其是维护公共利益需要时,因此,删除权的主张更为可取。“被遗忘权的出现并没有产生一种完全独立的新兴权利,毋宁是在古典隐私权的地基上并依赖于个人信息权(信息隐私权)的保护,增加了广义的隐私权的内容。”[2] 就公共视频监控图像收集而言,图像信息的收集汇聚是为了维护公共安全,个人能否主张删除取决于个人隐私维护与公共安全之间的平衡。对于不涉及他人利益、公共利益的公共场所个人行为记录应该及时删除,当然鉴于治安维护的复杂性,视频应保留必要的时间。目前,《征求意见稿》中,仅规定了视频监控图像至少保留30日的内容,没有规定最多保留时间,也就是没有考虑个人信息主体的删除权,而实际在技术支撑下视频图像信息保留期限会倾向于无限延长,因此,应根据信息的类型具体设计不同的最长保留时限,如果涉及敏感个人隐私信息的记录,在不涉及公共利益维护的情况下,应该赋予信息主体随时请求删除的权利。

三是个人信息的共享利用。大数据时代,个人信息作为社会资源,其收集利用是人的社会化的体现,就公共安全等公共利益维护而言,个人信息的收集利用无法回避,也只有在个人信息的充分利用中才能更好保护个人信息。在大数据时代,公共视频监控对个人

---

[1] 李媛:《被遗忘权之反思与建构》,载《华东政法大学学报》2019年第2期。

[2] 张建文:《被遗忘权的场域思考及与隐私权、个人信息权的关系》,载《重庆邮电大学学报(社会科学版)》2017年第1期。

信息的收集和利用已经处在网格化治理以及智慧城市、智慧乡村建设的发展趋势中,公共视频监控设备收集的个人图像信息不再单纯集中在社会治安治理这一单一目的,而是和其他信息的收集一起组成对个人行为的整体画像,并在全方位的社会化治理以及城市、乡村空间治理中发挥作用。大数据技术带来了社会治理的手段和技术的进步,但是需要警惕的是治理不能变成社会控制,人类文明发展到信息技术时代,已经能够确定社会治理以人为本的目标,因此,社会治理必须转向其服务功能,以权利保护为目的的治理才能不断满足人民群众美好生活的需要。就此而言,公共视频监控图像信息收集利用既要看到与其他信息共享的汇聚利用态势,也要明确共享利用的具体含义。共享利用既存在于政府职能部门之间,也存在于个人信息主体与政府之间。但这两方面的共享利用在《征求意见稿》中都没有规定。一方面,政府部门之间的信息共享利用是分权与合作的关系,也是整合信息资源提高社会服务功能的必然选择,在目前的智慧城市建设中已经实际展开,但是相关的立法并没有跟上,公共视频监控图像信息如何纳入智慧城市建设等整合信息利用中,其实对个人信息的利用和保护提出了更高的要求,需要专门研究相关内容。另一方面,个人信息主体也有对图像信息进行利用的权利。《征求意见稿》中只规定了公安、安全、检察、审判等职权机关对个人信息的查阅、复制、调取权,并没有规定个人信息主体的利用权利,相比之地方性立法,对于个人信息主体因取证、维权等需要而允许其查阅、复制、调取等的规定相比,是有疏漏的。没有规定个人信息主体的信息利用权,这应该和《征求意见稿》定位于权力监督而非个人信息权利保护有关。

二、从限权性行政法规到公共视频监控图像信息保护法律制定

公共视频监控图像信息系统行政立法必须转变监管法思路,注

意保护个人信息,必须与《个人信息保护法》和其他个人信息相关立法相协调。

(一)以《个人信息保护法》和相关法律为依据

1.《个人信息保护法》提供了公共视频监控图像信息处理的直接法律依据。

我国2021年11月1日开始生效的《个人信息保护法》确立了个人信息法律保护的基本原则和制度。作为个人信息保护的一般法,个人信息的特别保护,尤其是针对国家机关收集处理个人信息的行为还需要制定特别的法律,公共视频监控图像信息保护就属于需要依据《个人信息保护法》制定特别保护行政法规和地方性法律的事项。《个人信息保护法》为特别法的制定提供了指引。

首先,《个人信息保护法》提供了公共视频监控图像信息处理的直接依据。《个人信息保护法》第26条规定:“在公共场所安装图像采集、个人身份识别设备,应当为维护公共安全所必需,遵守国家有关规定,并设置显著的提示标识。所收集的个人图像、身份识别信息只能用于维护公共安全的目的,不得用于其他目的;取得个人单独同意的除外。”该条规定对公共场所安装图像采集以及扩展包括个人身份识别设备,设定了公共利益目的、遵守国家有关规定、公开透明的提示标识设置的原则规定。有学者指出,根据前述规定,只要具备目的上的正当性,同时遵守用途上的限制,即可不顾个人的相关权益而收集与处理个人信息。因此,第26条可能将该法对个人信息处理者所做的各种限制消弭于无形。这正说明,在第26条一般规定的基础上,公共视频监控还需要由具体的法律来规范。

其次,《个人信息保护法》提供了个人信息处理必须遵循的原则。《个人信息保护法》第5～9条分别规定了个人信息处理的合法、正当、必要与诚信原则,目的原则,公开透明原则,质量原则和责任原则。这些基本原则既是处理者开展个人信息处理活动的基本遵循,也是构建个人信息保护具体规则的制度基础。有学者研究指出,在个人信息处理的五项基本原则中,合法、正当、必要与诚信原则是个人信息处理的总体原则,在各项基本原则中发挥统领作用;目的原则以个人信息处理的目的为核心,对处理者处理个人信息的限度提出了全面的要求;公开透明原则的主要作用是强化个人的主体地位,促进个人对个人信息处理活动的知情与理解;质量原则旨在保证个人信息的准确性、完整性和时效性,是在个人信息处理活动中保护个人信息权益,实现个人信息经济价值和社会管理价值的基本前提;责任原则要求处理者对其个人信息处理活动负责,并将安全作为其负责的重点内容,违法时还承担相应的法律责任。五项基本原则在价值上具有一定的位阶关系,在内容上各有侧重同时又彼此间相互协调,实践中可能发生多项基本原则的综合适用。[1]"这些原则应当贯穿于个人信息处理的全过程、各环节"。[2] 因此,公共视频监控中个人信息立法保护也必须遵循这些基本原则。

最后,《个人信息保护法》提供了个人信息行政监管的制度模式。《个人信息保护法》确定了行政监管的保护模式。但由于行政机关本身就是个人信息处理的大户,国家机关处理个人信息的特别规定首先入法,确立了依照权限、履行告知义务的一般原则,但这一规定还相对概括,很难直接在实践中发挥作用。另外,《个人信息保护法》设计了以国家机关为责任主体的监管的责任设定。有学者总结认为,《个人信息保护法》中的行政监管有鲜明特点:一方面将监管者本身纳入监管,行政机关构成个人信息处理关系中的一方主体,具有法律适用的特殊性。另一方面,个人信息保护法既设置传统的个案式监管,实现执法监督与法律责任追究;也强调监管者的

---

〔1〕 张新宝:《个人信息处理的基本原则》,载《中国法律评论》2021 年第 5 期。

〔2〕《8 章 74 条,权威解读个人信息保护法十大亮点!》,载 https://m.thepaper.cn/baijiahao_14169492,最后访问日期:2021 年 11 月 28 日。

规制决策权和规制工具的多元性，体现监管模式的创新。[1] 公共视频监控本身是权力行为，既涉及处理个人信息本身的合规，也涉及在监管之下的责任承担，而这两个方面都需要通过特别立法来落实。

2. 公共视频图像信息法律保护必须与个人信息保护相关法律衔接

由于之前我国个人信息专门立法长期缺位，个人信息已经分散在民法、刑法、网络安全法、消费者权益保护法等法律中，这些法律中的个人信息保护内容带有时代发展的印记，也在大数据、联网应用、5G时代等的推动下不断调整与修改内容。民法、刑法、行政法各自应该发挥的作用也在调整中，最高人民法院研究室刑事处副处长喻海松此前曾在公开演讲中表示，一般的行为应先让行政法、民法进行规制，只有解决不了的时候，刑法作为最后的保护法再进行处罚，这应是社会最理想的状况。他特别强调，个人信息保护问题已超出刑法所能解决的范畴，是专门的公民个人信息保护法要解决的问题。[2] 《个人信息保护法》已经出台，但是部门法中的规定不仅在之前也还在之后继续发挥着个人信息整合保护的作用。比如，2021年1月1日生效的《民法典》在人格权编对于隐私权和个人信息保护的规定，就发挥着不同于公法色彩的民法保护个人信息的私法作用。《民法典》与《个人信息保护法》的关系也引起了学者的广泛关注，《民法典》与《个人信息保护法》中的私法规范构成普通法与特别法的关系，在后者有明确规定的时候应优先适用，而在其没有规定的时候应适用《民法典》的规则。在个人信息保护的法律适用中将二者割裂甚至对立起来的观点或者对《民法典》采取排斥封闭

---

[1] 蒋红珍：《〈个人信息保护法〉中的行政监管》，载《中国法律评论》2021年第5期。

[2] 《〈个人信息保护法〉还未出台，目前哪些法律在保护你的个人信息?》，载 http://www.sohu.com/a/299099490_161795，最后访问日期：2020年9月22日。

的态度，都会破坏法律体系的和谐和法律适用的统一，对个人信息保护来说也是不利的。[1]

公共视频监控图像信息属于专门的一种个人信息，其立法保护目前是在地方政府规章层面单兵突进，并且在联网应用、信息共享平台建设方面变动性很大，但是其对个人信息的保护不能脱离个人信息一般立法保护的内容和要求，因此，关注有关个人信息专门立法保护以及其他分散立法中的个人信息保护内容，就是公共视频监控图像信息立法监管与保护的必要内容。只有在个人信息立法保护的整体框架下思考，才能做好公共视频监控图像信息系统行政法规的制定工作。

（二）公共安全视频监控图像信息系统管理行政法规制定思路

当公共安全视频监控系统是以平安城市建设为目标，以单个城市的治安维护、犯罪预防为目的展开时，以地方政府规章的方式进行立法规制就是一种必然的结果。但在大数据技术已经能够支撑全国联网视频监控系统建设时，各地方政府的分散立法规制就会成为实践发展的阻碍。鉴于我国公共安全视频监控一直是地方政府主导建设、监管这一事实，而全国人大的立法程序复杂、时限长，在我国先制定统一适用的公共安全视频监控行政法规比较合适。但行政法规的制定必须在已有的公共安全视频监控地方立法经验基础上进行。2018 年 3 月 14 日，国务院办公厅发布了《关于印发国务院 2018 年立法工作计划的通知》[2]，《公共安全视频图像信息系统管理条例》已经列入了立法计划，由此正式开启了公共安全视频监控统一立法，《征求意见稿》的发布表明这一立法进程正按计划

---

〔1〕 石佳友：《个人信息保护的私法维度——兼论〈民法典〉与〈个人信息保护法〉的关系》，载《比较法研究》2021 年第 5 期。

〔2〕 参见《〈公共安全视频图像信息系统管理条例〉被列入国务院 2018 年立法工作计划》，载《中国安全防范技术与应用》2018 年第 2 期。

推进。

由于公共安全视频监控系统的运行是以个人信息为素材展开，其有效发挥作用取决于个人信息利用权力与权益的平衡，统一的公共安全视频监控图像信息管理行政法规的制定必须转变地方立法中的管理色彩为控权色彩，以监管权与个人信息权利的平衡为立法目标。具体内容包括：一是梳理地方性立法中已有的权力内容。地方性立法中的个人信息利用权力内容基本上是全面的，统一立法需要做的就是对不明确的权力和职责进一步明确，并实现权责一致。具体包括：明确政府安装、使用公共安全视频监控系统的权力和责任；以政府统一责任承担取代政府职能部门分而治之的规定；明确各级公安机关作为公共安全维护职能部门的监管职责；明确公安机关对行业协会的指导与监管等。二是对权力的程序性限制。在公共安全视频监控中，政府既是个人信息的收集和使用者，又是个人信息利用的监督者，不受监督的权力势必会滥用，内部的监督最有效的就是行政程序。作为视频监控的使用者，制约其权力的程序来源于其他权力部门，包括预算、审计、监察等限制均应有所设计。政府对视频监控的监管面对的是行政相对人，设定公开以及相对人参与监督等程序也可以起到限制权力滥用的作用。三是个人信息权利的保护。必须从现代社会的生活样态出发，推动消极隐匿性质的隐私权向自我决定、自主支配和自我控制这一积极意义上的隐私权和更宽泛的个人信息权发展，实现从信息的收集、处理、存储到删除的全过程性保护，要设计请求公开、查询、申诉等程序落实个人信息主体对个人信息知情、调取、更改、删除等完整的个人信息权利。四是法律责任承担。在现有的地方性立法内容基础上，法律责任应该加入对个人信息权利侵犯应该承担的责任规定，尤其是政府公权力行使造成个人信息侵害的救济与赔偿责任应完善。

公共安全视频监控图像信息管理行政法规的制定是以个人信

息的收集和利用为核心,针对公共安全视频监控的有效利用与监管,其与专门的个人信息保护法并不相同,在目前个人信息保护法也在制定的过程中,需要分清各自的界限,或者应该在个人信息保护法的框架思路下,进行公共安全视频监控的行政法规制。另外,统一的公共安全视频监控图像信息系统管理行政法规应着眼于视频监控联网建设目标,考虑到各地经济实力以及治安状况的差异,在明确列举安装区域、禁止安装区域地点后,政府与社会组织安装建设的分工应留给地方立法根据地方实际和财政情况来规定;个人信息保护部分,留出技术标准和个人信息统一立法的空间,仅针对公共安全视频监控个人信息利用中的权利进行规定。

(三)公共视频监控图像信息系统利用与保护法律的制定

《公共视频监控图像信息系统管理条例》可以实现对公共安全维护的监控权力行使的控制,但其有自身无法克服的局限性。首先,该条例作为行政法规,依然还是为政府管理服务的立法,为的是实现政府社会治安综合维护这一管理目的。其次,由公共视频监控系统管理的职能部门负责起草条例内容,带有无法克服的政府职能部门权力行使的痕迹,部门利益色彩浓厚。再次,公共视频监控系统在大数据时代的扩展应用性已经不局限于治安维护,在综合性社会治理和共享利用中,管理性质的行政法规已经不符合时代的需要。最后,公共视频监控收集的个人图像信息通过大数据融合使用,社会资源效益日益凸显,公共视频监控系统的安全、准确以及个人图像信息的完整、全面性等必须通过专门针对个人图像信息的保护立法来实现。

由此可见,《公共视频图像信息系统管理条例的制定》也只是治理目前公共视频监控系统使用乱象的权宜之计,尤其是完全重复已有的地方立法的管理色彩更是浪费立法资源的做法。在地方立法简单重复、权力管理导向、个人信息权利保护不利的背景下,已经启动的公共视频图像信息系统管理行政法规制定必须做好限权的性质转向,这种转向是对公共视频监控中个人信息保护的重视,目的是统一公共视频监控管理的权力,解决政府职权依法行使的问题。更主要的是在大数据技术背景下,因为个人信息的收集利用制度模式尚未建立,需要行政法规适用积累经验,也需要在个人信息专门立法的模式选择中找准具体立法的方向。因此,在推动《公共视频图像信息系统管理条例的制定》后,还应该继续重视公共视频图像信息系统利用和保护方面的内容建设,在时机适当时,制定《公共视频监控图像信息系统利用与保护法》。

三、以设区的市人大立法为主的公共安全视频监控地方性法规制定

由于地方政府是公共视频监控系统的直接使用者,也是公共安全视频监控系统监管的主体,在公共视频监控图像信息利用规制上位法缺失的情况下,地方政府的立法积极性非常高,尤其是 2015 年《立法法》修改后,能够立法的市政府的范围扩大,加之大数据以及联网应用技术的快速发展,各省市在立法计划中几乎都有修改或制定公共视频监控图像信息系统管理办法的内容。下文笔者首先分析最新的立法动态,并在前文行政法规内容的基础上,思考地方性立法的必要性、定位以及如何与上位法衔接整合的问题。

(一)公共视频图像信息系统管理地方政府规章制定最新动态评析

根据本研究报告前面章节的梳理,截至 2017 年年底已经有 17 个省市制定了公共视频监控图像信息系统管理方面的地方政府规章,2019 年《西安市公共安全视频图像信息系统管理办法》也正式出台。近两年各地针对公共视频监控图像信息管理的立法依然很踊跃,相继有征求意见稿发布在各地方政府网站上,通过百度搜索,有

如下地方政府公布了征求意见稿：深圳市人民政府 2017 年 12 月 7 日发布了关于征求《深圳经济特区公共安全视频图像信息系统管理条例（征求意见稿）》意见和建议的通知；[1] 江苏省公安厅 2018 年 3 月 7 日发布了关于《江苏省公共安全视频图像信息系统联网管理办法》征求意见的公告；[2] 2018 年 11 月 2 日，阜阳市人民政府发布关于征询社会公众对《阜阳市公共安全视频图像信息系统管理办法（征求意见稿）》意见的通告；[3] 青岛市公安局 2019 年 1 月 25 日发布了关于《青岛市公共安全视频图像信息系统管理办法（征求意见稿）》公开征求意见的通知。[4] 与已经生效的 18 个地方政府规章相比，以上征求意见稿更多吸收了视频监控联网应用的现实需要，对个人隐私的保护重视度也有所提高，主要有如下几个方面的内容增加和变化：

第一，公共视频监控的安装建设分工更为明确。上述意见稿中均对政府安装与社会组织安装做了明确区分，政府主要负责"城市干道、主要公路的重要路段，城市、城镇的主要交通路口，隧道、大型桥梁、公共交通站点、人行天桥、地下人行通道、大中型广场等重要部位"的公共视频监控安装（如青岛意见稿），其他部位依然规定由管理、使用或建设单位来安装。深圳市具体规定了社会安装的具体责任分配："公共安全视频图像信息系统的建设由所有权人和使用权人、经营权人约定责任主体；没有约定的，由所有权人负责。公共

[1] 关于征求《深圳经济特区公共安全视频图像信息系统管理条例（征求意见稿）》意见和建议的通知，载 http://www.sz.gov.cn/cn/hdjl/zjdc/201712/t20171207_10115125.htm。

[2] 关于《江苏省公共安全视频图像信息系统联网管理办法》征求意见的公告，载 http://gat.jiangsu.gov.cn/art/2018/3/7/art_6391_7505880.html。

[3] 关于征询社会公众对《阜阳市公共安全视频图像信息系统管理办法（征求意见稿）》意见的通告，载 http://www.fy.gov.cn/content/detail/5bdc0eeb7f8b9a3d3b5a10c7.html，最后访问日期：2020 年 9 月 22 日。

[4] 关于《青岛市公共安全视频图像信息系统管理办法（征求意见稿）》公开征求意见的通知，载 http://police.qingdao.gov.cn/n32562226/n32562231/190125095123120285.html，最后访问日期：2020 年 9 月 22 日。

安全视频图像信息系统的管理，由依法取得管理权、使用权或者经营权的管理人、使用人或者经营人负责。”（深圳市意见稿第 8 条第 8 项）并且上述意见稿都规定了政府负责安装的公共视频监控系统的支出纳入当地财政预算。阜阳和江苏的意见稿中规定了“利用整合已有的公共视频监控图像信息系统，避免重复建设”。

第二，安装部位的列举范围扩大。上述四部意见稿依然采取了其他已经生效的地方政府规章中列举安装公共视频监控地点和部位的方式。但是明显比已有的规章列举范围扩大了。主要扩大包括了无物业管理的住宅小区的重要部位、海水浴场、寄递物流（青岛），住宅小区的公共部位（江苏），居民住宅区的重要部位（阜阳），出租屋、住宅小区（深圳）。与原有的规章规定相比，范围明显扩大，深圳市的意见稿还做了“法律、法规、规章及市政府确定涉及公共安全的其他场所和区域”的兜底规定，实际上把安装部位确定权力完全交给了市政府，使公共视频监控的安装范围从实际需要出发实现了全覆盖。以意见稿中列入的住宅小区为例，与原有规章中的“住宅小区的出入口”（陕西）、“新建居民住宅小区和已建成并有安装条件的居民小区”（辽宁）相比，列入安装场所的“住宅小区”不再有限制词限制，体现了视频监控安装场所的扩大趋势。其实，在住宅小区公共部位、重要部位安装公共视频监控已经成为常规做法，但是公共部位、重要部位的范围并不明确，具体而言，住宅小区的公共视频监控安装是由物业负责的，物业的安装涉及全体业主的参与与监督，但是实践中基本没有落实，由此留下了侵犯个人隐私的隐患。

第三，增加了资源共享、联网应用的内容。鉴于联网应用的发展趋势，青岛、江苏的意见稿中都增加了联网应用、图像信息资源共享的内容。《江苏省公共安全视频图像信息系统联网管理办法》（意见稿）整体上就是遵循联网应用来具体设计公共视频监控系统的建设、平台应用以及联网信息共享的，全文贯彻信息联网共享应用平台的建设内容，并有应当执行国家标准和公共安全行业标准的内容，还规定了拓展应用。即县级以上地方人民政府应当拓宽联网汇聚的视频监控资源应用领域，开展公共安全视频监控在城乡社会治理、智能交通、服务民生、生态建设与保护等领域的应用，为社会和群众提供服务（第20条）。资源共享的立法符合大数据联网应用的实际情况，应在公共视频监控图像信息系统的立法中整合考虑。

第四，个人隐私保护有所加强。四部意见稿除了和其他规章一样在立法目的部分规定了保护公民合法权益、公共视频图像信息使用不得侵犯个人秘密性质的隐私外，还规定了具体的个人隐私保护内容。例如江苏意见稿和深圳意见稿中都规定了“人像及车牌等敏感视频图像信息用于公共传播时，除法律、法规、规章另有规定外，应当对涉及当事人个体特征、机动车号牌等隐私信息采取保护性措施”。深圳意见稿还在安装范围部分规定了“单位和个人安装公共安全视频图像信息系统应当仅限于满足自身安全防范需要，应当合理布设采集设备的位置、距离，固定视频图像采集的范围，不得擅自扩大安装和覆盖范围”“涉及公共安全人像及车牌等敏感信息采集的视频图像信息系统，应由公安机关统一规划和管理”。在信息资源共享使用部分规定了“提供公共安全视频图像信息资源共享的单位应当按照法律、法规和安全保密管理规定，进行视频图像信息脱敏脱密，保证开放共享信息安全；发现可能存在风险，应当及时处理”。

上述内容体现了近几年信息收集与利用的联网应用发展的新特征，但是，从大数据时代发展的整体状况看，意见稿的内容在个人信息保护方面的欠缺也很明显，表现为：

第一，安装区域列举的扩大与禁止安装列举的概括模糊。整体上看,安装视频监控的地点和部位的列举非常全面。这几部意见稿新增加的住宅小区以及由市政府确定涉及公共安全的其他场所和区域等内容,贯彻了视频监控无死角的原则,但禁止安装的规定,只有青岛做了详细列举,且依然是已有规章列举的六类场所,其他意见稿中仅概括规定了“禁止在旅馆客房、集体宿舍、公共浴室、卫生间、更衣室、哺乳室等涉及公民隐私的场所和区域安装公共安全视频图像信息系统”。从安装与禁止安装场所的列举对比来看,安装区域无限延展,禁止列举的区域作为补充,仅以涉及私密空间为特征的公民隐私为概括标准,并不能适应信息时代隐私权保护的需要。有些区域安装视频监控是否侵犯隐私在于在其中活动者是否同意或知情,比如住宅小区的列入就比较概括,住宅小区也有很多隐私部位,必须明确哪些公共活动区域可以安装,而小区居民的参与与知情同意是关键。深圳市的意见稿对“出租屋”的列举也值得商榷,出租屋是典型的私密生活领地,不能为了管控外来人口等治安目的,就把出租屋列入安装视频的区域内。

第二,个人信息保护依然只是附属规定。上述四部意见稿虽然是最近几年起草的,但是其立法体例和已经生效的地方政府规章并没有不同,重点依然是公安机关对公共视频监控系统安装、建设和使用的监督与管理,强调的是在公安机关的监管下,通过公共视频监控采集图像信息并联网应用维护公共安全,公共视频图像信息是作为这一系统运作的副产品在文件中做了规定。这一副产品的内容多体现在资源共享、合法使用、政府部门按职责分工应用管理、建设联网平台、资源共享单位主动进行信息安全保护、主动对信息进行脱敏脱密、健全信息安全管理使用制度、职能部门依职权调取信息等,而缺少从个人信息主体权利角度的规定,依然还是信息利用的权力立法。

第三,个人信息权利保护缺位。上述意见稿中关于个人信息主体权利的直接规定非常有限。从间接内容看,意见稿中关于“安装公共安全视频图像信息系统,应当设置明显的提示标识”可以看成是对个人信息主体知情权的间接确认。除此之外,深圳市的意见稿中规定了公民的紧急查看权(第 27 条),“公民因人身、财产等权益遭受到重大损失,情况紧急的,经公共安全视频图像信息系统使用单位同意后,可以查看公共安全视频图像信息系统关联部分信息,但不得翻拍、复制和调取。确因法定事由需要复制视频图像信息的,应当经所在地公安机关批准”。这是对个人信息主体权利的明确规定,但从内容看,该权利限制过多,且不得翻拍、复制和调取的规定使得该权利的实际效用大打折扣。其他几个意见稿就只有政府职能部门职权行使的调取查阅的规定,这与资源共享、更好满足公共服务的目的并不符合。新出台的《个人信息保护法》在个人信息收集环节规定了信息主体的“知情—同意”权,对告知事项、各情形中的同意要求、撤回同意权等做出明确规定;还规定了知情权、查阅复制权、更正权、删除权等信息主体权利,强化了个人在信息处理环节的控制权能。因此,在公共视频监控个人信息利用中,个人调取查阅、复制等权利应该得到保障;主体对个人信息的准确性确认、变更修改权以及不与公共利益相抵触的删除权也应该得到保障。这些内容在上述四部意见稿中都是缺失的。

由此可见,地方政府虽然积极制定公共视频监控图像信息系统管理的规章,但是如果不跳出职权监管的思路,不与大数据时代信息共享的现实接轨,就依然是权力立法,且相互间简单重复,无法发挥个人信息有效利用的效用,也无益于个人信息的立法保护。

(二)地方特色的公共视频监控地方性法规制定

首先,公共安全视频监控政府规章应该被地方性法规取代。与中央立法规制普遍的、大规模的、复杂的社会事务相比,地方立法所规制的是特定的、具有针对性的社会事务。[1] 由于公共安全视频监控的安装使用是由地方政府负责落实,并受制于地方财政、治安维护的实际需要,所以保留地方立法是必要的。但由于公共安全视频监控立法涉及对公民权利的限制以及对社会组织义务的增加,地方政府没有权力通过政府规章进行规制,公共安全视频监控只能通过制定地方性法规进行规范。随着《立法法》修改地方立法权扩大到设区的市,我国两级地方人大努力提升地方性法规的制定能力,政府主导立法、人大立法弱化的局面正在改变,尤其是关系地方财政支出、民生保障事项的地方人大立法权亟须强化,公共安全视频监控无疑属于这一方面的立法内容。有立法权的地方人大应该做好公共安全视频监控地方性法规的制定,梳理废止相应的政府规章,取得立法主动权。

其次,探索有特色的地方性法规规制。地方特色立法中的"特色"根本上源自地方治理实践和地方民众差异化的需求,这是政治和社会不断发展的结果。[2] 目前我国已有的省级政府主导的地方立法,并没有体现明显的地方特色,而公共视频监控联网应用也正在逐渐弱化地方特色,但是与公共视频监控的具体功用相联系,当主要由基层政府安装和使用视频监控维护地方公共秩序和安全时,地方特色就应该和基层政府的行政权力行使相联系。各地的差异体现在地方财政状况以及治安维护的现实需要的不同,实际上是公共安全维护是由政府买单还是政府与社会共建的问题。我国目前东西部地区、沿海地区和内陆地区的经济发展水平差距较大,以政府财政投入公共安全建设的水平差异较为明显,而由于经济越落后治安状况越差,导致政府财力支持与治安维护需求之间关系紧张。

---

〔1〕 张淑芳:《地方立法客体的选择条件及基本范畴研究》,载《法律科学》2015 年第 1 期。

〔2〕 赵静波:《地方立法特色的缺失及其规制》,载《地方立法研究》2017 年第 6 期。

另外,公共安全视频监控作为公共产品并不是都由政府买单,期待政府大包大揽解决公共安全问题还是计划经济的思维,安全维护的需求还必须借助于市场调节,这就需要对重点单位强制安装与自愿安装进行协调,应该在技术引领下,充分发挥市场的调节作用,如何把单位自我维护安全的视频安装整合进公共安全维护的范围内,也需要各地结合自己的财力以及治安状况进行有特色的操作规定。

最后,发挥以民主参与为核心的市级人大立法作用。虽然近两年公共视频监控图像信息系统的地方政府立法均启动了网络征求意见的程序,但遗憾的是,公众的关注度并不高,意见收集效果不理想。例如,2017 年 12 月 28 日,深圳市公安局发布公告称,2017 年 12 月 6 日,我局通过深圳市公安局民意征集门户网站就《深圳经济特区公共安全视频图像信息系统管理条例(征求意见稿)》向社会公开征求意见,征求意见截止日期为 2017 年 12 月 25 日。在规定的时间内,未收到有关反馈意见。[1] 这一现象必须引起地方立法部门的重视。另外,上述地方立法特色是通过基层政权的实际运作体现出来的。因为公共视频监控如何安装、如何管理和基层政府的财力、社会管理密切相关,而这一具体特色在一省内的各市也存在差别,所以通过市级立法结合市政管理实现比较好。《立法法》修改后,其第 72 条明确把设区的市级立法范围限定为三个方面,即城乡建设与管理、环境保护、历史文化保护。这种限定正是对体现地方特色的设区的市级立法的强调,"由于城市经济社会的发展水平、自然环境、人口数量、资源分布等不同,具体治理需求的回应无法完全寄希望于上位法规定。因此,赋予地方立法权是实现地方社会治理法治

---

〔1〕 关于公布《深圳经济特区公共安全视频图像信息系统管理条例(征求意见稿)》公开征求意见的情况公告,载 http://search.sz.gov.cn/cn/hdjl/jgfk/201801/t20180123_10683828.htm。

化和可持续发展的必然需求”。[1] 在考察国内城市管理立法实践的基础上,有学者将市政管理的范围细化为对城市公用事业、公共设施和公共事务的管理上。[2] 公共视频监控多数属于公共设施,其所担当的安全和秩序维护是典型的公共事务,所以,公共视频监控的规范属于《立法法》规定的市级立法的范围。市级立法究竟能否体现地方特色,这和立法的公共参与直接相关。这种公共参与取决于在公共场所图像监视的设置及管理中公众的知晓权和参与权如何实现,即在制度和程序上对公共图像监视设置的公开听证与调查、公共图像监视的影响评价等。[3] 具体而言,涉及对执行法律和行政法规规定必须安装公共视频监控的场域的公示、标识设置的知情参与;对固定公众聚集但私密性比较强的公共空间实行民主参与决定是否安装、如何安装监控视频系统,比如住宅小区、单位办公区域、学校管理等区域,设计听证制度充分听取直接利害关系人意见决定是否安装以及如何安装;而对于使用财政支出的公共安全视频监控安装必须公开预算、审计等监督程序。另外,通过公众参与,还可以理顺各政府职能部门各自安装的公共视频监控的范围,整合重复安装的资源,在智慧城市建设总体规划上实现个人信息的有效利用。

综上,目前我国公共视频监控图像信息系统管理的行政法规正在制定中,各个地方政府的相关行政规章的制定也还在继续,但是各自立法、互不干涉。从立法的层级效力上来看,一旦行政法规出台,地方政府的规章必须要接受审查并保持其与上位法一致。而即使地方政府规章的内容与上位法一致,重复的规定内容也没有存在的必要。从本书分析的地方政府规章和地方政府正在征求意见的

---

〔1〕 谢桂山、白利寅:《设区的市地方立法权的制度逻辑、现实困境与法治完善路径》,载《法学论坛》2017 年第 3 期。

〔2〕 李小萍:《对设区市立法权限之“城乡建设与管理”的界定》,载《法学论坛》2017 年第 3 期。

〔3〕 刘建军:《我国公共场所图像监视法律治理路径分析》,载《政法论丛》2012 年第 1 期。

立法稿来看,立法内容重复较多,各省和各市的立法不仅名字相同、结构相同、内容也相同,在没有上位法的情况下,地方政府规章纷纷制定,存在雷同还可以理解,因为毕竟都是在各自的行政区域内生效,但是统一的行政法规制定出来后,与上位法重复的地方政府规章就没有存在的必要了。另外,根据本章上述分析,地方政府规章的内容存在限制公民权利、增加社会组织义务方面的内容,以及如何体现地方特色的问题。因此,在公安部的立法草案已经在征求社会意见的情况下,各地方政府应停止制定和修改公共视频图像信息系统管理办法,等待行政法规出台,再从自身地方特色出发,积极准备清理已有的政府规章,发挥地方人大作用,启动有特色的地方性法规制定。在行政法规制定的过程中,国务院作为政府规章的备案审查机关,在立法计划制定时,就应该注意统筹推进,应该对公共视频监控图像信息系统地方政府立法叫停,这样才能通过整体设计完成高质量的行政法规制定。

四、公共安全视频监控立法与个人信息技术标准的衔接

视频监控作为一种技术手段,其技术标准的设定本身就有规范和控制的作用,而个人信息的收集和利用在大数据时代也是一种技术操作,所以,通过技术标准来保护个人信息安全是立法的一种必要补充。我国目前在公共视频监控和个人信息保护方面都出台了系列技术标准,尤其是个人信息保护国家标准的出台,弥补了个人信息保护专门立法之前的空缺,在一定程度上起到了立法替代作用。

(一)公共安全视频监控与个人信息保护的技术标准

我国地方立法中,技防产品以及公共安全视频图像信息系统明确规定采纳国家、行业及地方三种标准。目前,在积极推进公共安全视频监控全国联网建设的工作中,我国的公共安全视频监控系统的国家标准已经出台。《公共安全视频图像信息联网共享应用标准

体系(2017 版)》(以下简称《标准体系》)由国家标准委、公安部和国家电子政务外网管理中心共同组织研究编制,对我国公共安全视频监控建设联网应用工作在标准化方面进行了顶层设计。《标准体系》中包括技术要求、评价测试规范和管理规范三大类共 24 项国家标准。其中技术要求类标准规定了公共安全视频监控建设联网应用的相关技术要求,包括视频图像信息的联网、共享、应用、安全和运维等 15 项标准;评价测试规范类标准规定了技术要求标准的符合性测试要求,共 7 项标准;管理规范类标准规定了公共安全视频图像信息采集、接入、共享和使用等相关管理要求,共 2 项标准。《标准体系》紧密结合我国公共安全视频监控建设联网应用的实际需求,按照综合标准化的方法编制,意味着将随着公共安全视频监控建设联网应用工作需求的变化以及科学技术的发展而不断更新和完善。[1] 其中,《20131103 - Q - 312 公共安全视频图像信息采集规范》是强制标准,标准规定了公共安全视频图像信息的采集区域和种类、技术要求、采集设备基本要求,以及防范恐怖袭击重点目标的视频监控图像信息采集、存储要求,适用于公共安全视频图像信息(包括防范恐怖袭击重点目标的视频图像信息)的采集。《GB/T 公共安全视频图像信息共享使用管理规范》作为推荐标准,规定了公共安全视频图像信息接入、授权、共享、调用、存储、复制、保密以及传输网络运行、IP 地址分配、日常监测、故障申告处理等管理要求。适用于公共安全视频图像信息和传输网络的应用与管理。由此可见,根据上述技术标准安装的公共视频监控系统既能保证视频监控的精准性,也能保证视频图像信息采集、共享、使用等安全问题。

与技术相连的个人信息保护标准业已出台。由工业和信息化

---

〔1〕 参见公安部科技信息化局:《〈公共安全视频图像信息联网共享应用标准体系(2017 版)〉发布,为我国公共安全视频监控建设联网应用工作的顶层设计》,载《中国安全防范认证》2017 年第 5 期。

部起草2013年2月1日起实施的《信息安全技术公共及商用服务信息系统个人信息保护指南》是我国关于个人信息保护的第一个国家标准。[1] 2014年3月15日中国科学技术法学会、北京大学互联网法律中心联合发布了《互联网企业个人信息保护测评标准》，这是我国首部互联网领域由独立第三方学术机构倡议的个人信息保护测评行业标准。[2] 2018年1月，国家标准《个人信息安全规范》（GB/T 35273－2017）正式发布[3]，有声音认为，这部国家标准比欧洲与美国对于个人信息保护的要求更为严格，可能会影响行业的发展。但起草人认为，该规范是对欧盟和美国的个人信息保护规定的综合，且是在《网络安全法》框架下的一种细化。[4] 2020年3月6日，《个人信息安全规范》（2020年版）国家标准正式发布，实施时间为2020年10月1日，并替代GB/T 35273－2017版本国标。标准由全国信息安全标准化技术委员会（SAC/TC260）归口。相对于2017版标准，2020版标准进行了针对性修订。此次标准的修订发布，是为了进一步贯彻落实《网络安全法》规定的个人信息收集、使用的"合法、正当、必要"基本原则，解决人民群众反映强烈的应用程序（App）"强制索权、捆绑授权、过度索权、超范围收集"的问题。同时，针对当前App运营管理的一些不合理现象，如告知目的不明确、注销账户难、滥用用户画像、无法关闭个性化推送信息、第三方接入缺乏有效管理、内部管理职责不明等问题，进一步梳理完善条款，指导组织使用标准完善个人信息保护体系。[5]

---

〔1〕 参见《趋势》，载《领导文萃》2013年第7期。

〔2〕 参见中国科学技术法学会、北京大学互联网法律中心：《互联网企业个人信息保护测评标准》，载《网络法律评论》2013年第2期。

〔3〕 参见《个人信息安全规范标准》，载《中国质量与标准导报》2018年第3期。

〔4〕 《〈个人信息安全规范〉史上最内行解读》，载 https://www.oeeee.com/mp/a/BAAFRD00002018020566911.html，最后访问日期：2020年9月21日。

〔5〕 《个人信息安全规范》（2020年版）国家标准正式发布，载 http://www.cesi.cn/202003/6213.html，最后访问日期：2020年9月21日。

总体上看，在网络安全法治框架下，上述技术规范立足信息安全的维度，厘定、阐明了个人信息安全保护领域的诸多重要问题，如"个人信息"的基本定义、个人信息安全的基本要求等，并突出了个人信息全生命周期动态调节的机制特色，为提升公民意识、企业合规和国家监管水平提供了新的业务参照和行为指引。[1] 最新修订的标准，将进一步使标准契合我国相关法律法规的要求，增加标准指导实践的适用性，帮助提升行业和社会的个人信息保护水平，推动个人信息保护领域技术产品、咨询服务等方面产业化进一步发展，为我国信息化产业健康发展提供坚实保障。[2] 因此，在我国尚没有个人信息保护专门立法的情况下，个人信息安全标准对于个人信息的收集使用起到了规范作用，尤其是国家标准的制定。

（二）国家标准《个人信息安全规范》解读

2020 年最新修订的《个人信息安全规范》[3]在引言中提出："本标准针对个人信息面临的安全问题，根据《中华人民共和国网络安全法》等相关法律，规范个人信息控制者在收集、保存、使用、共享、转让、公开披露等信息处理环节中的相关行为，旨在遏制个人信息非法收集、滥用、泄漏等乱象，最大限度地保障个人的合法权益和社会公共利益。"《个人信息安全规范》中个人信息保护的内容规定非常全面，主要包括如下几个方面：

1. 可识别与关联性个人信息界定与敏感个人信息分类

《个人信息安全规范》以概括和列举的方式对个人信息进行了界定。从定义上看，"能够单独或者与其他信息结合识别"是可识别

〔1〕 董贞良：《GB/T 35273—2017〈信息安全技术 个人信息安全规范〉解读》，载《中国质量与标准导报》2018 年第 6 期。

〔2〕 《个人信息安全规范》（2020 年版）国家标准正式发布，载 http://www.cesi.cn/202003/6213.html，最后访问日期：2020 年 9 月 21 日。

〔3〕 国家标准《个人信息安全规范》2020 版正式发布（附下载），载 https://www.secrss.com/articles/17713，最后访问日期：2020 年 9 月 21 日。

性标准,但是《个人信息安全规范》在附录 A“个人信息示例”中指出判定是否属于个人信息的路径有两个,一是从信息到个人的识别;二是从个人到信息的关联。并列表列举了从个人基本资料、个人身份信息、个人生物识别信息、网络身份标识信息、个人健康生理信息、个人教育工作信息、个人财产信息、个人通信信息、联系人信息、个人上网记录、个人常用设备信息、个人位置信息、其他信息十三个方面的内容,其中,个人常用设备信息是典型的关联性信息。《个人信息安全规范》对个人信息的定义适应了大数据发展的需要,扩大了传统的可识别性标准到包含了关联性标准,表明《个人信息安全规范》在大数据信息技术背景下注重对个人信息的完整保护。

《个人信息安全规范》还专门对敏感个人信息进行了定义并进行了列举。《个人信息安全规范》是从后果出发对敏感个人信息进行的界定。敏感个人信息为:“一旦泄露、非法提供或滥用可能危害人身和财产安全、极易导致个人名誉、身心健康受到损害或歧视性待遇等的个人信息。”并在附录 B 中就个人敏感信息的判定进行了明确,“通常情况下,14 岁以下(含)儿童的个人信息和涉及自然人隐私的信息属于个人敏感信息”。儿童的个人信息纳入敏感个人信息是修订后增加的保护内容。由此可见,《个人信息安全规范》是从未成年人和隐私权保护角度界定的敏感个人信息,总体上体现了个人信息保护中的隐私权价值取向,有助于以隐私权为核心和本质的个人信息保护的实现。

2. 个人信息安全的基本原则与两类主体的权利、责任

《个人信息安全规范》在对包括个人信息在内的基本术语进行界定后,最核心的内容就是在确立个人信息安全基本原则下,规定了个人信息主体和个人信息控制者的权利与责任。《个人信息安全规范》对个人信息控制者开展个人信息处理活动,设定了应遵循的七大基本原则:(1)权责一致原则;(2)目的明确原则;(3)选择同意

原则;(4)最少必要原则;(5)公开透明原则;(6)确保安全原则;(7)主体参与原则。七大原则基本沿用了欧盟《通用数据保护条例》的内容,其中,目的明确、最小化与授权同意贯穿个人信息收集和处理的全过程,也由此决定了两类主体各自的权责关系。

《个人信息安全规范》从个人信息收集、存储、使用、委托处理、共享、转让、公开披露等个人信息运动的全生命周期中规定了两类主体的权利和责任。(见表7-1)

表7-1 个人信息全生命周期中的个人信息主体权利与个人信息控制者责任

个人信息全生命周期	个人信息主体权利	个人信息控制者责任
收集	授权同意	收集的合法性、最小必要、多项业务功能的自主选择(新增)、制定个人信息保护政策
存储	获得停止运营的通知	存储期限为实现授权目的的最短时间、去标识化处理、敏感个人信息加密存储、停止运营后的删除、匿名化处理
使用	个人信息查询、更正、删除、撤回授权同意、注销账户权、获取个人信息副本、约束信息系统自动决策	最小授权的访问控制策略;展示限制(去标识化);目的限制;用户画像的使用限制(新增)、个人信息的汇聚融合、信息系统自动决策机制的使用、响应个人信息主体的请求、投诉管理
委托处理、共享、转让、公开披露		不能超出授权范围;对委托行为进行个人信息安全影响评估;严格按照控制者要求处理个人信息;个人信息控制者进行监督;准确记录和保存委托处理个人信息的情况;个人信息原则上不得共享、转让;个人信息控制者变更后的继续履行责任和义务;公开披露个人信息的风险预防;共同个人信息控制者;第三方接入管理;个人信息跨境传输应遵循国家规定和标准要求

从表7－1可以看出,《个人信息安全规范》中个人信息主体的权利非常全面,尤其是2018年欧盟《通用数据保护条例》中规定的删除权也被列入,表明了《个人信息安全规范》制定者对于个人信息主体权利的充分尊重和保护。还在附录C中增加了“实现个人信息主体自主意愿的方法”的内容,从不强迫个人信息主体接受多项业务功能和保障个人信息主体知情同意两个方面进行了保障。在划分产品或服务的基本业务功能和扩展业务功能的基础上,具体规定了保障个人信息主体选择同意的权利。还为个人信息控制者设计了交互式功能界面,保障个人信息主体充分行使其选择同意的权利。在附录D中还设计了个人信息保护政策模板。

上述权利中,个人信息主体的知情同意权是核心,但是适应大数据时代个人信息知情同意的困境,《个人信息安全规范》中把同意分为了明示同意和授权同意,授权同意是通过点击“发送”或者点击“拨打”等动作表明授权同意,授权同意的规定给企业收集处理个人信息更大的空间,符合大数据信息时代的实际情况。个人信息控制者的责任就是围绕上述权利展开的,并贯穿在个人信息收集处理的全过程中。鉴于大数据时代个人信息主体控制权的异化,《个人信息安全规范》中设计的安全影响评估、去标识化、匿名化、最小化使用等责任都是符合时代要求的可操作内容,值得在实践中推广,不仅能对个人信息控制者的安全规范操作进行指引,也能够直接作为监管机关监管的标准依据。

3. 个人信息的组织管理保障

除了对个人信息基本术语以及两类主体的权责进行规定外,《个人信息安全规范》还规定了个人信息安全的组织管理保障。规定了个人信息控制者在组织内部建立负责人负责制;设立专门的个人信息负责人和机构负责个人信息安全工作;建立个人信息安全影响评估制度；定期（至少每年一次）开展个人信息安全影响评估；根据有关国家标准的要求，建立合适的数据安全能力，采取必要的管理和技术措施，防止个人信息的泄露、损毁、丢失；进行人员的管理和培训；组织安全审计等。

总体上看，《个人信息安全规范》主要参考了 GDPR，基本上复制了 GDPR 中有关个人信息保护的原则、个人信息主体权利和保护制度，且个人信息关联性界定、个人信息安全影响评估、数据安全能力等更适应大数据时代要求，与 GDPR 的规定相比，具有进步性。修订后，增加了个性化展示、第三方接入管理和区分基本与拓展业务收集信息的规定，通过对产品或服务划分基本与拓展业务，明确了用户授权个人信息控制者使用个人信息的范围，对接入第三方的管理机制与安全评估的规定补充了个人信息控制者的范围和责任，而个性化展示的显著标明及为用户提供简单直观的退出选项，这些修改迎合了大数据技术下个人信息多元收集与整合利用的现实。《个人信息安全规范》作为技术标准，在技术的基础上，更有灵活应变性，随着技术的变化能够随时增加或调整相关的内容，这一点恰恰是滞后的立法无法做到的。

（三）技术标准与公共视频监控个人信息立法保护的衔接

在我国，技术标准走在了立法的前面，技术时代，必须承认技术的问题可以由技术来解决，大数据技术标准之下，公共安全视频监控技术规范标准体系中包含的基本概念、范围以及应用原则等内容，可以发挥标准化操作下的规制作用，公共视频监控的技术标准可以提供个人信息收集使用的规范程序和安全保障；而个人信息保护标准中明确的基本术语、个人信息主体权利、个人信息控制者责任、个人信息保护基本原则等对于个人信息立法保护的缺漏弥补十分明显。

中国互联网协会研究中心秘书长吴沈括认为，《个人信息安全规范》更恰当的功能定位应当是一种有关个人信息处理业务合规指引的“一揽子”推荐性解决方案，属于公共产品的范畴。除非行政主体主动承诺、有权机关明确援引或者法律规范直接认可，其本身不直接产生行为约束力，也并非行政性规范，更不应在刑事责任层面产生实质性意义。[1] 虽然，标准本身没有直接的法律强制力，也不会产生刑法实质惩处的效果，但《个人信息安全规范》作为国家标准，适用于规范各类组织个人信息处理活动，也适用于主管监管部门、第三方评估机构等组织对个人信息处理活动进行监督、管理和评估。在目前个人信息保护法缺位的情况下，可以起到个人信息法律保护的替代作用，实际上公安执法部门已经以《个人信息安全规范》为依据来具体执法了。

2018 年 9 月 5 日公安部部长办公会议通过了《公安机关互联网安全监督检查规定》，自 2018 年 11 月 1 日起施行（公安部令 151 号）[2]。该规定第 10 条规定：“公安机关应当根据互联网服务提供者和联网使用单位履行法定网络安全义务的实际情况，依照国家有关规定和标准……”进行监督检查。2019 年 4 月 10 日，公安部网络安全保卫局、北京网络行业协会、公安部第三研究所在“全国互联网安全管理服务平台”官网联合发布了《互联网个人信息安全保护指南》（以下简称《指南》）[3]，旨在从管理机制、技术措施和业务流程三个方面指导互联网企业建立健全个人信息安全保护的管理机制和技术措施。《指南》的结构、框架和格式与国家标准《个人信息安全规范》相似，或者说就是对《个人信息安全规范》的具体适用，这可能是中国首部以标准形式编写的行政性规范文件。《指南》虽不具

---

〔1〕 吴沈括：《GB/T 35273－2017〈信息安全技术 个人信息安全规范〉》，载《标准生活》2018 年第 3 期。

〔2〕 《公安机关互联网安全监督检查规定（公安部令第 151 号）》，载 http://www.mps.gov.cn/n6557558/c6263180/content.html，最后访问日期：2020 年 9 月 21 日。

〔3〕 《三部门联合发布〈互联网个人信息安全保护指南〉》，载 https://www.freebuf.com/column/201841.html，最后访问日期：2020 年 9 月 21 日。

有直接强制力,“个人信息持有者”也进一步扩大了个人信息安全保护适用的范围,但由于由监管机关指导互联网企业以此展开安全保护工作,实际上起到了落实《个人信息安全规范》的效果,况且运用指引这种柔性的监管要比强制性的处罚更易被个人信息控制者接受,也更有利于个人信息保护的实现。

但也应该看到,“尽管个人信息安全标准化可以在技术治理主义的论证中获得正当性,但是有关标准化的进程不应忽视对标准自身局限性的认知、对被规制者的影响、与之相配套的认证制度建设,以及标准背后的权力真相。监管部门应当处理好个人信息安全‘标准先行’与全领域、全要素治理法治化的关系。在为行政权力介入标准治理划定必要界限的同时,监管部门应当摒弃工具主义的管制思维,在个人信息安全标准化进路中更多地关注公共服务”。[1]

由此可见,随着大数据技术走向了全方位收集与处理的境地,因为个人信息的收集利用以技术为依托,技术标准客观上起到了规范个人信息收集和利用的效果,公安等执法部门也主动要求监管对象以技术标准来约束个人信息利用行为。就公共视频监控图像信息系统立法保护而言,完全可以通过直接在立法中规定援引标准的内容等,把标准与立法内容相融合。集中立法资源解决问题突出的特定行业和领域中的个人信息立法保护,且个人信息保护标准的确立也有利于统一分散在不同立法中的个人信息保护范围、处理原则等内容,这不仅是节约立法成本的务实做法,也可以与实践结合推进我国的个人信息立法保护的实效发挥。

我们必须承认一个事实,那就是不管有没有法律规制、不管立法规制是否及时跟进,公共安全视频监控已经成为政府进行社会治安维护、犯罪防治、公共空间治理的重要手段,而且这一以技术为依

[1] 崔俊杰:《个人信息安全标准化进路的反思》,载《法学》2020年第7期。

托的工具正在发挥越来越强大的作用,全覆盖、无缝隙、即时性、高精准以及在大数据之下的预测性等特征,使公共安全视频监控成为各国政府社会治理的必要手段和工具。但是,到目前为止,法治是保障国家和政府有序治理的最好方式,也只有法治才能把以科技为助力的越发强大的权力真正关进笼子里。法律规制的前提是立法,立法完善确需一定的时间,但是实践给出了更好的答案,通过技术、社会力量、个人权利的整合可以有效推进立法规制。目前,我国正处于“以法而治”走向“良法善治”的伟大时代,正面临大力提高立法质量,切实推进科学立法、民主立法,实现从“有法”到“良法”的历史性转折。[1] 这一历史转折既需要理顺不同立法之间的关系,也对新的立法工作提出民主参与的具体要求。公共安全视频监控的地方立法规制体现了大数据时代公共视频监控全覆盖背景下的立法规制需要,也暴露了仅以地方立法规制的弊端和不足。只有通过总结已有的地方立法经验,清除地方政府立法的权力色彩、提升地方立法的层次以及通过民主参与发挥地方人大立法的积极性,才能有效提升公共安全视频监控立法规制中的个人信息权利保护。在个人信息保护法已经出台、技术规范、地方立法大量涌现、行政法规积极制定的现实情况下,公共视频监控图像信息系统的建设、安装和应用立法必须认真厘清思路,依据个人信息法律保护的一般规定、通过技术标准发挥作用、建立统一职权行使及分级监管、从实体和程序两方面规制权力的角度进行总体设计。

---

〔1〕 张晓、岳盈盈:《打通立法与民意之间最后一公里——关于破解地方立法公众有序参与困局的实证研究》,载《中国行政管理》2017 年第 2 期。

结　语

综上所述，公共视频监控系统的安装和使用是技术进步的产物，其在政府公共安全维护中发挥着基础作用，随着大数据技术的发展，公共视频监控又在更广泛的社会治理和政府公共服务中发挥作用。公共视频监控的实质是收集、利用个人活动信息，如今在智慧治理中通过公共视频监控收集的个人信息能和其他途径收集的个人信息一起发挥广义的社会治理与服务共享的效用。由于视频监控收集的图像信息直接与个人隐私相连，公共视频监控中的个人信息利用与保护成为信息社会法治建设的基础内容。以公共视频监控的公共安全维护等公共利益为出发点，公共视频监控中的个人信息保护是个人信息有效利用与隐私权保护平衡的结果，这一平衡通过规制政府监管权力与保护个人信息隐私权的立法实现。

本书以信息的有效利用与个人隐私权的平衡为出发点，结合国外已有的以个人信息立法保护为基础的公共安全视频监控法律规制，对我国公共安全视频监控目前的地方立法规制现状进行梳理和经验总结,提出适应公共安全视频监控联网应用的分层次立法规制思路并设计具体的立法规制内容。

本书主要提出了如下基本观点:(1)公共安全视频监控是指政府以维护公共安全为目的,利用视频技术探测、监视并记录现场图像的电子系统或网络。公共安全视频监控的设置具有权力性,其具有公共安全维护的公共利益属性但必须进行限制。(2)个人信息的资源性特征,决定了其本身没有权益属性,而把个人信息和特定的主体联系起来涉及的权益主要是隐私权。(3)公共安全视频监控以有效利用个人信息为基础,通过自动收集、数据化整合利用、预警式行动等超越个人信息保护一般原则的方法对信息性隐私权造成威胁。面对人格物化、类型化、被歧视对待等危险,公共视频监控中的个人信息隐私权保护必须通过立法进行明确。(4)大数据时代,个人信息量的聚合以及无法遗忘性塑造了信息性隐私权超越传统隐私权的集合效用,而信息的准确、安全、相关性等有效利用可以保障隐私权完整、不受侵犯。(5)要从权力制约和权利积极行使两个方面设计公共安全视频监控中个人信息的保护标准。权力制约主要通过明确权力行使目的、范围、程度等实体标准设计实现。权利的积极行使主要通过以参与为核心的正当程序标准落实。(6)我国大数据技术支撑下的全域覆盖、全网共享、全时可用、全程可控的公共安全视频监控联网应用目标主要通过政策指引,由于政策的分散性,必须从国家治理能力现代化这一高度准确理解政策的目标价值。(7)目前我国公共视频监控中个人信息的立法保护主要分散在广泛的地方立法中,并在公共安全技术规范以及公共视频图像管理专门立法中有集中规定。上述地方立法以政府规章为主,存在内容重复、管理色彩浓厚、个人信息权利保护缺失等问题。(8)结合大数据时代公共安全视频监控的联网建设目标,我国应采取以保护个人信息隐私权为核心的公共视频监控分级立法规范模式。在个人信息保护技术标准发挥最低标准立法替代作用的基础上,制定统一的规范公共视频监控职权行使的行政法规,设区的市级人民代表大会应在地方财政维护公共安全以及民主参与的基础上制定具有地方特色的公共视频监控图像信息管理地方性法规,条件成熟后,由全国人大制定公共安全视频监控图像信息利用与保护法律。

受理论功底和实践经验影响,本书还存在许多不足之处:其一,外文资料不充分。受所掌握的外文资料限制,文中主要以美国和德国为例,整体上外文资料来源有限、基本为二手资料,由此导致对于国外研究内容的介绍不够深入也不全面。在后续研究中可以专门针对某一国的公共视频监控中个人信息立法保护情况进行研究。其二,理论研究深度不够。本书通过对公共视频监控公共安全维护与个人信息隐私权平衡关系的研究,在个人信息有效利用中提出个人信息保护的实体标准和程序标准,注重对实践中个人信息技术标准、地方立法以及国家立法关系的探讨,但显然面面俱到的结果导致了理论研究还不够深入。面对大数据时代个人信息权利的新发展,急需寻找实践突破口,并需集中解决具体的问题。本书的研究仅提供了公共视频监控中个人信息立法保护的框架和思路,具体的立法实践参与还不够。其三,规范分析的实证研究方法不够成熟。本书对公共视频监控的相关政策、个人信息保护标准以及现有的地方立法内容和动态进行了全面的梳理和内容分析,确实发现了我国目前法律规范层面的诸多问题。但是在研究中,笔者发现法律规范分析的研究方法本身博大精深,本书仅在规范内容梳理上做了初步尝试,后续研究还需扩展到立法制定、立法调研以及立法后评估等方面。

总之,本书的研究还很粗浅,有些问题的论述还停留在表面,论证并不完满,笔者会在今后的研究中进一步深化和推进。

参考文献

一、著作类

1. 余凌云等主编:《摄像头下的隐私权》,中国人民公安大学出版社2008年版。

2. 马静华、张潋瀚、王琴:《公共视频监控:运行机制、刑事司法与警民态度》,法律出版社2017年版。

3. 王俊秀:《监控社会与个人隐私——关于监控边界的研究》,天津人民出版社2006年版。

4. 李明:《监听制度研究》,法律出版社2008年版。

5. 程雷:《秘密侦查比较研究——以美、德、荷、英四国为样本的分析》,中国人民公安大学出版社2008年版。

6. 宋占生主编:《中国公安百科全书》,吉林人民出版社1989年版。

7. 杨芳:《隐私权保护与个人信息保护法:对个人信息保护立法潮流的反思》,法律出版社2016年版。

8. 郭瑜:《个人数据保护法研究》,北京大学出版社 2012 年版。

9. 周汉华主编:《域外个人数据保护法汇编》,法律出版社 2006 年版。

10. 王秀哲:《信息社会个人隐私权的公法保护研究》,中国民主法制出版社 2017 年版。

11. 孙平:《"信息人"时代:网络安全下的个人信息权宪法保护》,北京大学出版社 2018 年版。

12. 齐爱民主编:《个人资料保护法原理及其跨国流通法律问题研究》,武汉大学出版社 2004 年版。

13. 齐爱民:《拯救信息社会中的人格:个人信息保护法总论》,北京大学出版社 2009 年版。

14. 齐爱民:《信息法原论》,武汉大学出版社 2010 年版。

15. 刘德良:《论个人信息的财产权保护》,人民法院出版社 2008 年版。

16. 姚岳绒:《宪法视野中的个人信息保护》,法律出版社 2012 年版。

17. 肖登辉:《行政法中的个人信息保护问题探究》,湖北人民出版社 2011 年版。

18. 王忠:《大数据时代个人数据隐私规制》,社会科学文献出版社 2014 年版。

19. 吴亮:《网络时代的个人隐私权及其行政法保障》,中国政法大学出版社 2016 年版。

20. 马特:《隐私权研究——以体系构建为中心》,中国人民大学出版社 2014 年版。

21. 周汉华:《〈中华人民共和国个人信息保护法〉(专家建议稿)及立法研究报告》,法律出版社 2006 年版。

22. 刘雅琦:《基于敏感度分级的个人信息开发利用保障体系研

究》,武汉大学出版社 2015 年版。

23. 胡泳、王俊秀主编:《连接之后:公共空间重建与权力再分配》,人民邮电出版社 2017 年版。

24. 胡凌:《探寻网络法的政治经济起源》,上海财经大学出版社 2016 年版。

25. 涂子沛:《大数据:正在到来的数据革命,以及它如何改变政府、商业与我们的生活》,广西师范大学出版社 2015 年版。

26. 王融:《大数据时代:数据保护与流动规则》,人民邮电出版社 2017 年版。

27. 陈荣卓:《城市社区网格化管理区域实践研究》,中国社会科学出版社 2015 年版。

28. 耿云卿:《侵权行为之研究》,台北,台湾商务印书馆 1985 年版。

29. 张新宝:《隐私权的法律保护》(第 2 版),群众出版社 2004 年版。

30. 张民安主编:《公开权侵权责任研究:肖像、隐私及其他人格特征侵权》,中山大学出版社 2010 年版。

31. 张民安主编:《公开他人私人事务的隐私侵权——公开他人的医疗信息、基因信息、雇员信息、航空乘客信息及网络的隐私侵权》,中山大学出版社 2012 年版。

32. 张民安主编:《美国当代隐私权研究——美国隐私权的界定、类型、基础以及分析方法》,中山大学出版社 2013 年版。

33. 张民安主编:《信息性隐私权研究——信息性隐私权的产生、发展、适用范围和争议》,中山大学出版社 2014 年版。

34. 张民安主编:《隐私合理期待总论——隐私合理期待理论的产生、发展、继受、分析方法、保护模式和争议》,中山大学出版社 2015 年版。

35. 张民安主编:《隐私合理期待分论——网络时代、新科技时代和人际关系时代的隐私合理期待》,中山大学出版社 2015 年版。

36. 张民安主编:《场所隐私权研究——场所隐私理论的产生、发展、确立和具体适用》,中山大学出版社 2016 年版。

37. 张民安主编:《侵扰他人安宁的隐私侵权——家庭成员间、工作场所、公共场所、新闻媒体及监所狱警的侵扰侵权》,中山大学出版社 2012 年版。

38. 张民安主编:《隐私权的比较研究——法国、德国、美国及其他国家的隐私权》,中山大学出版社 2013 年版。

39. 张民安主编:《自治性隐私权研究——自治性隐私权的产生、发展、适用范围和争议》,中山大学出版社 2014 年版。

40. 张民安主编:《公共场所隐私权研究——公共场所隐私权理论的产生、发展、确立、争议和具体适用》,中山大学出版社 2016 年版。

41. [英]帕克:《全民监控:大数据时代的安全与隐私困境》,关立深译,金城出版社 2015 年版。

42. [美]西尼尔编:《视频监控中的隐私权保护》,王蓉等译,中国人民公安大学出版社 2015 年版。

43. [英]格伦·格林华德:《政府正在监视你》,林添贵译,台北,时报文化出版社 2014 年版。

44. [法]米歇尔·福柯:《规训与惩罚》,刘北成、杨远婴译,生活·读书·新知三联书店 2003 年版。

45. [美]特蕾莎·M. 佩顿、西奥多·克莱普尔:《大数据时代的隐私》,郑淑红译,上海科学技术出版社 2017 年版。

46. [美]马克·罗滕伯格等:《无处安放的互联网隐私》,苗淼译,中国人民大学出版社 2017 年版。

47. [英]维克托·迈尔-舍恩伯格、肯尼思·库克耶:《大数据时代:生活、工作与思维的大变革》,盛杨燕、周涛译,浙江人民出版社 2013 年版。

48. [英]维克托 · 迈尔 – 舍恩伯格:《删除——大数据取舍之道》,袁杰译,浙江人民出版社 2013 年版。

49. [英]麦尔荀伯格:《大数据 · 隐私篇:数位时代,“删去”是必要的美德》,林俊宏译,台北,远见天下文化出版股份有限公司 2015 年版。

50. [美]劳伦斯 · 莱斯格:《代码 2.0:网络空间中的法律》,李旭、沈伟伟译,清华大学出版社 2009 年版。

51. [美]尼古拉 · 尼葛洛庞帝:《数字化生存》,胡泳、范海燕译,海南出版社 1997 年版。

52. [美]理查德 · 斯皮内洛:《铁笼,还是乌托邦——网络空间的道德与法律》(第 2 版),李伦等译,北京大学出版社 2007 年版。

53. [英]安德鲁 · 查德威克:《互联网政治学:国家、公民与新传播技术》,任孟山译,华夏出版社 2010 年版。

54. [美]汉娜 · 阿伦特:《人的条件》,竺乾威等译,上海人民出版社 1999 年版。

55. [德]乌尔里希 · 贝克:《风险社会:新的现代性之路》,张文杰、何博闻译,译林出版社 2018 年版。

56. [加拿大]简 · 雅各布斯:《美国大城市的死与生》,金衡山译,译林出版社 2005 年版。

57. [美]富勒:《法律的道德性》,郑戈译,商务印书馆 2005 年版。

58. Doyle A., Lippert R., Lyon D., *Eyes everywhere: the global growth of camera surveillance*, London: Routledge, 2011.

59. Daniel J. Solove, *Nothing to Hide: The False Tradeoff Between Privacy and Security*, Yale University Press, 2011.

60. Daniel J. Solove, *Understanding Privacy*, First Harvard University Press paperback edition,2009.

61. Alex Pentland, *Social Physics: How Good Ideas Spread-The Lessons from a New Science*, The Penguin Press, New York, 2014.

62. Lee Child, *A Wanted Man*, New York, Delacorte Press, 2012.

63. Schweder & Bourne, *Does the Concept of the Person Vary Cross-culturally?*, in R. A. Schweder & R. A. Levine (Eds.), Culture Theory: Essays on Mind, Self and Emotion, Cambridge University Press, 1984.

64. Blanca R. Ruiz, *Privacy in Telecommunications-A European and an American Approach*, Kluwer Law International, 1997.

65. Frederick S. Lane, *American Privacy-The 400-Year History of Our Most Contested Right*, Beacon Press, 2009.

66. Halpern, S. W., *The Law of Defamation, Privacy, Publicity, and Moral Right*, JPM Books, 2000.

二、论文类

1. 朱慧芬等:《公共场所监控图像采集利用与隐私权保护研究报告》,载《政府法制研究》2009 年第 8 期。

2. 刘建军:《我国公共场所图像监视法律治理路径分析》,载《政法论丛》2012 年第 2 期。

3. 刘建军:《论公共场所图像监视与公民权利保护——一个框架性说明》,载《政法论丛》2011 年第 1 期。

4. 胡建淼、岑剑梅:《公共摄像监视与公民隐私权保护》,载《法学》2008 年第 6 期。

5. 张友好:《公共场所安装监视器行为的法学思考》,载《法商研究》2007 年第 1 期。

6. 李晓明:《论公共视频监控系统对公民隐私权的影响》,载《法学杂志》2010 年第 11 期。

7. 葛双龙、李婧:《我国公共视频监控法治化研究》,载《浙江工商大学学报》2017 年第 1 期。

8. 傅强、刘宇航:《公共场所隐私权法律保护研究——以公共场所摄像头的管理为视角》,载《北京科技大学学报(社会科学版)》2011 年第 4 期。

9. 梁红:《公共视频监控与公民隐私权的冲突原因分析》,载《山西高等学校社会科学学报》2011 年第 7 期。

10. 余德旋:《论视频监控对公民权利之影响——以公共场所隐私权为例》,载《电子知识产权》2011 年第 11 期。

11. 顾理平、王飔濛:《社会治理与公民隐私权的冲突——从超级全景监狱理论看公共视频监控》,载《现代传播(中国传媒大学学报)》2017 年第 6 期。

12. 纵博:《公共场所监控视频的刑事证据能力问题》,载《环球法律评论》2016 年第 6 期。

13. 王泽鉴:《人格权的具体化及其保护范围 · 隐私权篇》(中),载《比较法研究》2009 年第 1 期。

14. 张建文、高完成:《司法实践中个人信息的保护模式及其反思——以隐私权的转型为视角》,载《重庆邮电大学学报(社会科学版)》2016 年第 3 期。

15. 刘泽刚:《公共场所隐私权的悖论》,载《现代法学》2008 年第 3 期。

16. 刘泽刚:《欧盟个人数据保护的"后隐私权"变革》,载《华东政法大学学报》2018 年第 4 期。

17. 高富平:《个人信息保护:从个人控制到社会控制》,载《法学研究》2018 年第 3 期。

18. 刘德良:《个人信息的财产权保护》,载《法学研究》2007 年第 3 期。

19. 王利明:《论个人信息权的法律保护——以个人信息权与隐私权的界分为中心》,载《现代法学》2013 年第 4 期。

20. 王学辉、赵昕:《隐私权之公私法整合保护探索——以“大数据时代”个人信息隐私为分析视点》,载《河北法学》2015 年第 5 期。

21. 李延舜:《个人信息财产权理论及其检讨》,载《学习与探索》2017 年第 10 期。

22. 范为:《大数据时代个人信息保护的路径重构》,载《环球法律评论》2016 年第 5 期。

23. 范为:《大数据时代个人信息定义的再审视》,载《信息安全与通信保密》2016 年第 10 期。

24. 齐爱民、张哲:《识别与再识别:个人信息的概念界定与立法选择》,载《重庆大学学报(社会科学版)》2018 年第 2 期。

25. 邵国松:《“被遗忘的权利”:个人信息保护的新问题及对策》,载《南京社会科学》2013 年第 2 期。

26. 周安平:《“先信”还是“先疑”——“如何证明我妈是我妈”的制度选择》,载《现代法学》2015 年第 6 期。

27. 胡凌:《超越代码:从赛博空间到物理世界的控制/生产机制》,载《华东政法大学学报》2018 年第 1 期。

28. 胡凌:《商业模式视角下的“信息/数据”产权》,载《上海大学学报(社会科学版)》2017 年第 6 期。

29. 王秀哲:《我国个人信息立法保护实证研究》,载《东方法学》2016 年第 3 期。

30. 齐爱民:《个人信息保护法研究》,载《河北法学》2008 年第 4 期。

31. 张新宝:《从隐私到个人信息:利益再衡量的理论与制度安

排》,载《中国法学》2015 年第 3 期。

32. 周汉华:《探索激励相容的个人数据治理之道——中国个人信息保护法的立法方向》,载《法学研究》2018 年第 2 期。

33. 吴伟光:《大数据技术下个人数据信息私权保护论批判》,载《政治与法律》2016 年第 7 期。

34. 杨立新:《个人信息:法益抑或民事权利——对〈民法总则〉第 111 条规定的"个人信息"之解读》,载《法学论坛》2018 年第 1 期。

35. 郝思洋:《个人信息权确立的双重价值——兼评〈民法总则〉第 111 条》,载《河北法学》2017 年第 10 期。

36. 李永军:《论〈民法总则〉中个人隐私与信息的"二元制"保护及请求权基础》,载《浙江工商大学学报》2017 年第 3 期。

37. 吴泓:《信赖理念下的个人信息使用与保护》,载《华东政法大学学报》2018 年第 1 期。

38. 齐爱民:《中华人民共和国个人信息保护法示范法草案学者建议稿》,载《河北法学》2005 年第 6 期。

39. 田野:《大数据时代知情同意原则的困境与出路——以生物资料库的个人信息保护为例》,载《法制与社会发展》2018 年第 6 期。

40. 任龙龙:《论同意不是个人信息处理的正当性基础》,载《政治与法律》2016 年第 1 期。

41. 王籍慧:《个人信息处理中同意原则的正当性——基于同意原则双重困境的视角》,载《江西社会科学》2018 年第 6 期。

42. 项定宜、申建平:《个人信息商业利用同意要件研究——以个人信息类型化为视角》,载《北方法学》2017 年第 5 期。

43. 郑志峰:《网络社会的被遗忘权研究》,载《法商研究》2015 年第 6 期。

44. 满洪杰:《被遗忘权的解析与构建:作为网络时代信息价值

纠偏机制的研究》,载《法制与社会发展》2018 年第 2 期。

45. 李媛:《被遗忘权之反思与建构》,载《华东政法大学学报》2019 年第 2 期。

46. 姜翠:《城市安全发展的预警与拓新——评〈江苏省城市公共安全蓝皮书(2017)〉》,载《行政科学论坛》2018 年第 5 期。

47. 栗红梅、施巨岭:《解读 GB35114—2017 公共安全视频监控联网信息安全技术要求》,载《标准生活》2018 年第 7 期。

48. 农沁茜、雷梓霖案例整理:《"天网""地格"构筑公共安全"护城墙"》,载《社会与公益》2017 年第 5 期。

49. 祝建华、风笑天:《积极型社会公共安全体系的构建:经验借鉴与治理创新》,载《中国青年社会科学》2019 年第 1 期。

50. 孙笑侠、麻鸣:《法律与道德:分离后的结合——重温哈特与富勒的论战对我国法治的启示》,载《浙江大学学报(人文社会科学版)》2007 年第 1 期。

51. 高新平:《基本权利之程序保障功能及其体系初构》,载《东南大学学报(哲学社会科学版)》2014 年第 3 期。

52. 王锴:《论宪法上的程序权》,载《比较法研究》2009 年第 3 期。

53. 关保英:《行政相对人基本程序权研究》,载《现代法学》2018 年第 1 期。

54. 靳凤林:《协商民主的价值定位与伦理规则》,载《哲学研究》2016 年第 8 期。

55. 马长山:《智慧社会的基层网格治理法治化》,载《清华法学》2019 年第 3 期。

56. 叶岚:《城市网格化管理的制度化进程及其优化路径》,载《上海行政学院学报》2018 年第 4 期。

57. 单勇:《走向空间正义:城市公共安全的技术治理》,载《中国特色社会主义研究》2018 年第 5 期。

58. 魏治勋:《"善治"视野中的国家治理能力及其现代化》,载《法学论坛》2014 年第 2 期。

59. 吴汉东:《国家治理能力现代化与法治化问题研究》,载《法学评论》2015 年第 5 期。

60. 赵静波:《地方立法特色的缺失及其规制》,载《地方立法研究》2017 年第 6 期。

61. 张晓、岳盈盈:《打通立法与民意之间最后一公里——关于破解地方立法公众有序参与困局的实证研究》,载《中国行政管理》2017 年第 2 期。

62. 李震山:《从公共场所或公众得出入之场所普设监视录影器论个人资料之保护》,载《东吴法律学报》2004 年第 2 期。

63. 萧文生:《自基本权保障观点论街头录音设备装设之问题》,载法治斌教授纪念论文集编辑委员会主编:《法治与现代行政法学》,台北,元照出版有限公司 2004 年版。

64. 程明修:《国家透过公共场所的监视器对人民基本权利之干预》,载《法学讲座》2002 年第 3 期。

65. 刘静怡:《社群网路时代的隐私困境:以 Facebook 为讨论对象》,载《台大法学论丛》2012 年第 3 期。

66. Adam Schwartz, *Chicago's Video Surveillance Cameras: A Pervastive and Poorly Regulated Threat to Our Privacy*, 11 Nw. J. Tech. & Intell. 2013.

67. Jennifer M. Granholm, *Video Surveillance on Public Streets: the Constitutionality of Invisible Citizen Searches*, 64 U. Det. L. Rev. 711 (1987).

68. James Reiman, *Driving to the Panopticon: A Philosophical Exploration of the Risks to Privacy Posed By the Highway Technology*

of the Future, 11 Sant Clara Computer and High Technology Lan Journal 27,1996.

69. Lee Tien, *Who's Afraid of Anonymous Speech: McIntyre and the Internet*,75 Ore. L. Rev. 117,120 (1996).

70. Jeffery Rosen, *A Watchful State*, N. Y. Times Mag. , Oct. 7,2001.

71. Kevin Miller, *Total Surveillance, Big Data, and Predictive Crime Technology: Privacy's Perfect Storm*, 19 J. Tech. L. & Pol'y 105,106 (2014).

72. Max Guirguis, *Electronic Visual Surveillance and the Reasonable Expectation of Privacy*,9 J. Tech. L. & Pol. y 143 (2004).

73. Christopher Slobogin, *Public Policy: Camera Surveillance of Public Places and the Right to Anonymity*, 72 Miss. L. J. 213,222.

74. Debrek Lai, *Public video surveillance by the state: policy, privacy legislation and the charter*,45 Alta. L. Rev. 43 (2007 – 2008).

75. Pauo Ohm, *Broken Promises of Privacy*, 57 UCLA L. REV. 2010.

76. Ian Goldberg et al. , *Trust, Ethics, and Privacy*, 81 B. U. L. REV. 2001.

77. James Q. Whitman, *The Two Western Cultures of Privacy: Dignity Versus Liberty*,113 (6) Yale Law Journal 2004.